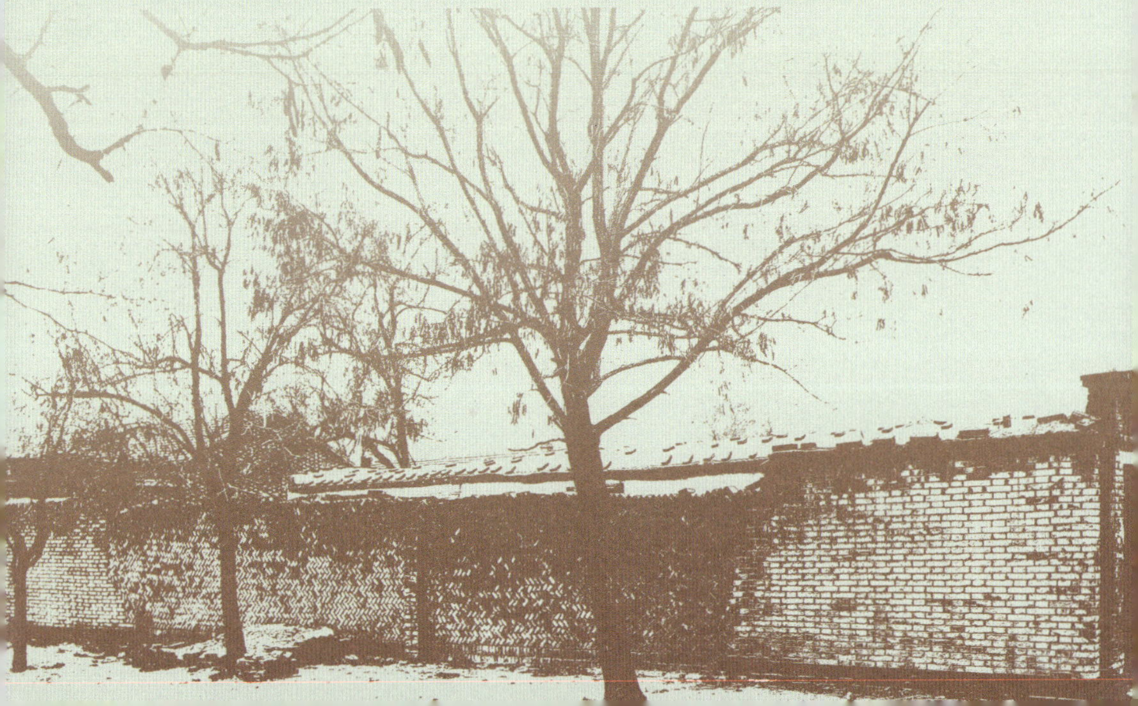

中国农村空巢老人公益导航

PHILANTHROPY NAVIGATION REPORT ON LEFT-BEHIND ELDERLY IN RURAL CHINA

公益导航项目团队 ◎ 编著

社会科学文献出版社
SOCIAL SCIENCES ACADEMIC PRESS (CHINA)

序言一
为农村空巢老年人养老服务体系建设导航

农村空巢老年人的养老服务体系建设，是我国社会经济发展达到人均GDP10000美元以后经济与社会建设的一大课题。《中国农村空巢老人公益导航》研究团队致力于为全国农村老年人的养老服务体系建设把脉，全面系统地分析了学者们的研究视角、国家与地方的政策框架、公益慈善组织的项目案例等，为我们展现了当前政府和社会对于此一重大社会课题的认知框架与宏观政策的综合性行动图景，这是我国养老服务业界的一份重要科研成果。

阅读这一研究报告，我们可以清晰地看到以下几点。

政府对于解决农村老人的问题出台了多项政策，包括养老保险、医疗保险、城乡低保、五保供养与敬老院建设、高龄津贴、大病救助、社区养老等。政策的不断健全，确实从多个方面建立了老有所养的基本保障体系。

公益慈善的力量，则从多个角度来广泛试验，解决农村空巢老人的燃眉之急，为缓解他们的困难探索出了不少有益的途径！

在市场方面，大健康企业和各类养老服务公司，也在养老服务的市场化拓展方面取得了不小的进展。

那么，为什么农村空巢老人的养老服务还存在着如此巨大的挑战？这确实需要我们进行多方面的反思。

首先需要看到农村空巢老年人问题的紧迫性！调查发现，长期以来存在的城乡差别，以及与城市化相伴而来的"三留守"问题，还在制约着农村的发展；在总体上全国养老投入不足、养老服务理念与服务体系建设滞后的背景下，如何缩小城乡之间养老投入的差别，仍然是农村（空巢）老人养老服务所面临的急迫问题；近年来，政府开始增加了缩小城乡差距的举措并取得了长足进步，农村养老也是政府正在进一步着力投入的领域；

与城市比较，在低收入的、市场机制更难以发挥作用的农村地区，投入机制仍然偏弱，这就更加凸显政府在农村地区加大养老服务的公共投入，以及社会组织参与提供养老服务的宝贵价值。

本项研究的一个重要目标，是要通过政策梳理，推动（农村）养老政策的真正落实与完善，并向公益慈善行业和社会公众呈现社会组织参与农村（空巢）老人服务的有效实践，倡导对这些组织提供更为扎实的支持，推动它们的专业能力提升与服务拓展。

社会组织介入养老服务，尤其是对于农村（空巢）老人的服务，确实有着极为重要的意义。这主要是因为随着经济和社会的发展，几千年的家庭赡养老年人的模式已经遇到重大挑战。社会化养老，包括以居家为基础的社区养老和机构养老，已经成为基本的发展趋势，有着丰富的内涵。社会组织是社会化养老服务的重要载体。在这里，社会组织所承担的，客观上是政府的养老服务职能。本来，在乡镇设立敬老院的体制下，村庄几乎没有政府类的养老机构，以广西为典型的五保村在多年以前曾经引领了政府支持社会养老的趋势，但就总体而言，以村庄为单元的社区养老，还是相当薄弱。社会组织进入农村开展社区服务，建立养老机构，拓展多样化的服务项目，适应了当前农村养老服务的急需。本项研究所搜集到的各个案例，都是根植于中国乡村沃土的不同领域的典范。

当然，也要看到，社会组织进入养老服务领域，是一个相当崭新的课题，普遍缺乏经验。发达国家往往通过政府采购的方式来直接支持社会组织的养老服务，有的则采取公办民营的方式来进行。另外，社会组织还存在着专业化技能提升的挑战，在发达国家也往往采取政府与社会合作培训的方式来解决。目前，在政府支持社会组织开展乡村养老服务方面，我国一些地方已经有了初步的经验，但发展还相当不平衡。希望我们能够借鉴国际经验，结合中国农村实际，真正在社会组织参与养老服务事业方面有更多、更为成体系的创新。

如果从更为宏观的层面来分析，养老服务体系已经到了城乡一体化的发展阶段，需要建立起统筹的城乡养老服务政策。比较一下发达国家特别是德国与日本的养老服务体系，就会发现，我们最大的缺陷，就是缺乏养老护理的支撑体系。

在日本和德国，都有200多所三年制的养老护理培训学校，每年都有十几万在校生学习专业的养老护理知识；在他们的学制中，学生要用两年学理论知识，一年进行实践学习，毕业之后要通过养老护理的资格考试，然后才可以从事养老护理工作。在这两个国家，均拥有上百万的养老护理专业人员。同时，为了便利短期培训，养老护理还有几个星期的上岗课程，从而保证养老服务的上岗人员能够得到最为基本的护理知识。政府对于养老护理的学校，给予一定的补贴，以使学生们有志于养老护理专业知识的学习。另外，德国于 1995 年，日本于 2000 年，分别建立起养老护理保险制度（日本称之为介护保险），老年人一旦需要护理，护理保险可以保障 90% 的护理费用，个人的费用为 10%。正是这样的养老护理体系，才保证了欧洲、大洋洲等地发达国家养老服务的全员覆盖。

比较而言，由于我国社会对养老护理人员的资质方面认识不统一，有约束的上岗资质被取消了，教育培训的体系还没有形成。尽管有 100 多个学校开设了一定的养老护理课程，但专业化的实践知识较少涉及。与此同时，养老护理保险已经在一些地方开始试点，客观上并不普及，还难以形成强有力的支撑作用。

在这样的社会条件下，有什么途径可以较快地建立起覆盖农村空巢老人的养老服务体系呢？

首先需要肯定的是，发布公益导航报告是一个创新。这实际上是一个大数据的产品，既有学者们的视角，也有政策的分析与汇编，还有公益的案例与分析。这样的导航读本，对于转变社会观念会产生一定的积极影响。

需要看到，我们的养老服务体系正处于一个根本性的转型过程中。在相当长的历史时期中，我们主要集中精力解决温饱问题，对于一个十几亿人口的大国，这是相当不容易的事情。过去社会讨论养老，主要是集中于老年人的基本生活保障，包括衣食住行等，当时政府和社会的关注领域，重点只能是贫困人口的收入问题。而在整个社会基本解决温饱问题并全面迈向小康社会以后，老年人的困难主要是集中于体能的减弱甚至出现失能、半失能的问题，此外，则是精神慰藉的缺乏。面临这样的困难的人，就人口比例而言，绝大部分是中等收入或者高收入人群。当这类人口的养老服务提上社会日程的时候，我们很不熟悉，主要是由于这个挑战超出了贫困的范围，是大众化的社会问题。

这样的挑战，不是大量资金的投入所能完全应对的。养老社会服务体系需要整个社会建立起护理保险制度，还需要养老护理专业知识体系和管理体系的全面确立。这就是巨大的社会性挑战。

最大的社会性疑惑在于：养老服务真的需要专业性技能吗？

如果说从事飞机设计与制造和文学与哲学社会方面的工作等需要具备专业知识并且有健全的评价识别体系，那么，从粗浅的理解来看，养老服务不就是侍候老年人？只要尊重老人并且有爱心，不就可以做好吗？这主要体现的是道德品行问题，有什么技术含量呢？况且，在我国的敬老院的管理体系中，过去并没有发达的职称管理体系。在这样的知识理念有较大影响的条件下，建立养老服务的专业知识系统相当困难。

其实，发达国家应对老龄化的经验证明，养老服务所需的技术相当复杂，十分专业，并不弱于其他学科。比如，应对老年人进行性认知功能障碍症（通常说的痴呆症），就是一个巨大的社会管理工程，这里既需要特别的护理服务，也需要家庭与社会的支持，包括警察在街头巡逻遇到这类老年人如何照料的知识，同时还需要科学研究与药物的发明。护理照料，牵涉老年人进食、行走、沐浴、如厕与精神慰藉等，有的需要细腻的照料，有的还需要一定的体能护理，有的需要现代设备的运用，有的需要食品知识和烹饪技术等，应该说，养老服务是一个包括老年学、心理学、护理学、药物学、社会工作知识等多项学科的综合应用性学科。不难理解，许多发达国家的科技发明，就是为应对养老服务的需求而产生的。

如果我们的知识结构不转型，养老服务的知识和专业体系就不可能有多大的进展。对于这样的转型，我们该如何分析呢？这是我国社会所面临的较大挑战。

另一个较大的社会性挑战在于，建立起覆盖近14亿人口的社区养老服务管理体系，既需要各类标准和规范的建立，也需要区域性的分级管理体制的不断完善，更需要网络化的专业管理体系。对于如此规模宏大的管理系统的建立与运行，世界范围内还没有成熟的经验可资借鉴。

回到农村空巢老人的养老服务的问题上，看来这不是一个简单的政策性问题。因为，城市的老年人也并不轻松，中等收入家庭和富裕家庭，养老服务都遇到了全面的挑战。我们需要在关注农村空巢老人养老服务问题的同时，探索总体性建设养老服务体系的战略，争取早日建成中国特色的养老服务体系。

十分感谢《中国农村空巢老人公益导航》研究团队，正是通过他们的努力，农村空巢老人的历史性挑战和各类解决办法才呈现在我们面前。愿此一公益导航，能够有力地引领中国养老服务业的发展进程！

王振耀

北京师范大学中国公益研究院院长

深圳国际公益学院创始院长

序言二
关注农村空巢老人是回应老龄化问题的关键

我的同事杨团将我推荐给北京沃启公益基金会，并说"公益导航团队"做了一个农村空巢老人问题的研究，现在要出版，请我帮他们写个序。关于这个研究，基金会介绍说，主要是从农村空巢老人面临的问题出发，看政策空间、资源以及在地公益组织的行动。他们特别强调说，这个研究有点与众不同，重点放在做文献资料（法规政策及其他）和他们的调查资料的分类整理（我当时主观想象可能有点类似于行内所说的 Coding），这对其他有志于农村空巢老人问题的研究者或许很有用。虽然我很忙，但基金会的说辞引起了我的兴趣。最近我正好也准备研究农村老年服务问题，于是就欣然接受了写序的邀请。因为这样，我就取得了对这本书稿先睹为快的权利。

人口老龄化，是中国社会当前热议的话题。但是，有一个发展趋势却很少被提及，这就是中国人口老龄化的不良后果最终很可能大部分落在农村。也许我们现在过于关注老龄化会造成庞大的福利保障支出，其实更严峻的后果是劳动力资源的缺乏。一般来说，劳动力缺乏对于城市的影响会小很多，因为只要有就业岗位的空缺，就会有农村劳动力进城来填充，这就自然而然地弥补了这个缺陷。但是，农村的中青年劳动力大都进城了，"留守"在农村的老弱妇孺谁来照顾？实际上，近10年来，随着中国农村的中青年劳动力逐渐减少，这个趋势已经非常明显。如果对此掉以轻心，恐怕会严重阻碍中国社会经济的可持续发展。因此，作为咨询专家，我也向民政部建议，突破固有"民政对象"的界限，把政策视野扩大到农村空巢老人，在县域范围内建立一个县-乡-村一体化的老年服务体系。

这本公益导航团队编撰的"导航"，实际上为我的建议做了铺垫。正如基金会向我介绍的那样，这是一本倾注了这个公益导航团队数年心血的著述。按我的理解，书中的一个部分是对中央和地方政府颁布的与农村空巢老人及老年服务相关的法规政策的精心梳理，并别出心裁地以一问一答的形式，在众多纷繁复杂的法规政策文件中，非常务实地实现了"导航"的目标。从这个意义上说，这是一本相关法规政策的"百科全书"式的有用的指导手册。书稿中的另一部分，则是通过调查研究精选出来的有关社会组织对空巢老人提供的公益服务的具体范例。写作中，作者对于每一案例都细分为项目目标、干预方式、效果评估、风险把控和发展前瞻等几个方面，一一详加描述和分析。这样的编撰方式，也便于对不同的服务模式做比较，使人看了之后颇受启发。从这个意义上说，这又是一本对服务空巢老人的社会组织非常有效的行动指南。

谢谢公益导航团队，适时地给我们送来一个与众不同的研究，一个别出心裁的"导航"，一个务本求实的指南。这本书值得与农村空巢老人和老年服务相关的研究者和服务团队认真读一读，读后一定会有受益匪浅的感慨。

中国社会科学院社会政策研究中心研究员

目　录

前　言 ……………………………………………………………… 001
报告综述 …………………………………………………………… 003

第一部分　政策实务手册与资助资源

Ⅰ　政策实务手册 ………………………………………………… 031

第一章　农村空巢老人 ………………………………………… 033
第一节　中国老年人基本权利的政策安排 ……………………… 034
第二节　农村空巢老人的社会救助与保障 ……………………… 045
第三节　中央对农村留守老年人关爱服务的专门政策 ………… 059
第四节　地方有关农村留守老年人关爱的细化规定 …………… 065

第二章　社会组织主体 ………………………………………… 088
第一节　人才培养 ………………………………………………… 088
第二节　资金支持 ………………………………………………… 094
第三节　组织形式 ………………………………………………… 098

第三章　社会组织服务 ………………………………………… 108
第一节　老年社会工作服务 ……………………………………… 108
第二节　公共服务均等化 ………………………………………… 114
第三节　扶贫开发 ………………………………………………… 132

附录一　有关农村老人、涉老活动的法律规定（节选）……………… 137
II　农村空巢老人服务资助资源（状况分析）……………………………… 138
　　一　社会组织获得的捐赠资源极其稀缺………………………………… 138
　　二　老人服务处于公益领域边缘………………………………………… 139
　　三　国内基金会资源集中于"草尖NPO"……………………………… 140
　　四　基金会：6.27%关注老年人，开展农村老人服务很少…………… 141
　　五　各平台收录的优质农村老人服务项目……………………………… 141
　　六　企业等多元主体合力回应空巢老人需求…………………………… 142
　　七　政府资源流入对民间公益的双重影响……………………………… 143
　　八　交流研讨、合作与网络联盟………………………………………… 145

第二部分　社会服务项目模式及案例

引言：建设老龄友好的公益行业………………………………………………… 151

第一章　研究发现……………………………………………………………… 153
　第一节　农村空巢老人是公益领域的边缘性议题…………………………… 153
　第二节　村民志愿者是最主要的服务人员…………………………………… 155

第二章　服务模式简介及案例………………………………………………… 160
　第一节　居家照顾……………………………………………………………… 161
　第二节　机构照顾……………………………………………………………… 169
　第三节　老年协会培育………………………………………………………… 174
　第四节　社区日间照顾………………………………………………………… 181

第三章　讨论及建议…………………………………………………………… 183
　第一节　按照自理能力细分老人群体………………………………………… 184
　第二节　优化老人个案及项目评估体系……………………………………… 187
　第三节　从权利角度倡导对老人的尊重……………………………………… 188

第四节 关注老人被虐待和社会性别问题………………………… 189

附录二 中国农村空巢老人公益项目名录……………………… 192

第三部分 需求辨析

第一章 国际、政府和学界所关注和应对的老龄人口与农村老人需求……………………………………………………………… 236
第一节 基于国际组织与我国政府的政策方向认识老年人和农村老人的需求…………………………………………… 237
第二节 基于学界研究认识农村空巢（留守）老人的需求 ………… 248

第二章 公益导航研究对农村空巢老人需求的再认识…………… 253
第一节 农村空巢老人需求辨析的背景简析……………………… 254
第二节 老有所养，是农村空巢老人的根本需求………………… 256
第三节 病有所医，健康与医疗基本权益保障是农村空巢老人的最重要需求………………………………………… 277
第四节 生有质量，是满足空巢老人的安全感、尊严、社会尊重和价值实现的需求…………………………………… 291
第五节 逝有尊严，空巢老人生命的最后阶段需要尊严和安宁……… 297

总结：尝试探究需求产生的影响因素及其可能的应对解决路径…… 299

附录三 基于国际组织全球视角的老龄人口需求分析…………… 306

附录四 从亚洲开发银行的建议看中国老龄人口的需求………… 320

附录五 国际机构政策中针对农村养老和农村老人的需求梳理…… 322

前　言

《中国农村空巢老人公益导航》，由公益导航项目团队于 2018 年末完成。

公益导航，是以服务群体的需求为切入点，坚持"研究为行动者服务"，以研究助力行动，最终有效解决问题为目标的探索模式。公益导航研究是一个系统性研究，分别以目标对象的需求、解决方案（公益项目）、资源配置（政策资源和资助资源）三个关键方面的研究成果为行动者和资源方等各方提供支持。

公益导航团队继 2017 年完成《中国农村留守儿童公益导航研究报告与手册》后，2018 年"续作"《中国农村空巢老人公益导航》，尝试针对中国农村空巢老人这个与留守儿童紧密相连又困境不同的脆弱群体，进行公益导航式的系统性研究。本研究站在"前人"肩上，以相关国际机构文献、我国法律政策和学界研究成果为基础，进行了密集的实地调研，探访农村空巢老人状况，深入了解关爱农村空巢老人的参与主体与干预实践，从而形成深层次、系统化和整体性的认知。

如果您是从事农村老人关爱与服务的公益一线从业者，如果您是关注空巢老人的企业、基金会或其他资源方，如果您是致力于老年人福祉改善和权益保护及农村养老事业的政府官员，如果您是关注空巢老人和其他农村老人的爱心人士，希望《中国农村空巢老人公益导航》中能有"一款"内容适合您。

《中国农村空巢老人公益导航》主要内容及执笔人：
"政策实务手册与资助资源"　曹阳
"社会服务项目模式及案例"　郑聪
"需求辨析"　耿和荪
特聘研究顾问：　刘海英

特别感谢北京耿耿丹心教育公益基金会对本研究项目提供全程支持和全额资助，香港乐施会对本书出版和传播给予资助，以及北京沃启公益基金会和陈香梅公益基金会对本书出版传播给予大力帮助。

感谢本研究所涉及的数十位机构与项目的信息填报者。是你们的极大支持与信任让此次研究收获了40个项目信息，让我们得以了解业界及社会为解决乡村老人特别是农村空巢老人面临的各种问题所做的不懈努力，不仅为此次研究中国农村空巢老人需求解决方案贡献良多，而且为今后的相关研究工作奠定了重要基础，也必会对推动相关行动、促进改变发挥积极作用。

感谢接受我们实地调研以及与我们一起梳理案例的机构和个人。没有你们给予的充分信任与支持，我们就无法更好地呈现案例所应表达的精髓。

感谢刘海英、付涛、刘源、郭肖蕊审阅报告初稿并提出宝贵的修改建议。

感谢河北荷花公益基金会和中国国际民间组织合作促进会施永青农村发展专项基金等机构与人员给予的支持。

调研中我们访谈了十数位专家学者，非常感谢他们给予我们的专业咨询。

感谢郄艺前期的文献梳理和项目管理工作，感谢高一花为项目承担了重要的对外联络工作，并对基本信息进行了大量搜集整理，在图表制作中做出贡献。

感谢所有为本研究项目提供热情帮助和支持的人士和机构。在此请恕不再一一具名。

报告综述

中国改革开放 40 余年，迅猛发展成为世界第二大经济体，国家经济实力前所未有地发展壮大。而在此进程中，中国进入了老龄化社会，且社会老龄化速度大大超越世界上其他的老龄化国家，其所导致的巨大社会问题已成为政府和社会必须长期应对的严峻挑战，其影响深刻且长远。其中尤其值得关注的是，由于各种因素的制约，显著的贫富差距及其所产生的社会分化，较少分享到国家经济发展成果的弱势群体（阶层），"未富先老"，承受着更多分量的压力和被转嫁的危机。这是一个对人民负责任的政府和一个文明社会应该重视并予以解决的重大社会问题。本研究的目标对象——农村空巢老人正是上述弱势群体中的重要部分。

空巢老人是指没有子女照顾、单居或夫妻双居的老人，分为三种情况：一是无儿无女无老伴的孤寡老人；二是有子女但与其分开单住的老人；还有一种是儿女远在外地，不得已寂守空巢的老人①。在我国农村，第一种空巢老人享受国家五保政策待遇②；第二种空巢老人中的一部分可以得到就近居住子女的照顾；而第三种空巢老人，他们的子女为了生计长期远离家乡外出打工，自己则留在乡村生活劳作，被称为留守老人③，这一类老人有数千万。本研究对象为农村空巢老人，主要聚焦其中的留守老人群体，同时

---

① 空巢老人指身边无子女亲属一起生活的老年人，包括老年夫妇或丧偶独居的鳏寡和未婚老人（《新编老年学词典》，2009）。根据农村老人意愿分为三种情况，包括无子女或有子女但遭嫌弃的被迫型空巢老人、自愿型空巢老人及子女外出务工的无奈型空巢老人（姚引妹：《经济较发达地区农村空巢老人的养老问题——以浙江农村为例》，人口研究官网，2006）。

② 《农村五保供养工作条例》2006 年 1 月 11 日国务院第 121 次常务会议通过，自 2006 年 3 月 1 日起施行。

③ 留守老人，是指户籍在本村的子女每年在外务工时间累计达 6 个月及以上，自己留在户籍所在地且 60 岁以上，身边没有赡养人或者是赡养人没有赡养能力的农村老年人（叶敬忠、贺聪志：《静寞夕阳——中国农村留守老人》，2008）。

涵盖了其他农村空巢老人的共性状况和问题。

农村空巢老人是中国的一个特殊老人群体。其中的主要部分是留守老人群体，这个群体发端于改革开放初期，根源于我国城乡二元社会结构体系[1]。40多年来，亿万农民进城务工，成为城市建设与工业发展的巨大劳动力资源，作为规模空前、生生不息的人口红利，与资本、科技共同创造了40多年改革开放中国经济发展、实现现代化的奇迹。然而，不可更改的身份使他们被禁锢为"农民工"和流动人口，低廉的收入和空缺的社会保障，不稳定的工作与生活环境，不能同等享受经济发展成果和城市社会福利、市民权利等原因，使大多数农民工只能将父母和孩子留在家乡。一部分人稍有条件后把孩子带到身边，除了少数人需要且能够安排老人进城帮助照看孩子外，更多的是父母独自或带着孙子女在农村过活，常年天各一方，只有每年的春运大潮或许可带来全家的团聚。

农村空巢老人与留守儿童两个群体休戚相关，生存在同一空间环境之下，但是前者正在走向人生暮年。源远流长的乡村社会与经济形态、家庭和文化在现代化进程中被完全改变，社会对人的价值衡量更趋功利，使农村老人在社会、在村庄、在家庭都逐渐被边缘化，失去地位和影响力，加上多种客观因素叠加的作用，致使其境遇及社会关注度低，甚至远远不及留守儿童。

数千万老人在困顿中辛劳生活，为社会和家人默默付出大半生心血的同时或之后，在愈益静寞[2]的村庄里孤独老去。

---

[1] 农业部原政策研究中心农村工业化城市化课题组研究报告：《二元社会结构——城乡关系、工业化、城市化》(《经济研究参考资料》1988年第9期)，最早提出二元社会结构并详细阐释。

[2] 叶敬忠、贺聪志：《静寞夕阳——中国农村空巢老人》，2008年出版，2014年再版。"静寞夕阳"："人们常常用'夕阳'来比喻老年人。从某种意义上而言，农村空巢老人毫无怨言地苦守田园、默默老去，同时又在竭尽所能释放所有余热和能量的现状，更应该被喻作'夕阳'，他们是静默的、寂寞的'夕阳'。正是基于这样的隐喻，本书最终定名为《静寞夕阳——中国农村空巢老人》。本书想传达的是，农村空巢老人这种群体性的隐忍和沉默，并不代表他们就没有对美好晚年和安享天伦的诉求，他们只是把所有的渴盼都深埋在了心底，不料却因此变得更加弱势。"

一 项目简介

(一) 为什么要做本项研究

在 2016~2017 年留守儿童公益导航研究过程中,我们同时关注到规模更加庞大的农村空巢老人群体及其困境。

在我国超过 2.4 亿的老龄人口中,农村空巢老人是一个规模庞大的困境群体。据 2013 年中国社会科学院发布的《中国老龄事业发展报告 (2013)》,2012 年我国农村空巢老人中占主要部分的留守老人已达 5000 万人,据民政部 2016 年数据①,农村留守老人规模达 1600 万。

近些年来,农民工跳楼讨薪维权,留守儿童非正常死亡,每年涌动一次的壮烈的春运返乡大潮,和城市用工荒等状况和问题频繁见诸媒体,反复强烈地吸引了社会注意力。农村"三留守"(留守儿童、留守妇女和留守老人)人群也引发政府和社会的关注。但相对而言,其中为农村老人的发声颇为微弱。直到近年,在留守儿童群体越来越受到重视的情况下,作为对留守儿童养育成长不利的因素,空巢老人隔代抚养和教育成为引人关注的重点问题。而伴随农村空心化日渐严重和农村老人自杀或死亡多日无人发现等虐心事件的频繁传播,空巢老人包括其他农村老人的生存状况方成为引人关注的重要社会议题,这个典型的脆弱群体也更多地被纳入研究者的视野,但是仍难以成为社会组织和企业等各方社会力量关注的焦点和积极投入、进行干预的目标。

近十多年,一部分专家学者关注并持续地追踪研究,以深入实际的调查为依据发表研究成果。他们在针对农村空巢(留守)老人的研究报告、文章中,反复反映这一特殊老人群体的生存状况及其亟须面对和解决的问题与需求,并积极建言献策,影响政府关注这个群体,倡导政府的政策、制度响应和应对这一巨大社会需求。

自 20 世纪末我国进入老年化社会,政府日渐重视并相继出台与此相关

---

① 2018 年 2 月 24 日,民政部新闻发布民政部、公安部、司法部、全国老龄办等 9 部门联合印发的《关于加强农村留守老年人关爱服务工作的意见》时,相关部门负责人公布中国农村留守老人的最新相关数据:"根据 2016 年民政部的初步摸底排查结果,全国有 1600 万左右的农村留守老年人。"

的法律和政府政策、老年事业发展规划等，2013年后农村留守老人的问题也受到政府的特别关注。中共十九大报告中提出："完善社会救助、社会福利、慈善事业、优抚安置等制度，健全农村留守儿童和妇女、老年人关爱服务体系。"2017年12月国家民政部等九部门联合印发《关于加强农村留守老人关爱服务工作的意见》，针对目前农村留守老人的养老问题强调："农村留守老年人关爱服务是农村养老服务体系的重要组成部分。关爱服务体系的完善关乎广大农村留守老年人的晚年幸福生活，关系到脱贫攻坚的目标实现，关系到社会和谐稳定和全面建成小康社会大局。"

中国农村空巢老人的问题是否可以就此得到解决？

（二）本项目意图探究的问题

此前我们认为，解决农村空巢老人问题，根本性的、圆满的方案有两个：一是使更多的空巢老人能够顺应城镇化潮流，跟随子女进入城市生活；二是创造充分的条件，能够使更多青壮年留乡、返乡，在农村创业就业，参与乡村振兴，获得良好的经济生活及发展，并能陪伴在父母身边。而社会组织和公益力量可从上述两个方向寻找到用武之地。

但是，进一步探究，前一方案需要改变现行的二元化社会体制和政策，后一方案需要真正有效地实现国家乡村振兴的战略，都是必须付出长期巨大努力才有可能实现。那么，在根本性的解决方案尚无法实现时，是否有替代性或者改善性的解决方案呢？我们希望通过本项研究，探究以下问题：

1. 农村空巢老人的真实需求是什么？受哪些因素的影响或制约？

2. 为解决农村空巢老人的需求，社会组织、公益领域和社会力量的作用和影响是什么？能做什么？在做什么？应该做什么？

3. 相关法律、政策层面及其实施细则都提供哪些支持？应该倡导哪些方面的改变和完善？

4. 上述三个方面如何形成有效的连接和相互作用？

针对如何应对和解决农村空巢老人的问题与需求，提供为行动服务的有效信息和建议，以及可借鉴的社会组织、公益领域与社会力量的参与路径与方法，并倡导相应的政策和制度的改善及社会资源应当投入的方向。

（三）本项目研究采用的方法

一是文献研究。主要涉及三部分内容[①]：①联合国、世界卫生组织等多边国际组织30年来持续关注和提出的应对全球老年社会问题和挑战的政策、文献；②我国养老相关的法律、政府政策、规划；③我国专家学者的相关研究文献，以近几年的或持续调研的研究成果为主。

二是农村空巢老人状况的实地调研及利益相关方访谈。团队赴13个省会/地级市、25个县（含县级市），访问农户、村干部、社会机构、专家学者和民政部门负责人。具体包括：①走访了39个村近130个农户（主要对象是农村空巢老人），以及部分村干部和村自治组织成员，十余位城市外来务工人员（大部分为空巢老人子女或儿媳、女婿）；②访问了33家从事农村老人服务项目的社会组织等；③访问7所县、乡、村公办和民办的福利院、养老院；④访谈12位农村发展和农村老年人口领域的专家学者；⑤访谈2位省、县级政府涉老服务部门官员。

本研究试图通过以上方式，从农村空巢老人的需求、现有的社会解决方案和支持资源——我国法律政策及社会资源三个方面，汇总、梳理和剖析，进行多视角的探讨和系统性研究。

（四）本项目的产出

《中国农村空巢老人公益导航》，包括：
报告综述
第一部分　政策实务手册与资助资源
第二部分　社会服务项目模式及案例
第三部分　需求辨析

（五）本项目的创新之处

公益导航研究是一项主要服务于行动者的应用性研究，意在促进知识生产与实践应用链条的完整性。本研究模式试图打通一直以来存在的研究与行动的割裂状态，让研究成果在实践中得以检验，引导研究者观

[①] 具体内容详见本报告第一部分"政策实务手册与资助资源"和第三部分"需求辨析"。

照实践者的知识需求,让研究成果有更多可能服务于行动者。本研究还希望引导行动者在行动之前,充分了解已经有的研究成果,进行甄别并加以利用,从而减少实践盲点,提高项目有效性,服务受益群体。因此,无论研究目标、研究方法、服务群体都与现有的主流研究方式有明显的差异。

本书从国际、国内政策,以及学界研究、社会实践四个视角,强调针对农村空巢老人的实际需求展开深度辨析,并提出应对和解决的路径,以便为政府完善社会保障和社会组织提供服务厘清要点、瞄准痛点、剥离难点;在对空巢老人社会服务项目的研究方面,既从总体上呈现了社会组织农村老人服务项目的概览,同时归纳并列举了富有成效的在地干预项目模式和案例,并对社会组织服务的发展提出中肯建议;此外在政策方面,项目对有关空巢老人的法律法规和政策资源进行了全方位的梳理,既从宏观层面呈现空巢老人议题的政策空间,读者还可据此参照具体的政策条款。从需求辨析、服务项目及案例、政策资源这三个部分,试图打破资源方、决策者与行动者之间的鸿沟,改善政策环境和资源流动,从而更有效地解决农村空巢老人问题。三部分研究既独立成篇,又具有内在逻辑关系,读者可各取所需。

二 研究的发现

本书包括资源配置(政策解读和资助资源)、解决方案(公益项目)、农村空巢老人需求三个方面。研究及其结果概述如下。

(一) 与中国农村空巢老人相关的政策资源研究

本部分研究意图从农村空巢老人的实际需求出发,帮助农村空巢老人、老人子女和为空巢老人服务的社会组织及其他有意向发展农村老人服务事宜的企业、机构厘清现实政策问题,找到与之对应的相关政策条文和解决方案[1]。

---

[1] 从行动者角度,本书第一部分收录的政策类型较为宽泛,不仅包括常见的国家法律法规、一号文件、政府工作报告,也包括重要领导讲话和部委制定的行业标准等。

我们将搜集到的政策分为三大类,包括:关于农村空巢老人的相关政策[①]、关于社会组织主体和社会组织服务的相关政策。

1. 关于农村空巢老人的相关政策

(1) 针对中国老年人基本权利的法律、政策安排

《宪法》对老年人的合法权益有明文规定,《老年人权益保障法》《婚姻法》等各类法律也对老人各项权利做出保障规定,并积极将《联合国老年人原则》要求的"独立、参与、照顾、自我实现和尊严"纳入国家方案。

近年来,我国政府的养老服务政策引导逐步增强,这些政策包括:新修订的《老年人权益保障法》、国务院印发的《"十三五"国家老龄事业发展规划》(国发〔2017〕13号)、国务院办公厅印发的《社会养老服务体系建设规划(2011-2015年)》(国办发〔2011〕60号)、国务院《国务院关于加快发展养老服务业的若干意见》(国发〔2013〕35号)、国务院办公厅《国务院办公厅关于推进养老服务发展的意见》(国办发〔2019〕5号)等。

(2) 对中国农村老年人的政策安排

农村老年人占中国老年人口半数以上,政策也专门针对发展农村养老服务做出了明确规定。2018年,中共中央、国务院印发的《乡村振兴战略规划(2018-2022)》具体提出,提高乡村卫生服务机构为老年人提供医疗保健服务的能力,支持主要面向失能、半失能老年人的农村养老服务设施建设,推进农村幸福院等互助型养老服务发展,建立健全农村留守老年人关爱服务体系。这些都为推进农村养老服务体系建设提供了制度保障。

(3) 针对农村留守老人的相关政策

农村留守老年人问题是我国工业化、城镇化、市场化和经济社会发展的阶段性问题,是城乡发展不均衡、公共服务不均等、社会保障不完善等问题的深刻反映。党中央、国务院高度重视留守老年人关爱服务工作。从2013年党的十八届三中全会、2016年国务院《政府工作报告》,到党的十九大报告,都提出了要"健全农村留守儿童和妇女、老年人关爱服务体系"。

同时,在国家扶贫攻坚战略中,也关注到留守老人这个困境群体。在

[①] 本研究主要聚焦农村空巢老人中的留守老人群体。中央和地方都相继出台专门针对留守老人的政策,有关文件中也多次直接体现关爱农村留守老人的精神。因此,文中涉及的与留守老人相关政策直接使用原文中的"留守老人"称谓。

2014年、2015年发布的相关文件中明确规定"健全留守儿童、留守妇女、留守老人和残疾人关爱服务体系",要求对农村"三留守"人员和残疾人进行全面摸底排查,建立翔实完备、动态更新的信息管理系统。在国家系列扶贫政策推动下,贵州、广西、甘肃等地方政府先后出台"三留守"和残疾人/特困人员关爱的落地政策。2015年,贵州发布首个省级留守老人系统性关爱文件。

2017年12月28日,民政部等九部门联合印发《关于加强农村留守老年人关爱服务工作的意见》(民发〔2017〕193号),是我国中央政府出台的第一个专门针对农村留守老人的政策文件。该《意见》提出要推动各地建立健全家庭尽责、基层主导、社会协同、政府支持保障的农村留守老年人关爱服务机制。针对留守老年人生活与安全风险问题、精神慰藉问题和失能、部分失能照护问题,提出要建立农村留守老年人信息台账制度、定期探访制度和风险评估制度,强调家庭成员尤其是子女要经常看望问候留守老年人,同时发挥村委会、为老组织、志愿者等相关方面的综合力量,不断丰富留守老年人的精神文化生活,加强农村养老服务体系建设,推进农村地区的医养结合实践,鼓励和引导农村老年协会积极参与和组织留守老年人关爱服务。

截至2019年2月,共有29个省份出台地方政策。

(4) 农村老人的社会救助与保障制度建设

本部分从农村老人社会救助和社会保障制度两大方面,梳理惠及空巢老人的规定。例如,新修订的《中华人民共和国老年人权益保障法》规定,国家逐步开展长期护理保障工作,保障老年人的护理需求。对生活长期不能自理、经济困难的老年人,地方各级人民政府应当根据其失能程度等情况给予护理补贴。可惠及空巢老人的政策、制度要点包括:

◎ 临时救助制度与社会救助体系。

◎ 城乡最低生活保障。

◎ 社会保障制度。城乡居民基本养老保险制度,对老年人的直接补贴,包括高龄津贴、养老服务补贴和护理补贴。

◎ 国家鼓励保险公司开发更多适合老年人特点的意外伤害保险产品,加大保险缴费优惠力度,使意外伤害保险最大限度惠及广大老年人,等等。

2. 关于社会组织主体的相关政策

当前，社会组织已成为社会治理的重要主体和依托。

农村人口老龄化趋势加重与农村养老服务社会组织短缺之间的矛盾亟待解决。无论是组织短缺、现有组织发育不良，还是城市养老服务组织难以涉足农村，均受到政策环境、资金来源、理念价值和公众意识等因素的影响。

本部分从组织形式、人才培养和资金支持三方面，展开政府对从事涉老服务的社会组织主体的支持政策。行动者可根据机构的自身需求，按照类别查找手册中的相关政策。

组织形式方面：从社会组织开展工作的合法性、制度保障着手，介绍国家推进农村社区社会工作、培育农村社区社会组织、加强城乡老年协会建设等方面的规定，可做政策依据。

人才培养方面：谁来落实农村空巢老人服务的最后一公里？本章介绍国家、各部委、地方政府文件对农村老年服务人才的支持政策，协助社会组织明确人员来源、培养标准、筹资渠道、激励机制等规定。

资金支持方面：政府、企业、基金会和公众依次是农村空巢老人服务资金支持的重要主体。政府资源流入对民间公益发展具有双重影响。本章重点介绍国家如何落实政府购买社会工作服务，中央财政对农村老人服务的支持政策等。

3. 关于社会组织服务的相关政策

大多数社会组织的涉老服务从三方面展开：社会工作专业服务、满足老年人公共服务均等化过程中的服务、与扶贫工作交叉的服务。本部分从这三个方面，对社会组织面向农村老人、空巢老人开展的服务内容、方法提供参考。

老年社会工作服务方面：2016年1月，民政部第396号公告发布《老年社会工作服务指南》（MZ/T 064—2016）推荐性行业标准。该标准规定了老年社会工作的术语和定义、服务宗旨、服务内容、服务方法、服务流程、服务管理、人员要求和服务保障等，适用于正确引导老年社会工作服务行为，科学规范、充分发挥老年社会工作者的专业作用，切实保障老年社会工作服务质量。

公共服务均等化方面：根据《国务院关于印发"十三五"推进基本公

共服务均等化规划的通知》(国发〔2017〕9号),基本公共服务是由政府主导、保障全体公民生存和发展基本需要、与经济社会发展水平相适应的公共服务,其均等化是指全体公民都能公平可及地获得大致均等的基本公共服务,其核心是促进机会均等,重点是保障人民群众得到基本公共服务的机会。享有基本公共服务是公民的基本权利,保障人人享有基本公共服务是政府的重要职责。

梳理国家推进公共服务均等化的规定,可协助社会组织明确农村空巢老人基本公共服务范围,方便机构根据人群实际需求,聚焦或拓展工作方向。

扶贫开发方面:近年来,脱贫人口返贫率高是农村贫困的一个明显的特点,[①] 有些地方甚至出现较为严重的贫困代际传递现象。这说明现有的反贫困措施对于相当一部分贫困家庭来说还没有增强他们抵抗风险的经济或物质能力,而只是将其收入拉高到贫困线以上[②]。由于留守老人的子女在外务工,无论工作及收入如何,通常较少被列入贫困人群,难以受到扶贫政策的惠及。在"十三五"脱贫攻坚和社工"三区"行动中,如何切实完善农村空巢老人关爱服务,增强留守家庭抵御风险的能力,成为国家、社会组织、农村贫困家庭面临的共同任务和挑战。

"十三五"脱贫攻坚规划要求加强对"三留守"人员的生产扶持、生活救助和心理疏导。空巢老人的福祉与其各家庭成员基本公共服务的满足密不可分。建立家庭为本、社区为基础的关爱服务,有助于行动者从整体、全过程的角度,与三留守群体共同应对农村贫困问题。

本书的农村空巢老人政策研究部分,系统梳理了我国政策中体现的理念、经验及共识,以发现政策与需求、社会组织涉老服务之间的内在关联。我们在梳理过程中发现,要想真正解决农村涉老服务人员短缺和可持续问题,亟须中央、地方、县乡基层政府、社会组织、其他社会力量和村民协同,不仅需要政策方向,还需要找准着力点,配合激励举措、配套资金、考核指标,避免政策向好,落地受阻。

---

① 韩俊、罗丹:《中国农村医疗卫生状况报告》,《中国发展观察》2005年第1期。
② 徐月宾、刘凤芹、张秀兰:《中国农村反贫困政策的反思——从社会救助向社会保护转变》,《中国社会科学》2007年第3期。

下面以农村老人服务人员现状为例，探讨政策改善与提升的空间，详见表1。

表1　为空巢老人提供服务的人员现状与需要切实落地的政策梳理

人员现状——最主要的服务人员是村民志愿者	需要切实落地的政策
1. 实际承担着社工和护理员的工作	——国家支持高校毕业生、复转军人和返乡创业农民工创建农村社区社会组织或到农村社区社会组织中就业。 ——民政部鼓励志愿者通过自学、考试等方式转化提升为社会工作专业人才。 ——充分发挥开放大学作用，开展继续教育和远程学历教育。 ——依托院校和养老机构建立养老服务实训基地
2. 主要靠精神收获维持可持续性	——国家鼓励有条件的地区将村集体收入按一定比例用于农村留守老年人关爱服务。 ——国家鼓励优先保障经济困难的孤寡、失能、高龄等老年人的服务需求，加大对基层和农村养老服务的支持力度，重点选取生活照料、康复护理和养老服务人员培养等方面开展政府购买服务工作。 ——推动各地通过政府购买服务、政府购买基层公共管理和社会服务岗位、引入社会工作专业人才和志愿者等方式，为"三留守"人员提供关爱服务
3. 缺乏心理支持和系统风险管理	——村民委员会、居民委员会应当协助所在地人民政府及其有关部门开展社区心理健康指导、精神卫生知识宣传教育活动，创建有益于居民身心健康的社区环境。 ——针对留守老年人生活、安全风险问题，民政部等九部门《意见》提出，要建立农村留守老年人信息台账制度，建立留守老年人的定期探访制度，鼓励有条件的地方建立留守老年人的风险评估制度

（二）与农村空巢老人相关的资助资源研究发现

从公众意识、资源体量来看，相对于儿童，老人服务处于公益领域边缘。农村老人服务的资源投入与城市老人对比悬殊。

本部分研究按基金会、企业、政府的顺序梳理农村空巢老人服务的资助资源现状及其特点。

需要说明的是，空巢老人是社会组织开展农村老人实际工作时的服务对象之一，不容易分清到底哪些资源用在空巢老人身上，哪些资源用在其他农村老人身上。因此本部分研究重点描述农村老人服务资助资源，涉及少量专门指向空巢老人的资源，仅能对空巢老人的资助资源现状进行大致勾勒，供需要者参考。研究有以下发现。

1. 农村老人服务处于公益领域边缘

根据《2017年度中国慈善捐助报告》，2017年，我国社会捐赠最关注的三个领域依然是教育、医疗健康、扶贫与发展。其中，后两个领域可能惠及农村空巢老人群体。

但是，在业内人士看来，公益慈善行业在推动养老行业发展方面产生的影响力是十分有限的。就目前的情况来看，养老领域仍旧不如儿童、教育、扶贫、救灾等传统领域受关注，养老问题还没有被社会普遍认知。

在基金会资助方面，只有占基金会总数6.27%的415家基金会关注老年人，且在城市开展工作的比例较高，在农村开展工作的较少。根据本研究"中国农村留守老人项目征集"的结果，有21家基金会支持农村老人（覆盖空巢老人）服务项目，服务内容主要分为六类：慰问补贴类；设施建设类；设备捐赠类；服务类；教育培训类；社会倡导类。也有一些基金会探索特殊老年人群体的服务，如失智（阿尔茨海默症）、空巢、失独及听障等老人。[1]

2. 社会资源极少进入农村养老服务领域，较少企业捐赠回应农村空巢老人需求

1990年，联合国大会通过决议，确定10月1日为"国际老年人日"，旨在唤起人们对老龄化问题的关注，而国内公众普遍对该国际纪念日缺乏了解。

通过"中国农村空巢老人项目征集"，从侧面反映出企业的少数公益涉老服务中，最常见的还是短期物资慰问、眼镜等辅具添加、体检、适老设施建设等活动内容。

3. 政府资源重视和支持老年人服务，但仍存在资金投入少和人才匮乏问题

老年社会工作是我国实务社会工作开展较早的专业领域之一。随着四

---

[1] 冯剑：《全国415家基金会关注老年领域 参与方式主要有这三类》，2018年8月，http://www.chinadevelopmentbrief.org.cn/news-21746.html，最后访问日期：2018年10月31日。

类社会组织直接登记政策的落实，民办老年社工服务机构注册的问题逐步得到了解决，但资金、人才的问题依然存在。[1]

通过对23个省2014~2017年近百份政府公益创投与购买服务文件的不完全统计，发现一般政府文件都含有"扶老助老/为老/养老服务"领域，但明确提出以农村空巢老人、"三留守"人员为服务对象的省份仅有天津、江苏、四川、贵州，为数寥寥。

4. 其他资源很少介入农村养老服务

近年来，聚焦城市的养老联盟竞相成立，动辄投入数千万，农村养老服务则相对少人问津。

上述几方面的状况亟须各方面重视并做出改变。

（三）农村空巢老人需求的社会解决方案——公益项目的研究发现

在社会层面，社会组织和社会力量如何参与农村养老服务事业，服务空巢老人？由哪些机构实施？服务方式和内容有哪些？在解决什么问题？效果怎样？前景如何？还有什么可能的社会解决方案，可以解决或改善哪些需求和问题？社会资源如何投入更有效？本项目征集16个省/直辖市36家机构的40个项目，收录在名录中。希望通过本部分研究，为未来的农村养老服务事业提供思路。

随着年龄的增加，老人维持行动能力所需的协助也会越来越多。然而，在现代化进程中，老人与子女分居的情况越发普遍，特别是作为传统照顾者的女性开始更多地外出工作，这让单独依靠家庭力量来回应老人的需要变得不再可行。要保证良好的生活质量，老人及其家庭都需要一定的外部力量协助。

但目前，我国的养老行业尚处于起步阶段，居家、机构及社区的养老服务都在探索之中。在农村地区，特别是在中西部的山区，养老服务的资金和人力资源都极为不足，短期之内很难组建起数量充足的专业队伍，以职业化且可持续的方式为老人提供服务。但个体生命的福祉改善不应等待，农村地区急需适合自己的服务方案。

---

[1] 王勇：《冷暖自知的民办老年社工服务机构》，2014年3月，http://www.gongyishibao.com/html/yaowen/6243.html，最后访问日期：2018年10月31日。

1. 重新看到农村老人和社会组织涉老服务的价值

我们看到，一些社会组织正积极介入其中，动员起农村内部力量，回应老人在健康照护、生活照料、精神慰藉等方面的需求。社会组织的行动不仅在自觉落实老人关爱政策的最后一米，同时也为本地制度完善、地方规定细化、中央政策改进提供扎实基础。

除了直接提供服务，改善老人福祉，社会组织还有另外一个重要的价值：移除主流观念中对老年人的偏见，构建一个老龄友好的公义社会。老年人不仅是被照顾的对象，他们也是独立自主的个体，有权利、有能力决定自己的生活，也在为家庭和社区做出贡献。他们的权益应该被尊重，他们的付出应当被看见。更进一步说，老年人应该得到公平而合理的对待，首先因为他们是人，而不仅仅是因为他们曾经或现在所创造的经济价值。

但是，在全球范围内，相较于对儿童、妇女、残障人士权利的重视，老年人的权益尚未得到同等的关注。很多国际组织正针对此问题采取措施，以期推动联合国《老年人权利公约》的出台[1]。

2. 解决方案与需求应对

目前专门针对农村空巢老人的公益服务项目较少。为更全面地了解社会组织为该群体提供服务的现状，在本项目的调研中，服务对象包含空巢老人的项目都视为有效数据加以收集，并将更为详细的服务群体信息列入报告所附的项目名录。

服务项目模式及案例部分研究发现，居家、机构、社区照顾三种模式中的具体服务内容有较多的重合之处：以物资慰问、日常照料、组织文化娱乐活动和培育自组织等干预方式为主，都旨在满足农村老人的需求。

3. 农村空巢老人的社会解决方案的研究发现

（1）空巢老人是公益领域的边缘性议题。

空巢老人是社会组织选择的主要服务对象，但服务于空巢老人的公益项目数量较少。

本次调研设计了《中国农村空巢老人公益项目名录征集》问卷[2]，以期

---

[1] International Network for the Prevention of Elder Abuse (INPEA) et al. (2010), *Strengthening Older People's Rights: Towards a UN Couvention*.

[2] 由于本书研究对象主要是农村空巢老人中的留守老人，因此，设计问卷也针对为农村留守老人服务的项目。

了解领域现状,并为潜在的资助方提供信息参考。入选项目需以农村留守老人为主要服务对象,执行单位需是正式注册的社会组织,包括民办非企业、基金会、社会团体等。长达半年的有效问卷发放,只收集了39份有效答卷,在一定程度上反映了涉老服务项目数量上的不足。

在实地调研中发现,社会组织首选的受益人群一般是鳏、寡、未婚独居的空巢老人、自己或家人有重病以及高龄的老人,特别是其中经济困难或行动能力受限的群体。

问卷调查和实地调研的结果表明,以物资发放为主的短期慰问和日常生活照料是社会组织最主要的服务方式,医疗服务、心理疏导、文体活动组织次之。

有调查研究显示,老年人最为迫切的需求是适切的医疗保健服务,精神慰藉和生活照料服务次之[1]。本次调研中,大多数受访对象也认为,健康状况是影响老年人福祉的最关键因素。但问卷调查的结果显示,仅有少部分的社会组织在开展"失能失智者长期照护"以及"适老设施建设"等服务。可以说,在农村空巢老人服务领域,现有的公益项目与老年人的实际需要之间仍存在一定的错位,在一定程度上反映了领域的发展现状。这也与中国民营养老产业的现状相一致。[2]

(2)村民志愿者是最主要的服务人员,实际承担着社工和护理员的工作,志愿服务主要靠精神收获维持可持续性,缺乏心理支持和系统风险管理。

接受本次实地调研的大部分社会组织是采取"社会工作者+志愿者"的模式。社会工作者一般来自市、县一级,志愿者通常是项目点所在村庄或周边村庄的村民,主要负责为老年人提供生活照料、精神慰藉、健康监测等方面的服务。

大部分农村涉老公益是以项目制或志愿服务的形式在开展,志愿者参

---

[1] 转引自德勤中国《探索健康养老的"最后一公里":中国医养结合趋势展望》,2018,https://www2.deloitte.com/cn/zh/pages/life-sciences-and-healthcare/articles/the-last-mile-of-senior-care.html。

[2] 德勤中国:《探索健康养老的"最后一公里":中国医养结合趋势展望》,2018,https://www2.deloitte.com/cn/zh/pages/life-sciences-and-healthcare/articles/the-last-mile-of-senior-care.html。

与服务主要是精神方面的元素驱动。但服务中志愿者往往要承受来自多方的冷嘲热讽和老人退出服务项目的压力。同时，志愿者相对更容易遭遇老人去世的情况。应对潜在的情绪风险，做好自我照顾，一线实践者需要更多关注和支持。

为建设一个"不分年龄、人人共享"的公义社会，社会组织正在推动着涉老价值观念的转变，也在进行服务模式的探索。在资源相对较少的农村地区，这样的努力更加难能可贵，亦有潜能，需要更多的支持与机会来发挥。同时，社会组织需要在服务对象细分、服务内容深化、评估体系完善、权益倡导推进等方面，寻求专业精进。知识、技术和全人理念平衡发展，才是更有益于空巢老人的社会服务发展方式，是我们应该并且可以为之努力的方向。

希望本部分研究能让社会组织的行动获得更多认同，并吸引更多的力量参与进来，共同建设一个老龄友好的公益行业。

（四）农村空巢老人需求辨析研究及其发现

深入认识和了解农村空巢老人的真实需求及其成因、境况及改善的影响或制约因素，是公益导航研究的基础部分。

1. 需求辨析采用的方法

本部分研究遵循从普遍到特殊、由共性而特性的路径，从一般老年人、农村老年人、农村空巢老人的需求逐步递进分析，通过文献研究与实地调研相互印证辨析识别。

农村空巢老人是一个特殊的老人群体。一方面，具有老年人、中国老人、中国农村老人普遍的共性问题和需求；另一方面，由于40年来中国经济、社会与文化的颠覆性变迁，根本改变了广大农村的家庭模式、乡村社会结构、文化传承和伦理习俗，使他们、他们的生活及其角色担当，都异于其他中国老人，产生了更多方面的性质更复杂独特的问题和需求。

识别一般老年人、农村老年人的需求，通过两个路径：一是联合国、世界卫生组织等多边国际组织，以及国际助老汇等国际机构的相关政策文献，了解国际社会对待老龄化社会和老龄人口的理念、原则和政策倡导方向；二是着重对进入老龄化社会以来我国养老的相关法律政策进行了梳理、分析。从国际、国内两个视角帮助我们理解老年人的普遍需求，了解其所倡导和采取的解决方法与实现路径。

而对农村空巢老人的需求识别，是以上述文献、法律政策研究为基础，结合我国学界的相关研究成果，主要是近几年或持续多年对农村留守老人进行实际调查得出的研究报告、文献；同时，进行了实地调研，包括中西部农村空巢老人及其家庭的生存状况与社会环境、从事农村老年人服务的社会组织和村自组织的行动实践，从中深入了解社会现实状况。

我们对所选择的各方面文献成果进行梳理、归纳和分析，并以此为基础，与实地调研获取的第一手真实信息，两相对照、相互印证。

在此，参考 Bradshaw 的需求分类[①]，选择了多边国际组织所倡导的价值理念作为基准——规范性需求，与国内法律政策、学者研究和社会实践等几个层面进行比较、辨析，调整、修改已有的概念和认知，重新认识农村空巢老人的实际问题，识别其中内含的真实需求，并尝试分辨其发生机制与改变的可能性，从而形成需求研究的结果。

2. 农村空巢老人需求辨析及发现

我们从不同视角和几个层面对农村空巢老人的需求进行辨识，最终梳理出的农村空巢老人需求归纳为：老有所养，病有所医，生有质量，逝有尊严。其中，老有所养、病有所医是我国农村空巢老人重中之重的基础性需求，也是所有农村老人的根本性需求，生有质量和逝有尊严建立在该基础之上。

（1）全球化视角下的需求识别。

本部分研究选取了联合国的《联合国老年人原则》《2002 年马德里老龄问题国际行动计划》和《联合国 2030 年可持续发展议程：17 个目标》、世界卫生组织的《积极老龄化政策框架》和国际助老会的《全球老人生活观察指标》等相关决议、报告作为参照体系。

我们理解上述文献呈现的主要精神是：以老龄人口的权利、尊严和权益保障为原则基础，强调、倡导和推动老龄人口发展理念和积极老龄化、健康老龄化的战略与行动，以应对老龄人口的需求和老龄化社会的挑战，推动各国政府在全球老龄化大趋势中，前瞻老龄化社会的发展趋势与需求，

---

① 转引自中华社会福利联合劝募协会与郑怡世合著《成效导向的方案规划与评估》，巨流图书股份有限公司，2010。

积极主动地寻求法律政策和制度进一步的完善或改变。其应对和解决的老龄人口的需求主要集中在以下几个方面：

一是享有发展的权利，主要包括与发展相关的机会、公平待遇、尊严、权益保障、继续工作、获得教育和社会尊重、社会参与等方面；

二是生活保障与防治贫困，主要包括享有足够的社会保护/社会保障，预防贫穷；

三是健康与医疗保障，主要包括享有健康和福祉、平等医疗保健、健康照料服务和个人生活品质与权益的保障，并且这个保障应贯穿于生命全程；

四是法律与权益保障，免受虐待和暴力。

文献中以经济、社会、权利等全面观照的立场强调：老年人是宝贵资源；生命全程的观点；健康与预防；多部门通力合作和代际团结等，凸显人类社会文明发展的精神。

本部分研究将上述内容作为需求辨析的价值理念基础。

（2）我国法律与政策视角下的需求识别。

我国《宪法》规定："国家保障老年人依法享有的权益。老年人有从国家和社会获得物质帮助的权利，有享受社会服务和社会优待的权利，有参与社会发展和共享发展成果的权利。禁止歧视、侮辱、虐待或者遗弃老年人。"

本部分选择了与老年人口权益保障和养老需求关联最密切的法律和政策文件，包括《中国老年人权益保障法》《关于进一步加强老年人优待工作的意见》《国务院关于加快发展养老服务业的若干意见》和《"十三五"期间国家老龄事业发展和养老体系建设规划》等，进行梳理、分析。

我国的养老政策和制度安排，是以"养老"为着眼点，以居家养老为基础、以"家庭养老"与子女承担赡养责任为主体，以下面三大体系的建设为中国养老事业的支柱，实现"老有所养、老有所医、老有所为、老有所学、老有所乐"的目标。

一是多支柱的社会保障制度体系，包括社会保险（基本养老保险、基本医疗保险、长期护理保险）、社会福利和社会救助。

二是家庭养老与赡养责任为主的政策体系。

三是以居家为基础、以社区为依托、以机构为补充、医养相结合的多层次养老服务体系。

我们从中梳理和归纳，上述法律政策主要应对和解决的养老需求包括：经济生活保障、医疗健康保障、养老服务、精神生活、社会参与、宜居环境、法律保障、养老产业和产品、养老资源保障。

（3）专家学者的研究成果所集中反映的需求识别。

收集专家学者的研究成果，主要侧重农村空巢老人中的留守老人。通过相关学术期刊网站搜索及统计结果显示，专家学者的研究报告主要涉及的内容为：农村留守老人生活状况、养老模式、养老政策、老年健康、子女外出务工影响、社会支持、社工介入等。其中，经济、医疗健康、养老服务与照料、精神与情感等几个方面是这个群体最需要关注和解决的问题。而在我们调研时，专家多认为精神慰藉是首要的需求。

资料中还反映出有学者特别关注农村老人，尤其是留守老人只能依靠种地自养为生的现实困境，及农村老人因生存困难、疾病痛苦和精神寂寞原因而自杀，自杀率显著高于城市的问题。

专家学者们提出的解决问题方法集中于：子女应该承担起赡养、照料责任，政府加强农村养老和服务体系的建设，以及加强社会组织提供服务的作用等。

（4）社会实践与文献研究相结合的视角下的需求辨析。

我们按照《中华人民共和国老年人权益保障法》提出的"老有所养、老有所医、老有所为、老有所学、老有所乐"目标，同时，遵循多边国际组织倡导的的价值理念——老年人的生存与发展的权利与权益保障和积极、健康老年化，通过将实地调研得到的真实情况与上述几部分文献研究结果比较、分析，不断深化甚至颠覆原有认知，归纳了农村空巢老人四个方面的需求：老有所养，病有所医，生有质量，逝有尊严。

老有所养，指老年人的生活权益保障，即能够平等获得维持有尊严生活的基本保障。主要体现在：稳定的、能维持当地平均生活水平的社会保障，不必依赖子女，也不必须为谋生而劳作；能够获得必需的日常生活照料和困境支持。

病有所医，指老年人应平等获得健康与医疗权益的基本社会保障。主要应包括：老人能够获得负担得起的、所需的有质量的医疗、疾病预防、卫生保健和病后康复服务，以及社区长期照护等服务。

生有质量，即以生命全程观念、积极老龄化原则和发展的理念，保障老年人的身心健康安全、社会参与和实现发展的权益。

逝有尊严，包括：能够按照自己的意愿度过生命的最后阶段并获得应有的关照；生前有条件保持身心健康或有照料服务保障，不致因贫困、孤独、病痛或被虐待自杀，不会孤独去世多日而不被人知。

老有所养和病有所医，是所有农村老人的根本性需求，对农村空巢老人来说尤为凸显。在报告中，对这两部分需求及其影响因素的阐述比较详细。特别是针对老有所养的需求，从他们的收入来源结构和家庭赡养困境等角度做了重点分析。可以看到，农村空巢老人的养老模式和赡养责任已从"家庭养老""家庭赡养"变为"老人自养"为主，这与专家学者多年的研究结果一致。而包括空巢老人在内的农村老人普遍最害怕和担心的事情是生病，则突出呈现了病有所医的需求。

3. 农村空巢老人需求成因简析

为应对全球老龄化挑战，多边国际组织致力于推动各国政府承担应负的责任，建设具有底线的社会保障制度体系。

我国政府近十多年在推动与养老相关的制度建设、农村基本社会保障建立等方面做了巨大的富有成效的努力，新型农村社会养老保险（简称新农保①）与新型农村合作医疗（简称新农合②）制度基本实现了全覆盖。政府对建立农村医疗、养老和社会服务体系承担责任，着重在硬件设施方面，进行了大量的投入和建设。今后还将建立健全以居家为基础、以社区为依托、以机构为补充、医养相结合的农村养老服务体系。

但是，专家多年研究成果和本次实际调研都清晰地表明，农村空巢老人群体的问题仍然巨大而且迫切，特别是家庭赡养为主体与多轨制的社会保障制度安排，叠加农村老年服务体系空缺，使城乡在老有所养、病有所医的基本权益保障方面差距过大，农村需求缺口巨大，存在以下两个突出问题：

---

① 2009 年起在农村开始试点的新型农村社会养老保险，简称新农保。
② 2002 年在农村试点的新型农村合作医疗制度，简称新农合。是指由政府组织、引导、支持，农民自愿参加，个人、集体和政府多方筹资，以大病统筹为主的农民医疗互助共济制度。其采取个人缴费、集体扶持和政府资助的方式筹集资金。中央财政按照一定比例进行补助，农民个人缴费标准 2018 年为 180~240 元。五保户、低保户、建档立卡的贫困户和 80 岁以上的老人可以免缴。

（1）农村老人社会保障水平过低，而家庭赡养难以实现，使"老有所养"成为农村空巢老人及其他农村老人的根本性需求。

我国养老政策和制度安排是以家庭养老、子女赡养为主体的模式。现实中，农村空巢老人在经济供养（包括各类途径的收入）、生活照料和困境支持这几项最基本和最重要的老有所养基本需求上均难以得到保障，而不得不依靠种地"自养"。主要原因如下。

一是体制困境——养老待遇上的城乡二元结构。基本养老保险保障了城市退休老人可以养老金为生。同时政府不断加大对城市中机构养老和社区居家养老体系的投入和建设，社会福利、社会救助制度交织覆盖。

二元社会结构及基于此的制度设计导致的城乡差别待遇、社会福利和保障体系多轨制，使农村老人不能与城市退休老人享受同等待遇，每月养老保险金仅70~100元[①]，日均3元左右，社会养老制度保障水平过低，不能赖以糊口。

二是子女赡养责任难以落实。我国养老法律和政策明确规定了子女承担赡养老人的主体责任，是家庭养老政策和制度安排的核心部分。而现实中，这部分供养很不确定、难以保障。主要影响因素如下。

首先，没有强制法律措施保障子女及时和完全地提供赡养费用。

其次，客观上在外打工的子女不可能确保有赡养老人的能力。"农民工"通常工资低、收入不稳定，甚至常被欠薪，还要负担自身家庭生活和高成本的子女养育、教育，父母反过来需要挤压自己生活帮衬有困难子女的情况相当常见。

最后，企业一般只为打工者缴纳最低水平的社会保险，甚至根本不缴。而由于打工流动性强，社保转移受限，已缴纳的社保金常被迫放弃。种种状况使打工者本人及家庭养老无着。

社会保障过低和家庭供养无保障的困境叠加，使农村空巢老人必须依靠"自养"——或种地养殖，或土地流转（流转金每亩每年仅几十元至数百元）后再去打工，直至干到丧失劳动力为止，依靠与城市退休老人社保

---

① 自2014年7月1日起，全国城乡居民基本养老保险基础养老金最低标准从每人每月50元提高至70元，80岁和90岁以上老人每月分别再增加50元。2019年，视各地方政策的不同有不等的上涨，将养老金提至每月100元左右。经济条件好的省、县提升更多一些。

金相差数倍至数十倍的微薄收入，勉力维系基本生活。

三是子女难留身边，而农村老年社会服务体系缺失，空巢老人难以获得所需的生活照料和困境支持。近年来出台的一系列法律政策都明确规定：老年人养老以居家为基础，家庭子女是老年人的赡养主体，支持成年子女与老年父母共同生活，履行对老年人经济上供养、生活上照料和精神上慰藉的义务，照顾老年人的特殊需要，等等①，几乎覆盖了老年人基本养老需求的全部责任。政府文件一再强调要"强化家庭在农村留守老年人赡养与关爱服务中的主体责任"。

但是，迫于社会现实和家庭生计，农村青壮年进城务工是必然的选择。子女常年在外打工，不能兼顾对留在农村的老人的生活照料和困境支持。而中西部农村地区尚未建立起居家养老、社区养老的社会服务体系，老人们除了自我照料或互相照料，别无他途。

（2）当前的农村基层医疗卫生体系远不能满足实际需要，使病有所医成为农村空巢老人及其他老人的最大需求。

我国新农合制度2003年试点，2010年在全国范围内实施。2009年3月颁布《中共中央国务院关于深化医药卫生体制改革的意见》，明确提出了"保基本、强基层、建机制"的顶层设计，健全"以县级医院为龙头、乡镇卫生院和村卫生室为基础的农村医疗卫生服务网络"，实施国家基本药物制度和基本医疗保障制度，促进基本公共卫生服务逐步均等化。新医改明确提出基本医疗卫生服务面向全民提供的理念，积极推进建立以公益性为旨归的农村基层医疗卫生新机制。

经过近十年的探索与实践，新医改取得了显著的成就与进展②。近年来配合以补充医疗保险、重特大疾病医疗救助、特困免缴新农合费用、65岁以上老人每年免费体检等措施，为农村老人构建农村基本医疗保障制度体系。"然而，随着实践的深入，新医改带来的基层医疗卫生困境也逐渐展现，尤其表现在完善农村基层医疗卫生服务体系方面，从而引发了人们对

---

① 具体可参看《中华人民共和国老年人权益保障法》《"十三五"国家老龄事业发展和养老规划》等法律政策文件。
② 赵黎：《发展还是内卷？——农村基层医疗卫生体制改革与变迁》，《中国农村观察》2018年第6期。

新医改成效的讨论与质疑。"①

现实中，农村医疗低水平、高费用，报销比例低，同时农村社区缺失有效的疾病预防、卫生保健制度和康复服务、社区长期照护与干预体系，使农村老人仍然面临看病难、看病贵、因病致残的困境，高龄、重病、失智失能老人所需的专业护理需求得不到满足。患病成为农村空巢老人和其他农村老人普遍最担心和害怕的事情。"病有所医"成为最大需求。

"在法律层面，生命健康权是每位公民享有的根本的人身权利，老年人也享有'可获得范围内最高标准的健康'这一基本人权。"②法律主张的权利与现实存在巨大差距。

（3）"生有质量"的需求是农村空巢老人特别欠缺的。

现代文明社会中，倡导以生命全程观念、积极老龄化原则和发展的理念，保障老年人的身心健康安全、社会参与和实现发展的权益，使老年人老有所为、所学、所乐，获得社会尊重和价值实现，提升他们的生命质量。

为落实中央政策要求，多地政府都努力推行各种措施，建立农村社区老年服务基础，如在各行政村统一修建老年活动室、村文化广场、"老人幸福苑"，成立村老年协会，购买社会组织服务实施关爱农村困境老人项目等等，还有经济发展条件较好的地方设立村老人食堂。

但是，政策要求资金主要由地方财政和村集体解决，而在实际当中，中西部发展中地区地方财政和村集体财力极其有限，配套资金严重缺乏，服务人力和运营都得不到支持，好政策难以落实到位，多数活动中心建好后或空置或被占用，老年协会大多空有其名，极少地方有能力开办老年食堂。农村社区老年服务体系无法建立起来。

同时，我们也看到，凡是有社会资助支持社会组织、农村自组织、志愿者的地方，都展现了为老人服务的热情和责任感，为孤寂的老人们带来了快乐、活力，乃至使其迸发出参与社会活动的极大积极性。但是由于支持资源极其有限，这种情况很少，其覆盖面很小，影响力薄弱。

由于老有所养、病有所医的基本权益保障严重不足，难以建立安全感

---

① 《中国老龄健康报告（2018）》。
② 胡宏伟、袁水苹、郑翩翩：《中国城乡老年人健康及医疗卫生状况分析》，党俊武主编《中国城乡老年人生活状况调查报告（2018）》，社会科学文献出版社，2018。

和社会尊严，农村空巢老人长年高强度劳动以"自养"，生活压力大，经济收入低且不稳定，缺少亲情慰藉和生活陪伴照料，得不到社会服务，在空心化的村庄中也被社会边缘化，没有选择养老生活方式的自由，也很少有社会参与机会，更奢谈发展。因此，"生有质量"也是农村空巢老人的重要需求。

（4）逝有尊严，农村空巢老人更需要"善终"的保障。

在城市中的老人有经济和基本医疗社会保障，大多有亲人或有条件雇人照料，有多种养老方式可供选择，有各类大小医院提供医疗服务，有形形色色的保健方法与多姿多彩的生活方式。他们去世后还有不同标准的补贴。从事临终关怀的社会组织和志愿者得到越来越多的关注和支持。而农村空巢老人没有子女在身边，也没有社会服务体系提供服务和照料，因生存困难、疾病折磨和精神寂寞等原因而自杀，或去世多日而不被人知的情况时有发生。让劳作一生的农村老人生前得到有尊严的、适切的关照和服务照护，并得以善终，是现代社会的文明伦理，需要政府和社会大力倡导和实行。

产生农村空巢老人上述需求的现实根源，是我国城乡社会分割的二元社会结构制度及对应的社会保障多轨制制度，历史则可追溯到2005年之前我国实行了近60年的农业哺育工业、农村哺育城市，对农村和农民加以索取的经济政策，且农民没有土地财产所有权，无法获得财产性收入。凡此种种都使辛苦劳作贡献一生的农村老人既无可能积累资产，又无机会公平地分享经济和社会发展成果，且不能平等享有与城市退休老人同样的社会保障权利，包括社会保险福利、医疗服务、社会服务和社会资源支持。

而跟随子女进城或子女返乡创业就业陪伴身边，在农村家庭面临的生存压力下难以成为现实。千万级规模的农村空巢老人的问题与需求亟待破解。

（五）探讨应对和解决农村空巢老人需求的路径和实现方式

在全球社会老龄化的大趋势下，由"自立、权利、参与、自我实现和尊严"的基本原则逐步演进而来的，以保障老年人基本权益为基础、以具备能力和发展为导向的"积极老龄化""健康老龄化"战略与价值观，给予我们很深的启迪。我们将之作为价值基准，对中国农村空巢老人的真实需求进行辨析。同时，结合对我国国家法律和政府政策及制度安排、农村老年社会服务体系的现状、社会资源投入等几个关键影响方面的研究，引导我们形成了新的认知：解决农村空巢老人问题和需求的根本途径，不是单纯的老人进城或者子女回乡实现家庭团聚。根本的办法首先是解决老人的基本权益保障以及平等享有权益的权利，包括经济收入、医疗健康、日常照料、长期照护等服务和社会参与、发展的可选择机会等。政府、企业和社会组织均应为此承担相应的责任，以此为核心价值和基础去行动，三个部门的作用都不可或缺。

1. 社会组织和农村社会自组织，是为农村老人和空巢老人提供社会服务的主要力量。

在解决农村空巢老人和农村养老问题上，社会组织具有非常广阔的作为和发展空间，同时农村自组织具有巨大的内生动力和潜力。

首先，农村社会服务体系的搭建和运营，社会组织和农村自组织是实现政府政策落地、发展农村老人服务事业的最可依托的、不可忽视的社会力量。他们可致力于社区软环境与文化性建设；农村内生力量的激活、建立和实施老年人健康、生活照料与护理；帮助老年人发展与年龄及身体条件相适应的生产方式，以增加收入，提高生活质量；支持农村老年人参与社会活动和社区发展等方面的服务体系。

其次，建立农村社会服务体系，亟须建立、培养大量服务人员与服务队伍，提升他们在农村经济发展、文化生活、社区治理和长期照护的专业能力，也是社会组织、公益领域和社会力量应该积极介入、参与和创新的社会服务事业。

最后，社会组织和公益领域更为重要的使命，一是积极倡导并推动政府改变/改善相关政策与制度及其落实；二是社会动员，引领更多的企业和社会力量关注和投入，助力解决农村空巢老人等困境群体问题。

2. 政府政策与制度及其落实，是根本解决农村空巢老人困境和问题的保证。

合理、公平、完善的政策与制度安排，充实与稳定的资金投入、长效的资源配置和服务体系建设，逐步实现平等的权益保障。

第一，是对农村老年人的权益及其保障做出更好的制度性安排和资金等资源保障，从法律、政策上使农村空巢老人及其他农村老人享有能满足其生活、医疗、安全、尊严等基本权益的社会保障。并以积极、健康老龄化理念和有效措施，促进农村空巢老人及其他农村老人享有健康、参与、发展等权益和福祉。

第二，尽快地全面建设与完善农村的医疗、护理和养老服务体系与设施，同时提供政策及相应的资金保障支持，培训和提升乡村医疗水平，大力培育农村的老人护理与服务人员队伍，建立相关补贴制度和资金保障体系。

第三，政府应提供有效到位的持续性的政策和对应的资金投入与资源支持，大力支持培育农村老年服务的社会组织、自组织，建立和运营农村老年社会服务体系，资助其组织发展和开展活动，长期支持他们为农村老年服务事业的发展提供持续、有效的服务。

第四，改变并最终消除城乡身份壁垒，逐步实现农村老人与城镇退休老人享有平等的社会福利和社会保障待遇。

第五，解决好在城市务工的广大农民工群体的权益保障这一多年的重大社会问题，其事关现在的数千万农村空巢老人，也关系到未来千千万万的农村老人。

3. 企业是支持和帮助农村发展、开发农村老人服务产业不可或缺的力量。

农村空巢老人所需的养老服务和发展机会，同样也需要企业以市场化方式参与、提供技术和资源的投入及支持，包括促进农业经济、技术与生产发展的乡村振兴，开发和建设农村老年产品与服务产业，资助和支持社会组织服务农村建设和农村老人，并有效保障农民工权益，使之老有所靠等，都必须发挥企业和市场的作用力量。

在全球老龄化大潮中，中国已快速进入老龄化社会，且老龄化速度、高龄化趋势日益加剧，这必将成为左右中国未来的社会、经济、产业和文化结构调整、发展与变化的最关键因素之一。应对和解决老龄化所带来的重大社会问题和严峻挑战，是我国政府和社会不可回避的最重大、最迫切的任务之一。而2020年中国进入小康社会，应保证中国农村空巢老人这一大规模老龄群体不会被忽视、被遗漏。中国是世界第二大经济体，有强大的举国体制和以为人民服务为使命的政府，有能力实现这一目标并责无旁贷。

·第一部分·
政策实务手册与资助资源

Ⅰ 政策实务手册

简介：本手册从农村空巢老人日常生活的实际需求出发，帮助农村空巢老人、老人子女和服务空巢老人的社会组织厘清现实政策问题，找到与之对应的相关政策[①]条文和解决方案。本手册涵盖了与农村空巢老人有关（包括涵盖但未直接针对农村空巢老人）的国家、地方政策、特定地区及与农村空巢老人相关联的特殊政策问题，为空巢老人服务的社会组织主体有关的政策问题，与空巢老人社会组织服务有关的政策问题，从这三个维度，解决农村空巢老人可能遇到的政策实务。

用户指南　中央政策落地离不开地方细化，地方细化有赖于政府、社会组织、其他参与主体的共同执行和推进。本手册通过问答形式展现农村空巢老人服务的关键主题，方便社会组织快速查阅关心的问题，清楚当前政策回应程度，确立服务参考标准，从而寻找自身服务发挥和改进的空间。使用方法如下：

问答示例与使用说明

| 问：如何建立健全留守老年人关爱服务清单制度？答：除山东、黑龙江两省出台细化意见外，其他省份基本按照中央政策规定。根据山东2018年出台的《意见》，要立足农村实际和老年人需求，着重为留守、孤寡、失能、失独等困难老年人提供以"五帮四查"为主要内容的关爱，即帮送餐做饭、帮清洗衣物、帮打扫卫生、帮家务农活、帮代购代办，查看每日吃、穿、住、医情况，确保留守老年人得到基本生活照料。根据黑龙江2018年出台的《意见》，在已推行的全省《老年人居家社区养老服务清单》的基础上，鼓励各地增加农村留守老年人照护项目，重点发展助餐、助浴、助洁和助医等服务。 | ——聚焦农村留守老人服务的具体议题，并以问答形式呈现，方便查阅。

——在落实本条中央政策时，哪些地方政府出台了细化规定？

——地方政府的落实细则，提供行动层面与政策完善的参考和指引。

思考：结合本地实际情况，社会组织服务可以做哪些调整和创新，从而为本地制度完善添砖加瓦？ |

[①] 从行动者角度，本手册收录的政策类型较为宽泛，不仅包括常见的国家法律法规、一号文件、政府工作报告，也包括重要领导讲话、部委制定的行业标准等。需要注意的是，本手册仅呈现文本规定，各地落实过程中可能存在现实差距。

手册并没有涵盖全部农村空巢老人相关主题，也没有穷尽所有省份的实施细则。所梳理的主题问题、现有省份的细化规定，可作为示例，明确亟须解决的具体问题，细则完善的路径和方法，以及地方政府间的学习空间。这不仅是各地方政府部门的职责所在，也是社会组织服务推动制度完善的着力点。

需要说明的是，本手册仅呈现政策文本，各地落实过程中可能存在现实差距，需要各级政府、社会组织等参与主体共同补充完善。

第一章 农村空巢老人

农村空巢老年人问题是我国工业化、城镇化、市场化和经济社会发展的阶段性问题，是城乡发展不均衡、公共服务不均等、社会保障不完善等问题的深刻反映。党中央、国务院高度重视这个老年人群体关爱服务工作。党的十八届三中全会提出要"健全农村留守儿童、妇女、老年人关爱服务体系"。2016年国务院政府工作报告提出要"加强农村留守儿童和妇女、老人的关爱服务"。党的十九大报告强调要"完善社会救助、社会福利、慈善事业、优抚安置等制度，健全农村留守儿童和妇女、老年人关爱服务体系"。

2015年，贵州发布首个省级留守老人系统性关爱文件。2017年12月28日，民政部等九部门联合印发《关于加强农村留守老年人关爱服务工作的意见》（民发〔2017〕193号），是我国中央政府出台的第一个专门针对农村空巢老人的政策文件。随后，地方政府加快研究制定相应的实施细则。截至2019年2月21日，全国29个省份建立了农村留守老年人关爱服务制度。

农村空巢老年人关爱服务是农村养老服务体系的重要组成部分。他们能否获得政府提供的社会资源，衡量标准在于其是否符合国家对农村老年人的支持政策，而并非是否具有"留守"特征。

近年来，农村养老服务政策引导逐步增强：新修订的《老年人权益保障法》、国务院印发的《"十三五"国家老龄事业发展规划》（国发〔2017〕13号）、国务院办公厅印发的《社会养老服务体系建设规划（2011—2015年）》（国办发〔2011〕60号）、《国务院关于加快发展养老服务业的若干意见》（国发〔2013〕35号）等，都对发展农村养老服务做出了明确规定。2018年，中共中央、国务院印发《乡村振兴战略规划（2018—2022年）》，提出提高乡村卫生服务机构为老年人提供医疗保健服务的能力，支持主要面向失能、半失能老年人的农村养老服务设施建设，推进农村幸福院等互助型养老服务发展，建立健全农村留守老年人关爱服务体系。这些都为推进农村养老服务体系建设提供了制度保障。

我国宪法和法律层面都对老人各项权利做出保障，并积极将《联合国老年人原则》要求的"独立、参与、照顾、自我实现和尊严"纳入国家方案。

第一节　中国老年人基本权利的政策安排

一　内容概要

尊敬老人不仅是我国自古以来的道德规范和文化传统，《宪法》对老年人的合法权益也有明文规定，《婚姻法》等各类法律都对老人各项权利做出保障，并积极将《联合国老年人原则》要求的"独立、参与、照顾、自我实现和尊严"纳入国家方案。

本节通过回顾宪法、新修订的老年人权益保障法、最新政府文件、重要领导讲话、"十三五"规划等内容，进一步明确中国老年人拥有的基本权利，从而为农村空巢老人权益保障的廓清提供依据。

二　常见问题及解答

1. 问：《中华人民共和国宪法》《婚姻法》《民法通则》如何保障老年人权利？

答：《中华人民共和国宪法》第四十五条规定，中华人民共和国公民在年老、疾病或者丧失劳动能力的情况下，有从国家和社会获得物质帮助的权利。国家发展为公民享受这些权利所需要的社会保险、社会救济和医疗卫生事业。

《民法通则》和《婚姻法》都提到保护老年人的合法权益。《婚姻法》强调家庭成员间应当敬老爱幼，互相帮助，维护平等、和睦、文明的婚姻家庭关系。

有关宪法和法律对农村老人权利的规定，详见附录一。

2. 问：新修订的《老年人权益保障法》为社会组织为老服务提供了哪些依据？

答：《中华人民共和国老年人权益保障法》第七条规定，保障老年人合法权益是全社会的共同责任。国家机关、社会团体、企业事业单位和其他组织应当按照各自职责，做好老年人权益保障工作。基层群众性自治组织和依法设立的老年人组织应当反映老年人的要求，维护老年人合法权益，为老年人服务。提倡、鼓励义务为老年人服务。

《中华人民共和国老年人权益保障法》第三十五条规定，国家鼓励慈善组织以及其他组织和个人为老年人提供物质帮助。

3. 问：新修订的《老年人权益保障法》为老年人提供了哪些社会保障？

答：国家通过基本养老保险制度，保障老年人的基本生活。

国家通过基本医疗保险制度，保障老年人的基本医疗需要。享受最低生活保障的老年人和符合条件的低收入家庭中的老年人参加新型农村合作医疗和城镇居民基本医疗保险所需个人缴费部分，由政府给予补贴。有关部门制定医疗保险办法，应当对老年人给予照顾。

国家逐步开展长期护理保障工作，保障老年人的护理需求。对生活长期不能自理、经济困难的老年人，地方各级人民政府应当根据其失能程度等情况给予护理补贴。

4. 问：老年人有哪些福利制度？

答：《中华人民共和国老年人权益保障法》第三十三条规定，国家建立和完善老年人福利制度，根据经济社会发展水平和老年人的实际需要，增加老年人的社会福利。

国家鼓励地方建立八十周岁以上低收入老年人高龄津贴制度。

国家建立和完善计划生育家庭老年人扶助制度。

农村可以将未承包的集体所有的部分土地、山林、水面、滩涂等作为养老基地，收益供老年人养老。

《中华人民共和国老年人权益保障法》第三十四条规定，老年人依法享有的养老金、医疗待遇和其他待遇应当得到保障，有关机构必须按时足额支付，不得克扣、拖欠或者挪用。

5. 问：新修订的《中华人民共和国老年人权益保障法》为老年人提供了哪些社会救助？

答：《中华人民共和国老年人权益保障法》第三十一条规定，国家对经济困难的老年人给予基本生活、医疗、居住或者其他救助。

老年人无劳动能力、无生活来源、无赡养人和扶养人，或者其赡养人和扶养人确无赡养能力或者扶养能力的，由地方各级人民政府依照有关规定给予供养或者救助。

对流浪乞讨、遭受遗弃等生活无着的老年人，由地方各级人民政府依照有关规定给予救助。

《中华人民共和国老年人权益保障法》第三十二条规定，地方各级人民政府在实施廉租住房、公共租赁住房等住房保障制度或者进行危旧房屋改造时，应当优先照顾符合条件的老年人。

6. 问：国家如何鼓励为老年人提供社会服务？

答：《中华人民共和国老年人权益保障法》第三十七条规定，地方各级人民政府和有关部门应当采取措施，发展城乡社区养老服务，鼓励、扶持专业服务机构及其他组织和个人，为居家的老年人提供生活照料、紧急救援、医疗护理、精神慰藉、心理咨询等多种形式的服务。

对经济困难的老年人，地方各级人民政府应当逐步给予养老服务补贴。

《中华人民共和国老年人权益保障法》第三十八条规定，地方各级人民政府和有关部门、基层群众性自治组织，应当将养老服务设施纳入城乡社区配套设施建设规划，建立适应老年人需要的生活服务、文化体育活动、日间照料、疾病护理与康复等服务设施和网点，就近为老年人提供服务。

发扬邻里互助的传统，提倡邻里间关心、帮助有困难的老年人。

鼓励慈善组织、志愿者为老年人服务。倡导老年人互助服务。

7. 问：国家如何鼓励老年人参与社会发展？

答：新修订的《中华人民共和国老年人权益保障法》第六十五条至第六十九条规定，国家和社会应当重视、珍惜老年人的知识、技能、经验和优良品德，发挥老年人的专长和作用，保障老年人参与经济、政治、文化和社会生活。

老年人可以通过老年人组织，开展有益身心健康的活动。

制定法律、法规、规章和公共政策，涉及老年人权益重大问题的，应当听取老年人和老年人组织的意见。

老年人和老年人组织有权向国家机关提出老年人权益保障、老龄事业发展等方面的意见和建议。

老年人参加劳动的合法收入受法律保护。

任何单位和个人不得安排老年人从事危害其身心健康的劳动或者危险作业。

8. 问：十八届三中全会对健全城乡发展一体化体制机制如何规定？

答：城乡二元结构是制约城乡发展一体化的主要障碍。必须健全体制机制，形成以工促农、以城带乡、工农互惠、城乡一体的新型工农城乡关系，让广大农民平等参与现代化进程、共同分享现代化成果。

推进城乡要素平等交换和公共资源均衡配置。维护农民生产要素权益，保障农民工同工同酬，保障农民公平分享土地增值收益，保障金融机构农村存款主要用于农业农村。健全农业支持保护体系，改革农业补贴制度，完善粮食主产区利益补偿机制。完善农业保险制度。鼓励社会资本投向农村建设，允许企业和社会组织在农村兴办各类事业。统筹城乡基础设施建设和社区建设，推进城乡基本公共服务均等化。

完善城镇化健康发展体制机制。坚持走中国特色新型城镇化道路，推进以人为核心的城镇化，推动大中小城市和小城镇协调发展、产业和城镇融合发展，促进城镇化和新农村建设协调推进。

推进农业转移人口市民化，逐步把符合条件的农业转移人口转为城镇居民。创新人口管理，加快户籍制度改革，全面放开建制镇和小城市落户限制，有序放开中等城市落户限制，合理确定大城市落户条件，严格控制特大城市人口规模。稳步推进城镇基本公共服务常住人口全覆盖，把进城落户农民完全纳入城镇住房和社会保障体系，在农村参加的养老保险和医疗保险规范接入城镇社保体系。建立财政转移支付同农业转移人口市民化挂钩机制，从严合理供给城市建设用地，提高城市土地利用率。

积极应对人口老龄化，加快建立社会养老服务体系和发展老年服务产业。健全农村留守儿童、妇女、老年人关爱服务体系，健全残疾人权益保障、困境儿童分类保障制度。

9. 问：党的十九大报告对建立健全农村空巢老人关爱有哪些规定？

答：加强社会保障体系建设。

全面实施全民参保计划。

完善城乡居民基本养老保险制度，尽快实现养老保险全国统筹。

完善统一的城乡居民基本医疗保险制度和大病保险制度。

完善失业、工伤保险制度。

建立全国统一的社会保险公共服务平台。

统筹城乡社会救助体系，完善最低生活保障制度。

完善社会救助、社会福利、慈善事业、优抚安置等制度，健全农村留守儿童和妇女、老年人关爱服务体系。

发展残疾人事业，加强残疾康复服务。

坚决打赢脱贫攻坚战。

坚持精准扶贫、精准脱贫，确保到2020年我国现行标准下农村贫困人口实现脱贫，贫困县全部摘帽，解决区域性整体贫困，做到脱真贫、真脱贫。

实施健康中国战略。

人民健康是民族昌盛和国家富强的重要标志。

要完善国民健康政策，为人民群众提供全方位全周期健康服务。

加强基层医疗卫生服务体系和全科医生队伍建设。

坚持预防为主，深入开展爱国卫生运动，倡导健康文明生活方式，预防控制重大疾病。

实施食品安全战略，让人民吃得放心。

坚持中西医并重，传承发展中医药事业。

积极应对人口老龄化，构建养老、孝老、敬老政策体系和社会环境，推进医养结合，加快老龄事业和产业发展。

10. 问：2019年最新《政府工作报告》计划如何关爱老年人？

答：我国60岁以上人口已达2.5亿。要大力发展养老特别是社区养老服务业，对在社区提供日间照料、康复护理、助餐助行等服务的机构给予税费减免、资金支持、水电气热价格优惠等扶持，新建居住区应配套建设社区养老服务设施，改革完善医养结合政策，扩大长期护理保险制度试点，让老年人拥有幸福的晚年，后来人就有可期的未来。

打好精准脱贫攻坚战。重点解决实现"两不愁三保障"面临的突出问题，加大"三区三州"等深度贫困地区脱贫攻坚力度，落实对特殊贫困人口的保障措施。

保障基本医疗卫生服务。继续提高城乡居民基本医保和大病保险保障水平，居民医保人均财政补助标准增加30元，一半用于大病保险。降低并统一大病保险起付线，报销比例由50%提高到60%，进一步减轻大病患者、困难群众医疗负担。加强重大疾病防治。我国受癌症困扰的家庭以千万计，要实施癌症防治行动，推进预防筛查、早诊早治和科研攻关，着力缓解民生的痛点。做好常见慢性病防治，把高血压、糖尿病等门诊用药纳入医保报销。抓紧落实和完善跨省异地就医直接结算政策，尽快使异地就医患者在所有定点医院能持卡看病、即时结算，切实便利流动人口和随迁老人。

完善社会保障制度和政策。推进多层次养老保障体系建设。继续提高退休人员基本养老金。落实退役军人待遇保障，完善退役士兵基本养老、基本医疗保险接续政策。

加强和创新社会治理。引导支持社会组织、人道救助、志愿服务和慈善事业健康发展。保障妇女、儿童、老人、残疾人合法权益。

11. 问：2016 年国家领导人发表了哪些关爱农村老人的重要讲话？

2016 年 5 月，习近平发表《推动老龄事业全面协调可持续发展》讲话。

习近平指出，我们党历来高度重视老龄工作。

党的十八大和十八届三中、四中、五中全会以及"十三五"规划纲要都对应对人口老龄化、加快建设社会养老服务体系、发展养老服务产业等提出明确要求。

各地区各部门加大投入、扎实行动，积极推动老龄事业发展，应对人口老龄化工作取得了显著成效。

同时，我们的政策措施、工作基础、体制机制等还存在明显不足，同广大老年人过上幸福晚年生活的期盼差距较大。

习近平指出，要着力完善老龄政策制度。

要加强老龄科学研究，借鉴国际有益经验，搞好顶层设计，不断完善老年人家庭赡养和扶养、社会救助、社会福利、社会优待、宜居环境、社会参与等政策，增强政策制度的针对性、协调性、系统性。

要完善老年人权益保障法的配套政策法规，统筹好生育、就业、退休、养老等政策。

要完善养老和医疗保险制度，落实支持养老服务业发展、促进医疗卫生和养老服务融合发展的政策措施。

要建立老年人状况统计调查和发布制度、相关保险和福利及救助相衔接的长期照护保障制度、老年人监护制度、养老机构分类管理制度，制定家庭养老支持政策、农村空巢老人关爱服务政策、扶助老年人慈善支持政策、为老服务人才激励政策，促进各种政策制度衔接，增强政策合力。

12. 问：2016 年中央一号文件对关爱农村老人有哪些规定？

答：根据《关于落实发展新理念加快农业现代化实现全面小康目标的若干意见》（2016 年中央一号文件），提高农村公共服务水平。

整合城乡居民基本医疗保险制度，适当提高政府补助标准、个人缴费和受益水平。

全面实施城乡居民大病保险制度。

健全城乡医疗救助制度。

完善城乡居民养老保险参保缴费激励约束机制，引导参保人员选择较高档次缴费。改进农村低保申请家庭经济状况核查机制，实现农村低保制度与扶贫开发政策有效衔接。

建立健全农村留守儿童和妇女、老人关爱服务体系。

积极发展农村社会工作和志愿服务。

切实维护农村妇女在财产分配、婚姻生育、政治参与等方面的合法权益，让女性获得公平的教育机会、就业机会、财产性收入、金融资源。

加强农村养老服务体系、残疾人康复和供养托养设施建设。

深化农村殡葬改革，依法管理、改进服务。

推进农村基层综合公共服务资源优化整合。

全面加强农村公共文化服务体系建设，继续实施文化惠民项目。

在农村建设基层综合性文化服务中心，整合基层宣传文化、党员教育、科学普及、体育健身等设施，整合文化信息资源共享、农村电影放映、农家书屋等项目，发挥基层文化公共设施整体效应。

13. 问："十三五"规划对农村养老工作有哪些建议？

答：提高贫困地区基础教育质量和医疗服务水平，推进贫困地区基本公共服务均等化。建立健全农村留守儿童和妇女、老人关爱服务体系。

发展特色县域经济，加快培育中小城市和特色小城镇，促进农产品精深加工和农村服务业发展，拓展农民增收渠道，完善农民收入增长支持政策体系，增强农村发展内生动力。

促进城乡公共资源均衡配置，健全农村基础设施投入长效机制，把社会事业发展重点放在农村和接纳农业转移人口较多的城镇，推动城镇公共服务向农村延伸。

提高社会主义新农村建设水平，开展农村人居环境整治行动，加大传统村落民居和历史文化名村名镇保护力度，建设美丽宜居乡村。

积极开展应对人口老龄化行动，弘扬敬老、养老、助老社会风尚，建设以居家为基础、以社区为依托、以机构为补充的多层次养老服务体系，推动医疗卫生和养老服务相结合，探索建立长期护理保险制度。

14. 问："十三五"规划对农村养老工作有哪些安排？

答：根据《中华人民共和国国民经济和社会发展第十三个五年规划纲要》，健全养老服务体系。

建立以居家为基础、以社区为依托、以机构为补充的多层次养老服务体系。

统筹规划建设公益性养老服务设施，支持面向失能老年人的老年养护院、社区日间照料中心等设施建设。

全面建立针对经济困难高龄、失能老年人的补贴制度。

加强老龄科学研究。实施养老护理人员培训计划，加强专业化养老服务护理人员和管理人才队伍建设。

推动医疗卫生和养老服务相结合。

完善与老龄化相适应的福利慈善体系。

推进老年宜居环境建设。

全面放开养老服务市场，通过购买服务、股权合作等方式支持各类市场主体增加养老服务和产品供给。

加强老年人权益保护，弘扬敬老、养老、助老社会风尚。

15. 国家如何推动开展老年人心理健康与关怀服务？

答：根据《国家卫生计生委办公厅关于印发"十三五"健康老龄化规划重点任务分工的通知》（国卫办家庭函〔2017〕1082号），推动开展老年人心理健康与关怀服务。

启动老年人心理健康预防和干预计划，为贫困、空巢、失能、失智、计划生育特殊家庭和高龄独居老年人提供日常关怀和心理支持服务。

加强对老年严重精神障碍患者的社区管理和康复治疗，鼓励老年人积极参与社会活动，促进老年人心理健康。（国家卫生计生委）

开展老年心理健康与心理关怀服务项目：

对老年人进行心理健康评估和必要的随访管理。开展老年痴呆筛查。推广老年精神疾病的医院-社区系统诊疗管理技术。

"十三五"期间，计划选择合适省份或地区开展老年心理健康管理项目试点。到 2020 年，老年心理健康管理试点覆盖全国 1600 个城市社区（每省 50 个）、320 个农村社区（每省 10 个）。（国家卫生计生委牵头，国家发展改革委配合）

16. 问：老年人共享发展在国家人口规划中具有怎样的位置？

答：根据《国务院关于印发国家人口发展规划（2016—2030 年）的通知》（国发〔2016〕87 号）第六章"促进重点人群共享发展，推动人口与社会和谐共进"，强调老年人、妇女、儿童、残疾人和贫困人口，是人口发展中必须特别关注的重点人群。要构建管长远的制度框架，制定有针对性的政策措施，创造条件让重点人群共享发展成果，促进社会和谐与公平正义。

《规划》强调，积极应对人口老龄化，坚持持续、健康、参与、公平的原则，加快构建以社会保障、养老服务、健康支持、宜居环境为核心的应对老龄化制度框架，完善以人口政策、人才开发、就业促进、社会参与为支撑的政策体系。

建立更加公平可持续的社会保障制度，加快城乡居民全覆盖，逐步提高基本养老和基本医疗保险统筹层次，确保基金安全可持续运行。

探索建立长期护理保险制度，开展长期护理保险试点。

全面建立针对经济困难高龄、失能老年人的补贴制度，做好与长期护理保险的衔接。

加快完善以居家为基础、以社区为依托、以机构为补充、医养结合的养老服务体系，增加养老服务和产品供给。

建设预防、医疗、康复、护理、安宁疗护等相衔接的覆盖全生命周期的医疗服务体系，强化对老年常见病、慢性病的健康指导和综合干预，提升中医保健、体检体测、体育健身等健康管理水平。

营造良好社会氛围，形成敬老、养老、助老的社会风尚。

《规划》进一步强调，要实现贫困人口精准脱贫。

加大脱贫攻坚力度，坚持精准扶贫、精准脱贫的基本方略，通过发展生产、易地搬迁、生态补偿、教育支持、医疗救助、低保兜底等有效措施，确保到 2020 年我国现行标准下农村贫困人口实现脱贫，贫困县全部摘帽，解决区域性整体贫困。

探索建立符合国情的贫困人口治理体系，推动扶贫开发由主要解决绝对贫困向缓解相对贫困转变，由主要解决农村贫困向统筹解决城乡贫困转变，实现全体人民共同迈入全面小康社会、共同迈向现代化。

17. 问：国家人口发展规划对深化户籍改革有哪些规定？

答：根据《国务院关于印发国家人口发展规划（2016—2030年）的通知》（国发〔2016〕87号），深化户籍制度改革，切实保障进城落户农业转移人口与城镇居民享有同等权利和义务。

全面实施居住证制度，推进居住证制度覆盖全部未落户城镇常住人口，保障居住证持有人享有国家规定的各项基本公共服务和办事便利。

鼓励地方各级政府根据本地实际不断扩大对居住证持有人的公共服务范围并提高服务标准。

以人口为基本要素，完善公共服务资源配置，使基本公共服务设施布局、供给规模与人口分布、环境交通相适应，增强基本公共服务对人口集聚和吸纳能力的支撑。

深化财政制度改革，建立农业转移人口市民化成本分担机制。

深化农村集体产权制度改革，探索建立进城落户农民土地承包权、宅基地使用权、集体收益分配权维护和自愿有偿退出机制。

研究完善支撑东北地区等老工业基地全面振兴的人口发展政策，适应西部大开发要求，鼓励人口向西部地区迁移。

健全全国流动人口分布、生存发展状况的动态监测体系，完善流动人口服务管理体制机制。

18. 问：国家对开展"敬老月"走访慰问活动有哪些规定？

答：根据《全国老龄工作委员会关于深入开展2018年全国"敬老月"活动的通知》，广泛开展送温暖、送健康、送文化等走访慰问活动。各级党政领导和老龄工作委员会成员单位要带头践行敬老爱老优良传统，深入基层走访慰问老年人。各地、各部门要积极组织党员干部并广泛动员社会力量深入老年人家庭、老年人社区、养老机构开展慰问活动，为贫困、高龄、失能、留守、空巢、失独老人献爱心、解难事、办实事。要广泛开展送健康活动，组织医务志愿者为老年人提供面对面的精神关怀、心理疏导、健康指导、送医送药等服务，引导老年人树立健康科学的生活观念和生活方式。要组织各类文化单位、社会组织开展送文化、送艺术、送科普等惠老活动，广泛动员文化、科技志愿者参加为老公益文化演出或科普巡讲，为基层老年协会等社区老年人组织开展文艺、科技技能培训。

三 要点提示

1. 新修订的《中华人民共和国老年人权益保障法》规定，国家逐步开展长期护理保障工作，保障老年人的护理需求。对生活长期不能自理、经济困难的老年人，地方各级人民政府应当根据其失能程度等情况给予护理补贴。

2. 国际有关老年人基本权利的规定，本书第三部分"中国农村空巢老人需求辨析"中已有涉及，在此不再赘述。

四 关联规定

1. 《中华人民共和国宪法》

2. 《中华人民共和国婚姻法》

3. 《中华人民共和国民法通则》

4. 《中华人民共和国老年人权益保障法》

5. 《中共中央关于全面深化改革若干重大问题的决定》（十八届三中全会通过）（2013年11月12日）

6. 《中共中央国务院关于落实发展新理念加快农业现代化实现全面小康目标的若干意见》（2016年中央一号文件）（2015年12月31日）

7. 《中华人民共和国国民经济和社会发展第十三个五年规划纲要》（2016年3月17日）

8. 《习近平在中共中央政治局第三十二次集体学习时强调党委领导政府主导社会参与全民行动推动老龄事业全面协调可持续发展》（2016年5月29日）

9. 《国务院关于印发国家人口发展规划（2016—2030年）的通知》（国发〔2016〕87号）

10. 《决胜全面建成小康社会 夺取新时代中国特色社会主义伟大胜利——在中国共产党第十九次全国代表大会上的报告》（2017年10月18日）

11. 《国家卫生计生委办公厅关于印发"十三五"健康老龄化规划重点任务分工的通知》（国卫办家庭函〔2017〕1082号）

12.《政府工作报告——2018年3月5日在第十三届全国人民代表大会第一次会议上》（2018年3月5日）

13.《全国老龄工作委员会关于深入开展2018年全国"敬老月"活动的通知》（2018年8月30日）

第二节 农村空巢老人的社会救助与保障

一 内容概要

农村空巢老年人关爱服务是农村养老服务体系的重要组成部分。空巢老人能否获得政府提供的社会资源，衡量标准在于其是否符合国家对农村老年人的支持政策，包括专门针对空巢老人中的留守群体的规定。国家尚未出台专门以农村空巢老人为对象的社会救助与保障政策。

本节从农村老人社会救助和社会保障制度两大方面，梳理惠及空巢老人的规定，包括专门针对空巢老人中的留守群体的规定。

二 常见问题及解答

· 农村空巢老人社会救助 ·

· 临时救助制度 ·

1. 问：临时救助制度如何帮助农村空巢老人？

答：根据《社会救助暂行办法》（国务院令第649号）有关规定，国务院决定全面建立临时救助制度。

《国务院关于全面建立临时救助制度的通知》（国发〔2014〕47号）指出，进一步发挥社会救助托底线、救急难作用，解决城乡困难群众突发性、紧迫性、临时性生活困难。

根据《贵州省人民政府办公厅关于进一步加强农村留守老人关爱服务工作的实施意见》（黔府办函〔2015〕218号），各地要健全管理规范、标准合理、资金落实的临时救助制度，切实解决农村留守老人突发性、紧迫性、临时性基本生活困难。

根据2014年《四川省遂宁市人民政府办公室关于加强农村留守老人关爱服务工作的通知》，建立健全农村老人救助体系，把生活贫困的留守老年人全部纳入最低生活保障范围,把农村"三无"老人全部纳入"五保"供养范围。

2. 问：国家对"救急难"有哪些工作要求？

答：根据《民政部财政部关于在全国开展"救急难"综合试点工作的通知》(民发〔2015〕57号)，各地要在做好日常救助工作的同时，积极建立急难对象主动发现机制。依托城乡社区党组织、群众性自治组织等，落实好驻村（社区）干部、村（社区）级社会救助员、社区网格员等的主体责任，并充分发挥专业社会工作者、慈善机构工作者和志愿者作用，及时了解、掌握辖区居民遭遇突发事件、意外事故、罹患重病等特殊情况，建立"救急难"信息档案，帮助有困难的群众提出救助申请并协助办理，做到早发现、早救助、早干预。

建立"救急难"快速响应机制。县级民政部门要开通"12349"社会救助热线，畅通困难群众申请救助和报告急难情况渠道。着力建立健全"一门受理、协同办理"处置机制，依托乡镇（街道）政务大厅、办事大厅等，设立统一受理救助申请的窗口，使困难群众"求助有门"。

建立急难求助"首问负责制"和"转介"工作制度，明确部门职责及分办、转办流程和办理时限，建立化解急难问题的"绿色通道"。建立最低生活保障、特困人员供养、受灾人员救助、医疗救助、教育救助、住房救助、就业救助、临时救助等救助信息共享机制，加强部门协作，有效防止"重复救助"和"遗漏救助"。

3. 问：如何加强政府救助与慈善救助的有效衔接？

答：根据《民政部财政部关于在全国开展"救急难"综合试点工作的通知》(民发〔2015〕57号)，认真贯彻落实《国务院关于促进慈善事业健康发展的指导意见》(国发〔2014〕61号)，加强政府救助与慈善救助的有效衔接。鼓励社会各界广泛开展以"救急难"为主题的慈善活动，通过开展形式多样的社会捐赠和志愿服务，为"救急难"工作提供更多的资金支持和服务载体。建立社会救助与慈善资源信息对接机制，着力搭建政府部门救助资源、慈善组织和社会服务机构救助项目，以及公民个人救助意愿与急难对象救助需求对接的信息共享机制，加强政府救助与社会帮扶的有机结合，在确保政府救助公平、公正实施的同时，充分发挥慈善救助方法灵活、形式多样、一案一策的特点，做到各有侧重，相互补充，形成"救急难"合力。动员、引导本地具有影响力的慈善组织、驻地大中型企业等设立"救急难"公益基金，在民政部门的统筹协调下有序参与"救急难"工作。

根据《民政部财政部关于进一步加强和改进临时救助工作的意见》（民发〔2018〕23号），加强临时救助工作与慈善救助的衔接。各地要积极培育发展以扶贫济困等为宗旨的慈善组织，广泛动员慈善组织参与临时救助工作。鼓励、引导慈善组织建立专项基金，科学规划、设立救助项目，承接政府救助之后"转介"的个案，形成与政府救助的有效衔接、接续救助。完善和落实支持社会力量参与社会救助的政策措施，加大政府购买服务力度。积极探索政府引导、社会力量筹资、慈善组织运作的政社联动模式，搭建慈善组织等社会力量参与临时救助的平台，形成救助合力。

4. 问：如何发挥社工服务机构和社工在"救急难"方面的优势？

答：根据《民政部财政部关于在全国开展"救急难"综合试点工作的通知》（民发〔2015〕57号），积极将专业社会工作引入社会救助服务。更加准确地判定急难对象的救助需求，进一步完善救助服务承接方式，在给予急难家庭必要物质帮助、保障其基本生活的同时，由社会工作者针对不同的急难家庭开展心理疏导、精神抚慰、能力提升、社会融入等个性化帮扶服务，增强急难家庭战胜困难、摆脱困境的勇气和信心。积极探索政府购买服务开展"救急难"工作的方法，明确政府购买服务的承接主体、购买内容和具体程序，支持、引导社会组织特别是慈善组织和社工机构积极参与"救急难"工作。

5. 问："十三五"规划对健全社会救助体系、支持社会工作发展有哪些规定？

答：根据《中华人民共和国国民经济和社会发展第十三个五年规划纲要》，健全社会救助体系。统筹推进城乡社会救助体系建设，完善最低生活保障制度，强化政策衔接，推进制度整合，确保困难群众基本生活。

加强社会救助制度与其他社会保障制度、专项救助与低保救助统筹的衔接。

构建综合救助工作格局，丰富救助服务内容，合理提高救助标准，实现社会救助"一门受理、协同办理"。

建立健全社会救助家庭经济状况核对机制，努力做到应救尽救、应退尽退。

开展"救急难"综合试点，加强基层流浪乞讨救助服务设施建设。

支持社会福利和慈善事业发展。

健全以扶老、助残、爱幼、济困为重点的社会福利制度。

建立家庭养老支持政策，提增家庭养老扶幼功能。

大力支持专业社会工作和慈善事业发展，健全经常性社会捐助机制。

广泛动员社会力量开展社会救济和社会互助、志愿服务活动。

·农村留守老人社会救助·

·城乡最低生活保障制度·

6. 问：城乡最低生活保障制度如何帮助农村留守老人？

答：根据《国务院关于在全国建立农村最低生活保障制度的通知》（国发〔2007〕19号），农村最低生活保障对象是家庭年人均纯收入低于当地最低生活保障标准的农村居民，主要是因病残、年老体弱、丧失劳动能力以及生存条件恶劣等原因造成生活常年困难的农村居民。

根据《贵州省人民政府办公厅关于进一步加强农村留守老人关爱服务工作的实施意见》（黔府办函〔2015〕218号），完善城乡最低生活保障制度，将符合条件的农村留守老人全部纳入最低生活保障范围并按当地低保标准的10%~30%增发特殊困难补助金。

7. 问：外出务工人员/农民工最低生活保障转移续接有哪些规定？

答：根据《国务院办公厅关于转发人力资源社会保障部财政部城镇企业职工基本养老保险关系转移接续暂行办法的通知》（国办发〔2009〕66号）第九条规定，农民工中断就业或返乡没有继续缴费的，由原参保地社保经办机构保留其基本养老保险关系，保存其全部参保缴费记录及个人账户，个人账户储存额继续按规定计息。

农民工返回城镇就业并继续参保缴费的，无论其回到原参保地就业还是到其他城镇就业，均按前述规定累计计算其缴费年限，合并计算其个人账户储存额，符合待遇领取条件的，与城镇职工同样享受基本养老保险待遇。

农民工不再返回城镇就业的，其在城镇参保缴费记录及个人账户全部有效，并根据农民工的实际情况，或在其达到规定领取条件时享受城镇职工基本养老保险待遇，或转入新型农村社会养老保险。

农民工在城镇参加企业职工基本养老保险与在农村参加新型农村社会养老保险的衔接政策，另行研究制定。

8. 问：国家如何鼓励社会组织参与最低生活保障制度工作？

答：根据《国务院关于进一步加强和改进最低生活保障工作的意见》（国发〔2012〕45号），最低生活保障对象认定条件是户籍状况、家庭收入和家庭财产。

申请最低生活保障要以家庭为单位，按规定提交相关材料，书面声明家庭收入和财产状况，并由申请人签字确认。

国家要通过政府购买服务等方式，鼓励社会组织参与、评估、监督最低生活保障工作，财政部门要通过完善相关政策给予支持。

做好最低生活保障与养老、医疗等社会保险制度的衔接工作。

对最低生活保障家庭中的老年人、未成年人、重度残疾人、重病患者等重点救助对象，要采取多种措施提高其救助水平。鼓励机关、企事业单位、社会组织和个人积极开展扶贫帮困活动，形成慈善事业与社会救助的有效衔接。

完善农村最低生活保障与扶贫开发衔接机制。要做好新型农村合作医疗和农村医疗救助工作，防止因病致贫或返贫。

9. 问：如何加强农村最低生活保障制度与扶贫开发的政策衔接？

答：根据《国务院办公厅转发民政部等部门〈关于做好农村最低生活保障制度与扶贫开发政策有效衔接指导意见〉的通知》（国办发〔2016〕70号），对符合农村低保条件的建档立卡贫困户，按规定程序纳入低保范围，并按照家庭人均收入低于当地低保标准的差额发给低保金。

对符合扶贫条件的农村低保家庭，按规定程序纳入建档立卡范围，并针对不同致贫原因予以精准帮扶。

对返贫的家庭，按规定程序审核后，相应纳入临时救助、医疗救助、农村低保等社会救助制度和建档立卡贫困户扶贫开发政策覆盖范围。

对不在建档立卡范围内的农村低保家庭、特困人员，各地统筹使用相关扶贫开发政策。贫困人口参加农村基本医疗保险的个人缴费部分由财政给予补贴，对基本医疗保险和大病保险支付后个人自负费用仍有困难的，加大医疗救助、临时救助、慈善救助等帮扶力度，符合条件的纳入重特大疾病医疗救助范围。

对农村低保家庭中的老年人、未成年人、重度残疾人、重病患者等重点救助对象，要采取多种措施提高救助水平，保障其基本生活，严格落实困难残疾人生活补贴制度和重度残疾人护理补贴制度。

10. 问：如何加强农村最低生活保障制度与扶贫开发政策的标准衔接？

答：根据《国务院办公厅转发民政部等部门〈关于做好农村最低生活保障制度与扶贫开发政策有效衔接指导意见〉的通知》（国办发〔2016〕70号）文件，各地要加大省级统筹工作力度，制定农村低保标准动态调整方案，确保所有地方农村低保标准逐步达到国家扶贫标准。

农村低保标准低于国家扶贫标准的地方，要按照国家扶贫标准综合确定农村低保的最低指导标准。

农村低保标准已经达到国家扶贫标准的地方，要按照动态调整机制科学调整。进一步完善农村低保标准与物价上涨挂钩的联动机制，确保困难群众不因物价上涨影响基本生活。

各地农村低保标准调整后应及时向社会公布，接受社会监督。

11. 问：如何对农村低保工作中的"人情保""关系保""错保""漏保"进行整改？

答：根据2018年《民政部关于印发〈全国农村低保专项治理方案〉的通知》，民政部督促各地上报农村低保专项治理工作方案，收集、汇总各地农村低保专项治理进展情况，采取多种措施随机抽查检查，推动各地工作落实。各地民政部门要结合当地实际，认真开展农村低保专项治理，确保工作落实：

一是因地制宜制定低保申请受理、入户核查、民主评议、公开公示、动态管理、近亲属备案等关键环节的规范行政文书，依据规范文书开展审核审批工作，做到"步步有痕迹、环环能倒查"。

二是在农村低保审核审批中，全面运用社会救助家庭经济状况核对机制，重点加强对财政供养人员、大型农机具、政策性财政补贴、扶贫建档立卡增收等信息的核对。

三是推广运用"互联网+监督"。县级民政部门在其网站上公开低保对象姓名（未成年人、艾滋病患者等个人信息需保密的对象除外）、居住村（居）委会、享受低保金数额等信息，并根据动态管理情况及时更新，接受群众和社会监督。

民政部将印发低保行政文书指引，对低保审核审批程序的关键环节进行规范。

2018年，民政部将把农村低保专项治理开展情况纳入民政重点工作综合评估范围。

·农村空巢老人社会救助·

·其他制度·

12. 问：国家有关经济困难的高龄、失能老年人津贴制度是怎样规定的？

答：根据《国务院办公厅关于推进养老服务发展的意见》（国办发〔2019〕5号），完善全国统一的老年人能力评估标准，通过政府购买服务等方式，统一开展老年人能力综合评估，考虑失能、失智、残疾等状况，评估结果作为领取老年人补贴、接受基本养老服务的依据。全面建立经济困难的高龄、失能老年人补贴制度，加强与残疾人两项补贴政策衔接。

2014年《财政部民政部全国老龄办关于建立健全经济困难的高龄失能等老年人补贴制度的通知》（财社〔2014〕113号），要求各地要根据经济社会发展水平、人口老龄化程度，因地制宜地制定经济困难的高龄和失能等老年人的补贴政策。同时，根据经济困难的高龄和失能等老年人的不同需求，分类指导，制定具体可行的有针对性的补贴方案，注重提高补贴政策的实效。

根据《贵州省人民政府办公厅关于进一步加强农村留守老人关爱服务工作的实施意见》（黔府办函〔2015〕218号），认真落实经济困难高龄、失能老年人补贴制度，为符合条件的留守老人及时发放补贴。逐步建立高龄补贴制度，力争2018年底80岁以上老年人高龄补贴制度实现全覆盖，已经建立高龄补贴制度的地方要根据经济发展情况逐步提高补贴标准。

13. 问：城乡医疗救助制度和疾病应急救助制度如何帮助农村空巢老人？

答：根据《国家卫生计生委办公厅关于印发"十三五"健康老龄化规划重点任务分工的通知》（国卫办家庭函〔2017〕1082号），进一步加大对贫困老年人的医疗救助力度。在做好低保对象、特困人员中老年人医疗救助工作基础上，将低收入家庭老年人纳入重特大疾病医疗救助范围。对符合条件的计划生育特殊困难家庭老年人给予相应医疗救助。（民政部牵头，财政部、国家卫生计生委配合）

根据《贵州省人民政府办公厅关于进一步加强农村留守老人关爱服务工作的实施意见》（黔府办函〔2015〕218号），完善城乡医疗救助制度和疾病应急救助制度，全面开展重特大疾病医疗救助工作，将贫困留守老人及时纳入医疗救助范围应救尽救，有效遏制因病致贫、因病返贫。

根据2014年《四川省遂宁市人民政府办公室关于加强农村留守老人关爱服务工作的通知》，全面落实农村医疗救助、大病救助、临时救助、冬春生活救助等政策，并逐步提高符合条件的农村留守老人救助标准和救助比例。

14. 问：国家对农村贫困残疾空巢老人扶助有何规定？

答：根据《国务院办公厅转发民政部等部门〈关于进一步加强扶助贫困残疾人工作意见〉的通知》（国办发〔2004〕76号）要求，改善农村无房或住危房贫困残疾人的住房条件。加强康复和医疗救助工作，使贫困残疾人享有基本医疗和康复服务。

根据《贵州省人民政府办公厅关于进一步加强农村留守老人关爱服务工作的实施意见》（黔府办函〔2015〕218号），为农村贫困残疾留守老人免费配发居家康复器材和辅助器具，对有康复需求的提供康复训练指导等服务，对符合条件的残疾空巢老人发放残疾人补贴。

15. 问：有关空巢老人的农村危房改造，地方政府有哪些细化规定？

答：根据《贵州省人民政府办公厅关于进一步加强农村留守老人关爱服务工作的实施意见》（黔府办函〔2015〕218号），及时将符合条件的农村留守老人住房纳入农村危房改造范围优先修建、改造。

根据《四川省仪陇市铜鼓乡2018年实施方案》，强调保障留守老人住房安全，并分类安置，保障留守老人住房安全。各村（居）要精准排查，对住房不安全的留守老人对象，按以下三类情况进行安置。

一是子女或亲属在本地有安全住房的留守老人，要动员其搬入子女或亲戚家里居住，对子女亲属主动履行赡养义务的，纳入"孝老爱亲"等活动的评选，给予适当奖励。

二是子女在本地没有安全住房的留守老人，其房屋存在漏雨、墙体开裂、檩柱腐朽断裂等现象的，要动员其家庭对房屋进行维修，对家庭困难无劳动力对房屋进行维修的，要组织村社干部开展关爱留守老人活动，对其房屋进行维修。

三是子女在本地没有安全住房的独居留守老人，住房无法维修加固的，可通过动员其投亲靠友、子女新建或到村集中安置点居住来保障老人的住房安全。

·农村空巢老人社会保障·

16. 问：城乡居民基本养老保险制度如何帮助农村空巢老人？

答：根据《贵州省人民政府办公厅关于进一步加强农村留守老人关爱服务工作的实施意见》（黔府办函〔2015〕218号），完善城乡居民基本养老保险制度，继续扩大参保覆盖面，有条件的村集体应对农村留守老人参保缴费给予补助，鼓励其他经济组织、慈善组织、个人等为农村留守老人参保缴费提供资助。

根据2014年《四川省遂宁市人民政府办公室关于加强农村留守老人关爱服务工作的通知》，健全新型农村养老保险制度，引导符合条件的农村留守老人积极参保。

《国务院关于建立统一的城乡居民基本养老保险制度的意见》（国发〔2014〕8号）文件强调，按照全覆盖、保基本、有弹性、可持续的方针，以增强公平性、适应流动性、保证可持续性为重点，全面推进和不断完善覆盖全体城乡居民的基本养老保险制度。

集体补助：有条件的村集体经济组织应当对参保人缴费给予补助，鼓励有条件的社区将集体补助纳入社区公益事业资金筹集范围。鼓励其他社会经济组织、公益慈善组织、个人为参保人缴费提供资助。

17. 问：城乡居民养老保险待遇的领取条件是什么？

答：根据《国务院关于建立统一的城乡居民基本养老保险制度的意见》（国发〔2014〕8号）文件，参加城乡居民养老保险的个人，年满60周岁、累计缴费满15年，且未领取国家规定的基本养老保障待遇的，可以按月领取城乡居民养老保险待遇。

新农保或城居保制度实施时已年满60周岁，在本意见印发之日前未领取国家规定的基本养老保障待遇的，不用缴费，自本意见实施之月起，可以按月领取城乡居民养老保险基础养老金；距规定领取年龄不足 15 年的，应逐年缴费，也允许补缴，累计缴费不超过 15 年；距规定领取年龄超过 15 年的，应按年缴费，累计缴费不少于 15 年。

18. 问：城乡居民基本医疗保险制度如何帮助农村留守老人？

答：根据《贵州省人民政府办公厅关于进一步加强农村留守老人关爱服务工作的实施意见》（黔府办函〔2015〕218 号），完善城乡居民基本医疗保险制度，推动留守老人参保全覆盖，对符合城乡医疗救助条件的留守老人参保的，个人缴费部分由医疗救助基金按规定给予资助。

加强乡镇卫生院等基层医疗机构建设，提高医疗服务水平，为高龄、失能、半失能空巢老人提供上门诊疗和健康检查等服务。

根据 2014 年《四川省遂宁市人民政府办公室关于加强农村留守老人关爱服务工作的通知》，完善农村医疗保险制度，逐步提高老年慢性病住院医疗的报销比例。

19. 问：对老年人的直接补贴都有哪些？全国各省份层面建立制度情况如何？

答：对老年人的直接补贴包括高龄津贴、养老服务补贴和护理补贴（杨团，2016）。

2019 年 2 月 21 日，根据国务院新闻办新闻发布会最新消息，目前全国 31 个省份均已建立高龄津贴制度。与此同时，有 30 个省份建立了老年人服务补贴制度，29 个省份建立了老年人护理补贴制度，各类津补贴共惠及 3000 多万老年人（新华网，2019）。

据 2016 年 8 月民政部网站消息，民政部办公厅通报在全国省级层面建立老年人补贴制度情况。26 个省（区、市）出台了高龄津贴补贴政策，20 个省（区、市）出台了养老服务补贴政策，17 个省（区、市）出台了护理补贴政策。

20. 问：农村计划生育家庭奖励和计划生育特殊家庭扶助制度有哪些规定？

答：2004 年，国家卫生和计划生育委员会发布《农村部分计划生育家庭奖励扶助制度试点方案（试行）》，逐步为农村只有一个子女或两个女孩的计划生育家庭中年满 60 周岁的老年人提供补助，按人年均不低于 600 元的标准发放奖励扶助金，2006年该制度在全国范围内推广，帮助缓解农村计划生育家庭的特殊困难。2007年，《全国独生子女伤残死亡家庭扶助制度试点方案》发布，逐步建立独生子女伤残死亡家庭扶助制度，符合条件的家庭分别由政府给予每人每月不低于100元和80元的扶助金。2008年，该项制度在全国范围内推行。2013年，农村地区的这两项标准分别提高到170元和150元，并且对计划生育特殊困难家庭成员参加新农保、新农合给予补贴，对60周岁以上家庭成员优先安排入住政府兴办的养老机构（乐施会，2014）。

根据《贵州省人民政府办公厅关于进一步加强农村留守老人关爱服务工作的实施意见》（黔府办函〔2015〕218号），落实好农村计划生育家庭奖励和计划生育特殊家庭扶助制度，逐步提高奖励和扶助水平。

21. 问：农村空巢老人可享受哪些公共卫生服务？

答：根据《国务院办公厅关于印发深化医药卫生体制改革2014年重点工作任务的通知》（国办发〔2014〕24号），完善公共卫生服务均等化制度。继续实施国家基本公共卫生服务项目，人均基本公共卫生服务经费标准提高到35元，细化、优化服务项目和服务内容。重点做好流动人口以及农村留守儿童和老人的基本公共卫生服务。落实国家重大公共卫生服务项目。进一步加强食品安全风险监测能力和重大疾病防治设施建设。高血压、糖尿病患者规范化管理人数分别达到8000万和2500万以上，严重精神障碍患者管理率达到65%以上（卫生计生委、财政部、发展改革委、中医药局负责）。

根据2014年《四川省遂宁市人民政府办公室关于加强农村留守老人关爱服务工作的通知》，广泛开展留守老人健康检查、卫生保健教育，促进基本公共卫生服务均等化。

22. 问：国家对乡村医生有哪些规定？

答：根据中共中央、国务院印发的《乡村振兴战略规划（2018—2022年）》，切实加强乡村医生队伍建设，支持并推动乡村医生申请执业（助理）医师资格。

根据《国务院办公厅关于印发深化医药卫生体制改革2014年重点工作任务的通知》（国办发〔2014〕24号），稳定乡村医生队伍。原则上将40%左右的基本公共卫生服务任务交由村卫生室承担，考核合格后将相应的基本公共卫生服务经费拨付给村卫生室，不得挤占、截留和挪用。加快将符合条件的村卫生室纳入新农合定点，全面实施一般诊疗费政策。基层医疗卫生机构在同等条件下可优先聘用获得执业（助理）医师资格的乡村医生。研究制定提高偏远、艰苦以及少数民族等特殊地区执业乡村医生待遇的相关政策措施。落实乡村医生养老政策，采取多种方式，妥善解决好老年乡村医生的养老保障和生活困难问题，同步建立乡村医生退出机制。适时组织对乡村医生政策落实情况进行专项督查。充分发挥基层计生工作者在普及健康知识、提高公民健康素养中的积极作用（卫生计生委、人力资源和社会保障部负责）。

23. 问：如何解决留守老人就近看病问题？

答：根据《贵州省人民政府办公厅关于进一步加强农村留守老人关爱服务工作的实施意见》（黔府办函〔2015〕218号），各地各有关部门要为农村空巢老人及时便利领取养老金、补贴和医疗费用结算等创造条件。

根据2014年《四川省遂宁市人民政府办公室关于加强农村留守老人关爱服务工作的通知》，加强乡镇卫生院和村卫生服务站的标准化建设，解决老人就近看病问题。

24. 问：农村需要加强哪些基础设施建设，方便老人出行、生活？

答：根据2018年《湖北省民政厅九部门湖北省加强农村留守老人关爱服务工作实施方案》，加强农村消防基础设施建设，在农村留守老年人集中居住、消防安全等级低的场所安装简易喷淋、独立式报警等装置。

在社区环境方面，通过财政扶持和政策支持，完善农村道路、饮水、灌溉等基础设施建设，减少留守老人的日常生活困难。

25. 问：国家对开展老年人意外伤害保险工作有哪些建议？

答：根据《国务院办公厅关于推进养老服务发展的意见》（国办发〔2019〕5号），支持老年人投保意外伤害保险，鼓励保险公司合理设计产品，科学厘定费率。

根据《全国老龄办等四部门关于开展老年人意外伤害保险工作的指导意见》（全国老龄办发〔2016〕32号）：

（一）政策鼓励。鼓励有条件的地区根据实际情况，完善特殊困难群体和重点优抚对象等老年人购买意外伤害险统保的相关政策，完善针对保险公司的激励政策，鼓励保险公司开发更多适合老年人特点的意外伤害保险产品，加大保险缴费优惠力度，使意外伤害保险最大限度惠及广大老年人。

（二）社会支持。倡导有条件的企事业单位为退休职工购买意外伤害保险，或对保费给予适当补助。发挥村（居）委会、基层老年协会对老年人意外伤害保险工作的推动和组织作用，鼓励社会组织、爱心人士等捐资为老年人购买意外伤害保险，发挥慈善事业对老年人意外伤害保险工作的支持作用。鼓励法律援助机构为老年人提供理赔维权服务，依法维护投保老年人的合法权益。

三　要点提示

1. 对老年人的直接补贴包括高龄津贴、养老服务补贴和护理补贴。截至 2019 年 2 月 21 日，目前全国 31 个省份均已建立高龄津贴制度。与此同时，有 30 个省份建立了老年人服务补贴制度，29 个省份建立了老年人护理补贴制度（新华网，2019）。

2. 国家鼓励保险公司开发更多适合老年人特点的意外伤害保险产品，加大保险缴费优惠力度，使意外伤害保险最大限度惠及广大老年人。国家支持发挥村（居）委会、基层老年协会对老年人意外伤害保险工作的推动和组织作用，鼓励社会组织、爱心人士等捐资为老年人购买意外伤害保险。

四　关联规定

1. 《社会救助暂行办法》（国务院令第 649 号）
2. 《国务院关于在全国建立农村最低生活保障制度的通知》（国发〔2007〕19 号）
3. 《国务院关于进一步加强和改进最低生活保障工作的意见》（国发〔2012〕45 号）
4. 《国务院关于全面建立临时救助制度的通知》（国发〔2014〕47 号）
5. 《国务院关于建立统一的城乡居民基本养老保险制度的意见》（国发〔2014〕8 号）
6. 《国务院办公厅关于转发人力资源社会保障部财政部城镇企业职工基本养老保险关系转移接续暂行办法的通知》（国办发〔2009〕66 号）

7.《国务院办公厅关于印发深化医药卫生体制改革2014年重点工作任务的通知》（国办发〔2014〕24号）

8.《国务院办公厅转发民政部等部门〈关于做好农村最低生活保障制度与扶贫开发政策有效衔接指导意见〉的通知》（国办发〔2016〕70号）

9.《中华人民共和国国民经济和社会发展第十三个五年规划纲要》（2016年3月17日）

10. 中共中央、国务院印发《乡村振兴战略规划（2018—2022年）》（2018年9月26日）

11.《国务院办公厅关于推进养老服务发展的意见》（国办发〔2019〕5号）

·部委规定·

12.《财政部民政部全国老龄办关于建立健全经济困难的高龄失能等老年人补贴制度的通知》（财社〔2014〕113号）

13.《民政部财政部关于在全国开展"救急难"综合试点工作的通知》（民发〔2015〕57号）

14.《民政部财政部关于进一步加强和改进临时救助工作的意见》（民发〔2018〕23号）

15.《民政部关于印发〈全国农村低保专项治理方案〉的通知》（2018年4月24日）

16.《全国老龄办等四部门关于开展老年人意外伤害保险工作的指导意见》（全国老龄办发〔2016〕32号）

17.《国家卫生计生委办公厅关于印发"十三五"健康老龄化规划重点任务分工的通知》（国卫办家庭函〔2017〕1082号）

·省份规定·

18.《四川省遂宁市人民政府办公室关于加强农村空巢老人关爱服务工作的通知》（2014年1月17日）

19.《贵州省人民政府办公厅关于进一步加强农村空巢老人关爱服务工作的实施意见》（黔府办函〔2015〕218号）

20.《四川省仪陇市铜鼓乡农村空巢老人关爱服务工作实施方案》（铜

委发〔2018〕21号）

21.《湖北省民政厅九部门湖北省加强农村空巢老人关爱服务工作实施方案》（2018年4月19日）

第三节　中央对农村留守老年人关爱服务的专门政策

一　内容概要

农村留守老年人一般是指因子女长期离开农村户籍地务工或经商，身边没有赡养人或者是赡养人没有赡养能力的老年人。根据2016年民政部排查结果，全国有1600万左右的农村留守老年人。

2017年12月28日，民政部等九部门联合印发《关于加强农村留守老年人关爱服务工作的意见》（民发〔2017〕193号），以下简称《意见》。《意见》提出要推动各地建立健全家庭尽责、基层主导、社会协同、政府支持保障的农村留守老年人关爱服务机制。

二　常见问题及回答

1. 问：根据《意见》，农村留守老人关爱服务的责任主体有哪些？

答：《意见》建议，强化家庭和子女在赡养、扶养留守老年人中的主体责任和法定义务。落实县乡两级政府在维护留守老年人权益中的基本职责。充分发挥老年人组织、村民互助服务组织、社会工作服务机构的支持作用。

2. 问：哪类人群是农村留守老人关爱服务的重点？

答：根据《意见》，各地要以防范留守生活安全风险为重点内容，以经济困难家庭的高龄、失能留守老年人为重点对象，增强生活照料、精神慰藉、安全监护、权益维护等基本服务，防止冲击社会道德底线的问题发生。

3. 问：各地在推动《意见》贯彻和落实的过程中将有哪些具体举措？

答：地方省级层面，要结合当地经济社会发展水平，结合当地人文风俗文化习惯，结合当地人口老龄化形势趋势，深入研究，加快制定相应的实施细则或者实施办法，积极探索有效管用的农村留守老年人关爱服务政策措施与实践模式，总结推广已经形成的良好的经验做法。从落实信息台账和定期探访开始，推动当地逐步建立健全农村留守老年人关爱服务制度。

4. 问：为推动《意见》落地，国家需要做哪些综合协调和部署？

答：将农村留守老年人关爱服务体系纳入养老服务体系筹设计，做好政策衔接；与城乡一体化、基本公共服务均等化和农业现代化发展相适应，与信息化、智能化等现代技术推广应用同步，从城市和农村两端发力逐步解决农村老年人留守问题。

5. 问：根据《意见》，农村留守老年人关爱服务的目标是什么？

答：力争到2020年，农村留守老年人关爱服务工作机制和基本制度全面建立，关爱服务体系初步形成，关爱服务普遍开展，养老、孝老、敬老的乡村社会氛围更加浓厚，农村贫困留守老年人全部脱贫。

6. 问：家庭如何在农村留守老年人赡养和关爱服务中尽责？

答：子女或其他赡养人要依法履行对老年人经济上供养、生活上照料和精神上慰藉的义务，扶养人要依法履行扶养义务。

子女或其他赡养人、扶养人应当经常看望或者问候留守老年人，不得忽视、冷落老年人。

国家支持家族成员和亲友对留守老年人给予生活照料和精神关爱，鼓励邻里乡亲为留守老年人提供关爱服务，避免让生活不能自理的老年人单独居住生活。

7. 问：国家对农村赡养义务人的责任有哪些规定？

答：在尊重老年人意愿的前提下，赡养义务人可与亲属或其他人签订委托照顾协议，相关情况应向村民委员会报备。

子女或其他赡养人的守法意识亟待提高，村规民约需对家庭赡养义务人增强道德约束，发挥孝亲敬老典型的示范引导作用。

对赡养人、扶养人不履行赡养、扶养义务的，村民委员会、老年人组织或者赡养人、扶养人所在单位应当监督其履行；情节严重的，相关执法部门要依法追究其法律责任。

提高子女或其他赡养人的守法意识，增强村规民约对家庭赡养义务人的道德约束，发挥孝亲敬老典型的示范引导作用。

**8. 问：基层政府（县乡两级政府、村民委员会）如何做好农村留守老年人权益保障工作？

答：县乡两级政府要落实在维护留守老年人权益中的基本职责。

在县乡两级政府的统筹协调和组织引导下，村民委员会协助做好辖区内留守老年人基本信息摸查；以电话问候、上门访问等方式，定期探访留守老年人，及时了解留守老年人生活情况，将存在安全风险和生活困难的留守老年人作为重点帮扶对象，村民委员会要及时通知并督促其子女和其他家庭成员予以照顾，同时报告乡镇人民政府。

将关爱服务纳入村规民约，推动形成孝敬父母、尊重老人、互帮互助、邻里相亲的良好乡村社会风尚。

鼓励乡贤人士、社会爱心企业和个人资助开展留守老年人关爱服务。

9. 问：农村老年协会如何发挥作用？

答：国家支持乡镇、村建立老年协会或其他老年人组织，鼓励留守老年人入会互助养老。

鼓励和引导农村老年协会积极参与和组织留守老年人关爱服务，开展老年人喜闻乐见的文体娱乐、教育培训、知识讲座等活动，提供权益维护、互助养老等服务。

鼓励各地将农村互助幸福院等养老服务设施委托老年协会等社会力量运营管理，面向留守老年人提供服务，把具备资质的老年协会纳入政府购买服务承接主体。

10. 问：农村特困人员供养服务机构和养老服务设施如何做好留守老年人关爱服务工作？

答：国家鼓励有条件的农村特困人员供养服务机构在满足特困人员集中供养需求的基础上，发挥辐射功能，为经济困难家庭的高龄、失能留守老年人提供服务。

持续推进农村互助幸福院建设，有条件的地方，可将日常运行维护费用纳入财政预算支持范围。

11. 问：农村各类公共服务设施如何支持留守老年人关爱服务？

答：国家支持农村卫生服务中心提升服务能力，拓展服务范围，为农村留守老年人提供健康管理、基本医疗和长期护理服务。

支持农村综合性文化服务中心、农村社区综合服务设施、老年学校、党员活动室等公共服务设施建设，鼓励各有关部门和组织下沉基层的公共服务项目面向留守老年人开展服务。

12. 问：志愿者组织如何开展关爱农村留守老年人服务？

答：国家鼓励农村基层组织组建志愿者队伍，为志愿服务活动开展提供场所和其他便利条件，完善志愿服务信息网络，建立健全农村志愿服务体系。

引导城市和农村志愿者和志愿服务组织为留守老年人提供内容丰富、形式多样、符合需要的志愿服务。

鼓励低龄健康老年人为高龄、失能留守老年人提供力所能及的志愿服务，探索建立志愿服务互助循环机制。

13. 问：社会工作专业机构如何参与农村留守老年人关爱服务？

答：加大农村社会工作专业人才培养力度，支持农村基层组织、为老服务组织根据需要配备使用社会工作专业人才。

发挥社会工作人文关怀、助人自助的专业优势，通过设立社会工作站点、政府购买服务等方式，及时为留守老年人提供心理疏导、情绪疏解、精神慰藉、代际沟通、家庭关系调适、社会融入等服务。

14. 问：国家对提供农村留守老年人关爱服务的社会组织提供哪些支持？

答：落实税费减免等优惠政策，加快孵化培育专业化为老服务机构，提升其开展农村留守老年人安全防护、生活照料、紧急援助、康复护理等专业服务的能力。

鼓励农村经济合作社、农村电商组织等其他社会力量参与关爱留守老年人。

15. 问：政府各部门在农村留守老人关爱服务中的责任是什么？

答：公安部门要依法严厉打击侵害留守老年人合法权益的违法犯罪行为，督促、指导乡镇政府落实农村为老设施的消防设施器材建设、日常消防安全管理和老年人消防安全宣传教育工作。

民政部门牵头做好工作协调，培养壮大农村养老服务和社会工作专业人才队伍，加强农村养老服务设施建设，将农村留守老年人关爱服务体系纳入农村养老服务体系统筹考虑。

司法行政部门要做好法治宣传教育工作，依法为留守老年人提供法律援助服务。

财政部门要积极支持农村留守老年人关爱服务工作，完善政府购买服务制度。

人力资源社会保障部门要建立健全覆盖城乡的居民基本养老保险、基本医疗保险等社会保障公共服务体系，逐步提升社会保障水平。

文化部门要依托基层综合性文化服务中心，为农村留守老年人提供丰富多彩的文化服务，丰富老年人精神文化生活。

卫生计生部门要落实基本公共卫生服务项目，为 65 岁以上农村留守老年人提供健康管理服务，会同民政等部门推进医养结合工作。

扶贫部门要落实脱贫攻坚政策，支持做好贫困留守老年人脱贫工作。

老龄工作机构要统筹协调留守老年人关爱工作，培育和发展老年协会，做好留守老年人权益维护，加强孝亲敬老社会宣传与人口老龄化国情教育。

16. 问：政府在加强资源支持方面做出哪些安排？

答：地方各级财政要优化和调整支出结构，支持做好留守老年人关爱服务工作。

鼓励有条件的地区通过购买服务形式开展留守老年人关爱服务。

不断完善基本医疗、基本养老、社会救助、社会福利等社会保障制度，落实相关社会保障政策，切实维护农村留守老年人基本权益。

坚持应扶尽扶，精准识别农村贫困人口，将符合条件的农村留守老年人全部纳入建档立卡范围，给予政策扶持，帮助其脱贫增收。

鼓励有条件的地区统筹辖区为老服务资源，探索建立留守老年人关爱服务清单制度，定期梳理并发布留守老年人关爱服务项目内容和资源获取渠道。

鼓励有条件的地区将村集体收入按一定比例用于农村留守老年人关爱服务。

支持利用移动互联网、物联网等现代科学技术，依托城乡社区为老服务设施，为留守老年人获取有关服务以及与其外出工作子女亲情交流等，搭建高效、便捷、适用的智能服务网络平台。

17. 问：国家对建立农村留守老人信息台账与定期探访制度有什么要求？

答：建立信息共享和动态管理的农村留守老年人信息台账。

乡镇政府要定期组织排查，对农村留守老年人进行摸底，掌握辖区农村留守老年人的家庭结构、经济来源、健康状况、照料情况、存在困难问题等动态信息；重点排查经济困难家庭的高龄、失能留守老年人，做到精准到村、到户、到人。

省、市、县级层面要掌握辖区留守老年人的数量规模、基本分布、主要特征等总体信息。以县为单位，由乡镇人民政府统筹指导，由村民委员会协助实施，建立农村留守老年人定期探访制度，及时了解或评估农村留守老年人生活情况、家庭赡养责任落实情况，将相关信息及时更新到留守老年人信息台账，并为留守老年人提供相应援助服务。

有条件的地区可探索建立留守老年人风险评估制度，制定风险等级标准，对风险等级高的留守老年人及时进行干预，实施关爱救助。

三　要点提示

1. 针对农村留守老年人生活、安全风险问题，《意见》提出要建立农村留守老年人信息台账制度，建立留守老年人的定期探访制度，鼓励有条件的地方建立留守老年人的风险评估制度。

针对农村留守老年人的精神慰藉问题，《意见》也强调家庭成员尤其是子女要经常看望问候留守老年人，同时也要发挥村委会、为老组织、志愿者等相关方面的综合力量，不断丰富留守老年人的精神文化生活。

针对农村留守老年人失能、部分失能照护问题，《意见》也进一步强调，要加强农村养老服务体系建设，加大农村养老机构和设施建设的力度，积极配合有关部门来推进农村地区的医养结合实践。

2. 农村老年协会是农村留守老年人关爱服务工作中的一支重要力量。国家鼓励和引导农村老年协会积极参与和组织留守老年人关爱服务，开展老年人喜闻乐见的文体娱乐、教育培训、知识讲座等活动，提供权益维护、互助养老等服务。

鼓励各地将农村互助幸福院等养老服务设施委托老年协会等社会力量运营管理。

四　关联规定

民政部等九部门《关于加强农村留守老年人关爱服务工作的意见》（民

发〔2017〕193号）（2017年12月28日）。

第四节　地方有关农村留守老年人关爱的细化规定

一　内容概要

2014年11月，国务院办公厅发布《关于进一步动员社会各方面力量参与扶贫开发的意见》（国办发〔2014〕58号）提出，创新参与方式，打造针对贫困地区留守妇女、儿童、老人、残疾人等特殊群体的一对一结对、手拉手帮扶等扶贫公益新品牌。

2015年11月，中共中央、国务院发布《关于打赢脱贫攻坚战的决定》（中发〔2015〕34号）明确规定"健全留守儿童、留守妇女、留守老人和残疾人关爱服务体系"，要求对农村"三留守"人员和残疾人进行全面摸底排查，建立翔实完备、动态更新的信息管理系统。

2015年12月开始，在国家系列扶贫政策推动下，贵州、广西、甘肃、广东等地方政府先后出台"三留守"和残疾人/特困人员关爱的落地政策。2016年这些省份已经建立农村留守老人摸底台账，2018年工作任务是更新台账。

二　常见问题及解答

·地方政策发展概览·

1. 问： 近十年来，围绕农村留守老人，地方政策有哪些重要时间节点？

答：2008年，邯郸市肥乡县前屯村建立全国首家农村互助幸福院，农村互助养老进入政府和学界关注视野。

2011年，《国务院办公厅关于印发社会养老服务体系建设规划（2011—2015年）的通知》（国办发〔2011〕60号）提出，在农村结合城镇化发展和新农村建设，以乡镇敬老院为基础，建设日间照料和短期托养的养老床位，逐步向区域性养老服务中心转变，向留守老年人及其他有需要的老年人提供日间照料、短期托养、配餐等服务；以建制村和较大自然村为基点，依托村民自治和集体经济，积极探索农村互助养老新模式。

2013年，《国务院关于加快发展养老服务业的若干意见》（国发

〔2013〕35号）强调，切实加强农村养老服务，健全服务网络。依托行政村、较大自然村，充分利用农家大院等，建设日间照料中心、托老所、老年活动站等互助性养老服务设施。

2015年，以扶贫攻坚为契机，贵州发布首个省级留守老人系统性关爱文件。

2016年，各地市集中落实省内出台的留守老人关爱服务政策。部分省市将"三留守"和残疾人/空巢老人/孤寡/特困人员共同列入救助对象，如甘肃，广西。

2017年底，国家层面专门出台留守老人关爱意见。

2018年，天津、河北、辽宁、吉林、黑龙江、江苏、福建、山东、河南、湖北、湖南、广东、四川、贵州、陕西、内蒙古、甘肃、广西等18个省份先后出台文件落实民政部等九部门《关于加强农村留守老年人关爱服务工作的意见》（截至2018年10月30日，不完全统计）。

2019年2月21日，根据国务院新闻办新闻发布会最新消息，目前全国29个省份建立了农村留守老年人关爱服务制度（新华网，2019）。

2. 首个省级留守老人政策有哪些亮点和细化规定？

答：2015年，贵州省发布《关于进一步加强农村留守老人关爱服务工作的实施意见》（黔府办函〔2015〕218号），从摸清基本情况等十方面对留守老人关爱服务任务做了翔实规定，是我国地方政府以农村留守老人为切入点的第一部关爱服务的系统性文件。该文件为中央和其他地方政府制定相关政策奠定基础/提供参考。

十方面包括：摸清关爱服务对象基本情况、落实赡养义务人主体责任、引导农民工返乡创业就业、动员社会力量开展关爱服务、加大留守老人社会救助力度、提高留守老人社会保障水平、加强留守老人平安守护工作、健全监测评估应急处置机制、加快农村养老服务设施建设、大力提升农村养老服务能力。

· 建立健全农村留守老年人关爱服务制度 ·

3. 问：如何实施农村留守老年人定期探访制度？

答：村民委员会要建立留守老年人定期探访制度，及时了解农村留守老人生活状况。

黑龙江省 2018 年出台相关意见规定：在各村民小组，为留守老年人就近安排探视人，保证对留守老年人每人每天探视 1 次；在本村范围内，按照村民小组分布组建留守老年人定期探访队，由 3~5 名村民构成，保证每个村民小组内，对留守老年人每周探访 1 次以上。

探视或探访期间，如发现留守老年人因突发事件导致生活陷入困境或生活不能自理，村民委员会要尽快联络留守老年人的子女或家人，并组织亲属或邻里应急照护留守老年人。

湖北省襄阳市谷城县 2018 年出台文件强调要确定一名关爱联系人。村（居）委会要为留守老年人确定一名关爱联系人（可从近亲属、村民小组长或邻里街坊产生），与留守老年人保持密切联系，时刻掌握留守老年人生活动态，及时为村委会提供老人信息。

辽宁省 2018 年出台相关意见，要求落实《辽宁省民政厅财政厅人力资源和社会保障厅关于进一步加强基层民政工作的意见》（辽民发〔2017〕36 号），加强村民政联络员队伍建设，做好农村留守老年人定期探访工作。

4. 问：如何摸清农村留守老人基本情况，建立农村留守老年人信息台账制度？

答：根据贵州省、黑龙江省出台的意见，为掌握留守老年人基本信息和辖区总体数据，各县（市、区）要组织对辖区内因子女或其他赡养义务人全部离开县域范围外出半年以上、留在农村生活的 60 周岁以上老年人进行全面排查，调查摸底、登记造册，准确掌握数量规模、经济来源、家庭结构、健康状况、照料情况等基本信息，做到精准界定、精准排查、精准识别，确保精准定位到村、精准识别到户、精准建档到人。吉林省 2018 年出台《意见》指出，各乡镇、村（居）民委员会要安排专人负责农村留守老年人信息管理的填报工作。通过"吉林省老龄综合管理信息系统"及时填报和更新本地农村留守老年人的相关情况。

根据河南省开封市 2018 年出台的文件，定期对辖区内所有农村留守老年人进行集中、全面、深入、细致的"拉网式"排查，建立健全留守老年人信息台账，做到"六个清"：数量清、构成清、困难清、家庭情况清、健康状况清、需求清，为有的放矢地做好关爱农村留守老年人工作提供依据。

根据四川省遂宁市 2014 年出台的文件，在建立农村留守老人基本信息服务台账的基础上,市民政部门要加快老年服务信息网络化建设,建立应急呼叫系统,并逐步实现城乡联网,为农村留守老人提供呼叫服务、应急救援等信息服务。

5. 问:如何开展农村留守老年人分类管理制度?

答:根据黑龙江省 2018 年出台的相关意见,村民委员会和农村老年协会要共同建立留守老年人分类管理制度,通过入户踏查和邻里访谈,了解掌握全村所有留守老年人的生存状况,以此为依据,由村民委员会和村老年协会对本村留守老年人进行集体评估。通过集体评估,实施分类管理。

第一类服务对象是农村低保低收入家庭中的高龄、失能留守老年人,对其监护安全、重点照护、优先服务。

第二类服务对象是农村建档立卡贫困家庭留守老年人、残疾留守老年人,帮助其脱贫、维护其权益、加强探视。

第三类服务对象是家庭收入尚可、生活能自理的留守老年人,对其开展精神慰藉、组织文娱活动、加强关爱。

6. 问:如何理解对农村留守老年人的分类动态管理,实现信息共享?

答:根据贵州省、黑龙江省出台的意见,加快建立纵向贯通省、市、县、乡、村,横向连接民政、公安、司法、财政、人社、文化、卫生计生、扶贫、老龄、妇联、残联等部门的留守老年人信息管理、交换平台,在县(市、区)和市(地)建立起农村留守老年人数据库,建立健全翔实完备的信息台账,实行分类动态管理,实现信息共享。

7. 问:如何建立健全留守老年人关爱服务清单制度?

答:除山东、黑龙江两省出台细化意见外,其他省份基本转达中央政策规定。

根据山东省 2018 年出台的文件,要立足农村实际和老年人需求,着重为留守、孤寡、失能、失独等困难老年人提供以"五帮四查"为主要内容的关爱服务,即帮送餐做饭、帮清洗衣物、帮打扫卫生、帮家务农活、帮代购代办,查看每日吃、穿、住、医情况,确保留守老年人得到基本生活照料。

根据黑龙江省 2018 年出台的相关《意见》,在已推行的全省《老年人居家社区养老服务清单》基础上,鼓励各地增加农村留守老年人照护项目,重点发展助餐、助浴、助洁和助医等服务。

8. 问：如何探索推行农村留守老人风险评估制度？

答：根据贵州省、黑龙江省出台的相关意见，有条件的地方，探索建立农村突发事件和灾害应急预案。根据留守老年人经济收入、赡养、健康等情况，由县级人民政府每年至少组织开展1次留守老人风险等级评估，并根据监测评估情况及时采取有针对性的应急救援措施，排除安全隐患、降低风险发生概率。

9. 问：如何完善农村留守老人的应急救援制度？

答：根据贵州省、黑龙江省、陕西省出台的相关意见，县级人民政府要建立"信息畅通、流程清晰、统一指挥、职责明确、快速响应、处置有效"的快速反应和应急处置、救援机制，完善突发事件应急预案。

各级公安、城管、妇联、残联、扶贫、医院和村（居）民委员会、农村老年人协会等，对分散供养的特困人员提供生活照料、住院陪护等照护服务。

对独居、失能、贫困、高龄等特殊困难留守老年人要随时跟踪掌握情况并及时实施关爱救助。

如发现农村留守老年人外出流浪乞讨，遭受非法侵害，发生危重病情、严重精神疾患，面临重大困境等情况时，要及时联络留守老年人户籍（或常住地）所在乡（镇、街道）政府，县级民政部门、乡（镇、街道）政府核实情况后及时实施关爱救助，做到发现、报告、转介、救助工作有效衔接。

·完善农村留守老年人关爱服务体系·

10. 问：地方政府如何鼓励亲友、邻里乡亲守望相助？

答：根据黑龙江省、湖北省出台的相关意见，提倡亲友、邻里对留守老年人给予适当的生活照料和精神关爱，提供日常关爱服务。

留守老年人的子女或家庭，协商确定一名邻里担任联络人，帮助子女探视留守老年人；对具备一定经济条件的留守老年人家庭，子女或家人可采取低偿、有偿方式，委托亲属、邻里代为照顾并妥善安排生活，同时向村民委员会及时、如实报告去向、联系方式等信息。

对患有严重疾病、已经丧失自理能力的老年人，家庭应协商留下1名家人照料，或雇用专人照料老人，避免生活不能自理的老年人因独居而陷入困境。

根据四川省遂宁市2014年出台的文件，引导基层健全村规民约，将家庭赡养责任纳为重要内容。建立和推行签订家庭赡养协议书制度，引导、督促农村留守老人子女依法履行赡养义务。

根据广西2016年脱贫攻坚农村"三留守"人员和残疾人关爱工作实施方案，积极倡导邻里互助，认真选择有意愿、负责任的家庭通过全托管或半托管的形式，组建关爱农村家庭互助队伍。

11. 问：地方政府如何提倡农村社区自助互助？

答：2011年《国务院办公厅关于印发社会养老服务体系建设规划（2011—2015年）的通知》出台，2013年国务院印发《国务院关于加快发展养老服务业的若干意见》（国发〔2013〕35号），2016年民政部、国家发展改革委发布《民政事业发展第十三个五年规划》，均提出要大力支持农村互助型养老服务设施（互助式养老服务中心）建设（刘妮娜，2017）。

根据四川省遂宁市2014年出台的文件，组织以村社为单位建立以邻里乡亲为主体的老年人志愿者服务队，为农村留守老人提供环境卫生治理、房屋修缮、串门聊天、送饭送药、安全援助、助种助收等服务。

根据山东省菏泽市2015年出台的文件，坚持互助服务为主、政府购买服务为辅。充分发扬邻里互助的优良传统，鼓励老人之间开展多种形式的互助服务，解决农村留守老人的生产生活问题。通过政府购买服务岗位和服务项目的方式，帮助农村留守老人缓解生产生活困难。

根据贵州省铜仁市2016年出台文件，要求各区（县）指导村（社区）采取孝心家庭评星，评选"敬老好儿女、好儿媳"和"孝亲敬老之星"等，给予适当奖励，以榜样引路，加以宣传，形成敬老爱老助老的良好社会氛围，并督促家庭成员承担赡养责任。

根据黑龙江省2018年出台的相关意见，发挥农村社区服务中心在农村为老服务中的平台作用，组织留守老年人开展自助互助方式的照料服务，做好互助服务累计互换。

根据黑龙江省2018年出台的相关意见，村民委员会要大力宣传孝亲敬老典型，增强村规民约的道德约束，对留守老年人的子女或其他赡养人进行普法宣传。对留守老年人的赡养人、扶养人不履行赡养、扶养义务，或遗弃留守老年人的，村民委员会发现后可上报乡、镇政府或街道办事处，并由有关主管部门依法进行处罚。

12. 问：老年协会可以拓展哪些农村老年人专门服务？

答：根据黑龙江省出台的相关意见，村党支部和村民委员会要积极鼓励本村老年人自愿建立老年协会，帮助老年人协会充分发挥自我管理、自我教育、自我服务等功能，加快实现老年协会这一公益性老年群众组织在全省农村的全面覆盖。

农村老年协会要在本村党支部、村民委员会领导下开展工作，代表老年人的利益，反映老年人的需求，维护老年人的合法权益，组织老年人开展各种文体娱乐活动和互助活动，带领广大老年人参与经济和社会发展，为提高老年人的生活和生命质量服务。

农村老年协会要把对留守老年人的关爱服务作为重点，通过组织文体活动、入户探视探访、年节慰问帮扶和开展临终关怀等方式，提高农村留守老年群体的凝聚力。

湖北省出台相关文件，要进一步加强基层老年协会建设，优先在基层老年协会工作开展较好的行政村安排农村老年人互助照料活动中心项目，支持将建好的农村老年人互助照料活动中心委托给老年协会管理、运行，并重点开展留守老年人关爱服务，创新以老助老、结对帮扶、抱团养老的方式方法，组织会员之间采取"一帮一""多帮一""一帮多"等形式，广泛开展低龄健康老人扶助高龄、失能老人的互助关爱活动。

农村老年协会可以发挥老年人社会影响大、号召力强的优势，募集一定的资金用于为老服务工作。鼓励各地将具备资质的老年协会纳入政府购买服务承接主体。

13. 问：如何解决老年协会的成立和运作经费？

答：根据黑龙江省出台的相关意见，积极鼓励各地将农村互助幸福院等老年服务设施交由老年协会等社会力量运营管理，把具备资质的老年协会纳入政府购买服务承接主体的范围。

14. 问：地方政府如何引导慈善捐赠和对农村留守老年人的志愿服务？

答：根据黑龙江省出台的相关意见，各级政府要引导志愿者协会、慈善协会等组织，把慈善、捐赠和志愿服务延伸进入农村。

鼓励农村基层组织吸纳村民代表、驻村干部、支教大学生、妇女和老年人代表等组建志愿者队伍，并为志愿服务活动开展提供场所和其他便利条件。

努力建设城乡互联、服务相通的农村志愿服务体系，让城乡志愿者、志愿服务组织为留守老年人提供内容丰富、形式多样、符合需要的志愿服务。

鼓励低龄健康老年人为高龄、失能留守老年人提供力所能及的志愿服务，探索建立志愿服务互助循环机制。

根据贵州省2015年出台的相关意见，继续深化"和谐贵州·三关爱"绿丝带志愿服务行动、关爱"留守妇女老人"巾帼志愿服务活动和"邻里守望"等志愿服务活动。

建立关爱留守老人志愿者队伍，加大对志愿者的招募和培训力度，动员广大志愿服务组织和志愿者与留守老人结对帮扶，为留守老人提供生活照料、生产帮助、精神慰藉、医疗保健、法律援助、安全服务、文化娱乐等关爱服务。

内蒙古2018年的文件，要求建立健全农村牧区志愿服务体系，完善志愿服务信息网络，探索建立志愿服务互助循环机制，动员广大志愿服务组织和志愿者与留守老年人结对帮扶，为留守老年人开展义诊、助餐、娱乐、教育、法律援助等服务。

根据福建省2018年出台的相关意见，鼓励低龄健康老年人为高龄、失能、计划生育特殊家庭留守老年人提供力所能及的志愿服务，探索建立志愿服务互助循环机制。

值得注意的是，吉林省2018年出台的相关意见特别指出，鼓励引导法律服务机构积极为留守老年人提供法律援助服务。全省法律服务机构对经济困难家庭的高龄、失能留守老年人进行重点关注，认真落实好法律援助与司法救助衔接机制，协助符合援助条件的老年人向司法机关申请司法救助，实现应援尽援、优援和速援。设立老年人服务绿色通道和窗口，对留守老年人优先接待、优先受理；引导律师事务所、公证机构和基层法律服务所对涉及留守老年人的服务事项实行减、缓、免收服务费用；鼓励司法鉴定机构根据留守老年人的具体情况，采取司法鉴定到现场、到病房、到家庭的上门服务和为经济困难的留守老年人提供减免鉴定费用。

15. 问：地方政府怎样推行政府购买服务制度？

答：根据黑龙江省出台的相关意见，各级财政、民政部门要把农村留守老年人关爱服务纳入政府购买服务目录，引导专业社会工作机构和社会组织开发社工介入服务项目、社会组织公益创投项目，提高关爱服务专业化水平。发挥社会工作人文关怀、助人自助的专业优势，在留守老年人相对集中的农村设立社会工作站点，为留守老年人提供心理疏导、情绪疏解、精神慰藉、代际沟通、家庭关系调适、社会融入等服务。县（市、区）政府要为社会组织落实税费减免政策，加快孵化培育专业化为老社会服务机构，增强农村留守老年人安全防护、生活照料、紧急援助、康复护理等方面的服务能力。

鼓励农村经济合作社、农村电商组织等其他社会力量参与关爱留守老年人。

16. 问：居家养老如何服务农村留守老人？

答：根据黑龙江省出台的相关意见，在有一定信息化基础、城乡逐渐融合的地区，鼓励推行城乡一体化、服务均等化的居家养老智慧服务。依托各市"12349""96760"等助老服务热线、区县养老服务呼叫中心（虚拟养老院），采取移动互联网+物联网技术，开展线上+线下的居家养老服务，努力为农村留守老年人提供更加公平、普惠的社会化居家养老服务。

根据贵州省2015年出台的相关意见，提高农村养老服务信息化水平，创新社区居家养老模式，采取政府购买服务、项目委托等方式，为老年人提供居家生活、医疗保健、精神慰藉、服务缴费、物品代购、紧急救助等服务。

根据山东省济宁市2018年发布的相关通知，结合居家和社区养老服务改革试点建设，大力发展农村社区居家养老服务，开展农村留守老年人关爱服务。

根据福建省2018年出台的相关意见，完善农村居家社区养老服务设施，到2020年，60%以上农村社区建有日间照料中心、社区居家养老服务中心（站）、农村幸福院等养老服务设施，为农村老年人特别是低收入、独居、空巢、高龄、失能和计划生育特殊家庭老年人提供就近便利的生活照料服务或开展互助式养老。

根据贵州省2015年出台的相关意见，完善农村社区养老服务设施，继续推进农村互助幸福院建设，力争"十三五"末居家养老服务实现农村社区全覆盖，为农村老年人特别是低收入、独居、留守、高龄和失能老年人提供就近便利的日间照料服务或开展互助式养老。

17. 问：各地对农村留守老人的家庭医生签约服务、医养结合有哪些规定？

答：根据《国务院办公厅转发卫生计生委等部门关于推进医疗卫生与养老服务相结合指导意见的通知》（国办发〔2015〕84号），国家鼓励为社区高龄、重病、失能、部分失能以及计划生育特殊家庭等行动不便或确有困难的老年人，提供定期体检、上门巡诊、家庭病床、社区护理、健康管理等基本服务。

全面落实老年医疗服务优待政策，医疗卫生机构要为老年人特别是高龄、重病、失能及部分失能老年人提供挂号、就诊、转诊、取药、收费、综合诊疗等就医便利服务。

落实好将偏瘫肢体综合训练、认知知觉功能康复训练、日常生活能力评定等医疗康复项目纳入基本医疗保障范围的政策，为失能、部分失能老年人治疗性康复提供相应保障。

湖北省、福建省、黑龙江省2018年出台的相关文件都强调要推进家庭医生签约服务，为农村留守老年人提供连续性的健康管理和医疗护理服务。福建、黑龙江省进一步细化了健康管理服务的年龄，规定为65周岁以上农村留守老年人提供健康管理服务，卫生计生部门要会同民政等部门落实基本公共卫生服务项目，推进医养结合工作。

福建突出强调重点做好患有高血压、糖尿病、结核病等慢性病和严重精神障碍的老年重点人群，以及建档立卡的贫困人口，计划生育特殊家庭，留守、空巢、失能等特殊困难老年人的签约服务。

针对农村留守老年人失能、部分失能照护问题，陕西2018年意见进一步强调，要加强农村养老服务体系建设，加大农村养老机构和设施建设的力度，推进农村地区的医养结合实践。

·推进农村关爱服务工作运行机制·

18. 问：在农村留守老人关爱服务工作中，省、市、县、乡的工作重点是什么？

答：根据黑龙江省出台的相关意见，各地要加强组织领导，建立健全党委领导下的政府支持保障、部门协同配合、群团组织积极参与、村民委员会和老年协会发挥骨干作用、社会力量广泛参与的农村留守老年人关爱服务工作机制。

各级老龄工作委员会、养老服务业发展领导小组要将农村留守老年人关爱服务纳入统筹指导范围（民政），推进留守老年人关爱服务与老龄工作、养老服务协调发展。

各市（地）政府及相关部门，要把推进政府购买服务、建设关爱服务设施、开展农村互助养老服务作为重点，开展农村留守老年人关爱服务质量监管，推动补贴政策落实。

县乡两级政府及相关部门，是开展农村留守老年人关爱服务的实施主体，重点是及时分解工作任务，严格落实责任单位、责任人，建立各项关爱服务制度，实施关爱服务项目，制定县乡留守老年人关爱服务工作考评办法，确保扶持政策和项目资金发挥实效。

山东省菏泽市 2015 年文件强调，要坚持党员干部带头，发挥示范引领作用。党员干部要普遍开展与留守老人"一帮一"活动，定期下基层、访民情，开展常态化关爱服务，实实在在地为老人解难题、办实事、献爱心。

19. 问：除国家规定的各部门责任外，地方落实时各部门职责异同？

答：除与国家出台意见对应的九部门（包括民政部、公安部、司法部、财政部、人力资源和社会保障部、文化部、卫生计生委、国务院扶贫办和全国老龄办）外，福建省民政厅等 10 个部门出台文件，增加了"省医保办"作为牵头单位、协同部署。

贵州省强调发展改革部门要将农村养老服务设施建设纳入项目投资计划并给予支持。体育、文化等部门要加强农村老年文体活动设施建设，开展文化体育活动，丰富留守老人精神文化生活。

甘肃省 2015 年出台文件强调，各级双联办（联村联户办公室）和组织、宣传、教育、民政、扶贫、人社、公安、农牧等职能部门及共青团、妇联、残联、关工委等群团组织，要各负其责、各尽所能，为留守儿童、留守老人等特殊困难群体多办实事。

武夷山市 2014 年发布文件，强调发挥各涉老组织（如老年协会、老体协、关工委）的作用，积极开展对农村"留守老人"关爱帮扶活动，确保他们在农村留守期间的正常生活。

根据四川省仪陇市铜鼓乡 2018 年发布相关文件，民政所要牵头做好工作协调，落实社会救助兜底责任，确保留守老人求助有门；财政所、农业服务中心要做好资金保障工作，确保各项活动顺利开展；社事中心要做好留守老人社会保障、返乡农民工创业就业服务等工作；计生办要做好农村留守老人医疗保障和卫生服务等工作；脱贫办要加大扶持力度，推进贫困留守老人家庭脱贫致富；文化站要加强农村老年文体活动设施建设，开展文化体育活动，丰富留守老人精神文化生活。乡警务室、司法所、各村（居）要大力弘扬孝亲敬老传统美德，营造良好社会氛围，加强《老年人权益保障法》等法律法规宣传，提高子女或其他赡养义务人守法意识，畅通渠道广泛收集涉及留守老人的社情民意，加强舆情预警监测和舆论引导。

根据广西壮族自治区百色市田东县 2015 年出台相关文件，将"三留守"关爱工作纳入《公民道德建设》和精神文明创建活动的组成部分，作为"文明村镇""星级文明户""五好家庭"等创建及田东"最美芒乡人"评选活动的重要条件之一。

20. 问：不同部门间的工作如何协调配合？

答：根据重庆市 2018 年工作部署，强调探索建立工作协调机制，定期召开由社会福利和慈善事业促进处、市老龄委办、市妇联、团市委参加的联席会议，会商解决问题，形成齐抓共管、整体推进的良好局面。

根据广西壮族自治区百色市田东县 2015 年出台相关文件，要建立关爱农村留守儿童、妇女、老人工作联席会议制度，每年召开至少两次联席会议，就"三留守"工作进行商讨、布置。成立由县委、县人民政府分管领导为组长，县直各责任单位以及各乡镇人民政府分管联系领导为成员的县关爱农村留守儿童、妇女、老人工作协调领导小组，并在县教育局、县妇联、县民政局设立三个专项工作办公室，负责统筹指导、协调、督查全县关爱农村留守儿童、妇女、老人工作。各乡镇也要建立关爱农村留守儿童、妇女、老人工作协调领导小组，把"三关爱"工作纳入本乡镇经济社会发展中统筹。各乡镇、县直各单位和各村（社区）按照"属地管理、分级负责、部门牵头"原则，明确职责，强化措施，找准工作切入点和着力点，切实把各项关爱工作措施落到实处。

根据广西壮族自治区百色市田东县 2015 年出台相关文件，乡镇、县直有关单位牵头，农村基层组织要互相配合，上下联动，形成合力，共同做好"三留守"人员的教育管理、卫生保健、人身安全及摸底调查等工作。农村基层组织要密切掌握外出务工人员家庭及留守人员监护等情况，将"三留守"人员管理服务工作执行到位。建立并落实各级党的基层组织包保责任制，结合深化农村改革、新农村建设、新一轮扶贫开发等联系包村工作，确保每一名农村留守儿童、妇女、老人都有人关爱。各乡镇要探索建立农村"三留守"关爱服务工作制度，抓好各项基础工作，加强对劳务输出人员和农村"三留守"人员的管理服务。县文明办、团委、妇联等群团组织牵头，组织党员干部、教师、医务人员、在校学生等，建立一支组织有力的关爱农村留守儿童、妇女、老人志愿服务队伍，形成社会关爱合力。

21. 问：如何增强对留守老年人关爱服务的资源支持？

答：根据贵州省、黑龙江省出台的相关意见，地方各级政府要优化和调整支出结构，加快农村养老服务设施建设。

加强农村留守服务中心、老年人日间照料中心、农村互助式幸福院、农村敬老院等基础设施建设并提高服务水平。在满足农村五保对象集中供养需求的同时，各类农村养老服务设施要向有需求的农村留守老年人开放，对经济困难的失能、半失能农村留守老年人提供低收费照料服务。

根据河南省许昌市2018年出台的实施方案，要进一步加快乡（镇）敬老院转型提升，引入社会力量运营管理，提升乡（镇）敬老院基础设施和服务功能，将乡（镇）敬老院转型提升为集长期托养、日间照料、居家服务于一体的乡（镇）综合养老服务中心。乡（镇）综合养老服务中心在满足农村特困老人、低保老人以及孤老优抚对象基本养老需求的基础上，优先为留守老年人提供社会化养老服务。推进农村幸福院建设，为农村老年人特别是经济困难的高龄、失能农村留守老年人提供就近、便利的日间照料服务或开展互助养老活动，为留守老年人等老年群体提供日托、助餐、助急、娱乐、康复等服务。

根据甘肃省2015年出台相关文件，要结合陇家福幸福家庭创建活动，拓展幸福寓所功能。建设集家庭健康、生活便民、生产致富、宣传咨询、文化娱乐等为一体的多功能陇家福幸福寓所，为留守老人开展健康保健讲座、培训等健康管理服务；提供养老照护、日间照料、家庭保洁、爱心餐等服务，帮助其解决生活上的实际困难。

根据四川省遂宁市2014年出台相关文件，鼓励城区养老服务组织到农村设立分支机构，实行连锁化经营，引导农村留守老人到城区养老机构接受服务。

22. 问：如何增强对农村留守老年人关爱服务的资金支持？

答：根据黑龙江省出台的相关意见，有条件的地方可将农村互助幸福院日常运行维护费用纳入财政预算支持范围，力争到"十三五"末，农村留守老年人关爱服务实现农村社区全覆盖。用于养老服务的财政资金和彩票公益金要向农村养老服务建设项目倾斜。

根据黑龙江省出台的相关意见，地方各级政府加快落实基本医疗、基本养老、社会救助、社会福利等社会保障制度，坚持应扶尽扶，精准识别农村贫困人口，将符合条件的留守老年人全部建档立卡，帮助脱贫脱困。

根据黑龙江省出台的相关意见，鼓励村集体经济收益用于留守老年人关爱服务，维护留守老年人的政治权利和经济权益，支持老年人在村集体经济、土地流转等重大事项上行使表决权，农村集体经济、农村土地流转等收益分配应充分考虑解决本村老年人的养老问题，增加对留守老年人关爱服务的资金支持。

根据山东省济宁市2018年发布的相关通知，探索通过子女缴纳、社会捐助、集体经济支出等方式设立孝德基金、农村养老基金，解决老年人生活困难和养老问题。

根据山东省菏泽市2015年发布的文件，财政部门负责将关爱服务农村留守老年人相关工作经费纳入同级财政预算，统筹用好农村幸福院等方面的专项资金，根据农村留守老年人关爱服务工作需求，加大财政保障力度，支持农村留守老年人关爱服务开展工作。人力资源社会保障部门负责认真落实居民基本养老保险制度，对60周岁以上参保的农村留守老年人要按时足额发放养老金。

23. 问：如何完善农村劳动力就业创业，营造社会环境？

答：根据贵州省、黑龙江省出台的相关意见，在政策上，积极引导和鼓励农村劳动力就地就近转移就业。各地各部门要畅通信息渠道、创新方式，大力开展农民工创业就业政策、岗位信息宣传，提高创业就业政策知晓率。精准开展岗位信息服务，结合留守老人家庭劳动力就业技能和就业意愿等情况，有针对性地开展岗位推荐，实现用工岗位信息服务全覆盖。

贵州省以"雁归兴贵"行动计划、"全面创业行动计划"和"双百"

工程等为载体，引导农民工返乡创业就业，为留守老人家庭劳动力返乡创业就业创造条件。

强调大力开展创业、职业技能、岗位技能提升、农村实用技术等创业就业技能培训。充分发挥基层服务平台及帮扶人员作用，为留守老人家庭劳动力返乡创业就业提供政策咨询、就业指导、劳动维权、社会保障等综合服务。

24. 问：国家对养老服务协作与对口支援有哪些规定？

答：《国务院关于加快发展养老服务业的若干意见》（国发〔2013〕35号）指出，切实加强农村养老服务需要建立协作机制。城市公办养老机构要与农村五保供养机构等建立长期稳定的对口支援和合作机制，采取人员培训、技术指导、设备支援等方式，帮助其提高服务能力。建立跨地区养老服务协作机制，鼓励发达地区支援欠发达地区。

在此基础上，《民政部关于建立养老服务协作与对口支援机制的意见》（民发〔2013〕207号）对协作与对口支援任务做了细化：

（一）开展人员培训。包括在辖区内不同区域确定一批示范性养老机构，承担本地区主要养老服务人才培训实训任务，为培训能力不足的养老机构或地区培训养老服务人员；支援方养老服务专业人才、社工组织、志愿者组织等前往受援方开展养老服务等。

（二）加强互助合作。包括入住率不同的养老机构建立合作关系，引导老年人从"一床难求"的养老机构入住床位有空余的养老机构；公办养老机构与民办养老机构建立合作关系，公办养老机构为民办养老机构扶养老年人提供帮助，民办养老机构通过购买服务方式承接公办养老机构的政府托底对象；养老机构合作开展异地养老、候鸟式养老等。

（三）分享管理经验。包括支援方为受援方提供规章制度、服务标准、工作流程、监督机制以及绩效评价体系等管理经验借鉴；支援方为受援方代培管理人员等。

（四）提供技术指导。包括支援方采取派员驻点帮扶、召开座谈会、信息通报等方式，为受援方提供技术指导；支援方专业团队通过委托管理等公建民营方式，参与受援方养老机构或社区养老服务设施的运营或管理；支援方重点围绕机构信息化建设、服务人员岗位操作技能、社区养老服务规范等方面对受援方给予指导；双方加强交流合作，相互借鉴经验做法等。

（五）加强设备支持。包括支援方通过资金捐助、物质捐赠、合作开展项目等方式，支持受援方养老服务基础设施建设、设备购置以及维修改造；支援方是社会力量的，可在受援方兴建养老服务设施，开展养老服务等。

根据贵州省 2015 年出台的相关意见，鼓励各地加强与对口支援地区的交流联系，建立长期稳定的养老服务对口支援和合作机制，通过人员培训、技术指导、设备支援等方式，帮助提高服务能力。

25. 问：社会组织可以做哪些关爱宣传和法制教育工作？

答：根据黑龙江省出台的相关意见，研究总结与宣传推广各地农村留守老年人关爱服务先进经验；大力宣扬积极老龄化理念，倡导健康生活理念，开展健康生活知识教育，引导留守老年人保持身心健康；加强孝亲敬老传统美德宣传，形成互帮互助、助老爱老的良好风尚，营造全社会正确对待、积极接纳、关心关爱留守老年人的友好环境。

根据四川省遂宁市 2014 年出台的相关文件，畅通维权渠道，依托乡镇法律援助工作站和村法律援助工作室，开设老年"道德法庭"和点评栏，处理涉老纠纷。加大农村治安巡查力度，确保农村留守老人生命财产安全。

根据福建武夷山市 2014 年、贵州省 2015 年、广西壮族自治区 2015 年、甘肃省 2015 年发布的相关文件，如上省市都强调开展法制教育、安全教育进社区活动，积极为农村留守老人提供法制教育和自我保护教育服务，增强其法制观念和自我保护意识。

根据甘肃省 2015 年发布的相关文件，司法、科技、农牧、文化、卫生计生等部门要通过广泛深入开展"法律直通车"进农村、科技文化卫生"三下乡"活动，重点向特殊困难群体普及法律、科技、卫生常识，提高他们依法维权、自我管理、自我保护的意识和能力。

甘肃天水市清水县 2016 年发布的相关文件提出，由县教体、司法、卫生、食药监、宣传、人社、团委、科协部门联合部署，统一安排，通过道德讲堂、大喇叭工程、发放宣传资料、电话、信件等形式，加强对留守儿童、留守老人的法制安全、专业常识教育，加强农民工抚养子女和赡养老人责任教育，鼓励外出农民工将孩子带在身边入学、入幼儿园、入托儿所，鼓励农民工返乡就业创业，履行教育子女、赡养老人、监护重度精神病人法定的义务，对不履行法定责任义务的，积极正面引导、依法教育。

26. 问：如何评估/考核农村留守老人关爱服务工作？

答：国家的相关意见鼓励各地建立健全工作考核、责任追究和奖惩机制。

根据黑龙江省2018年出台的相关意见，各级政府要把农村留守老人关爱服务工作作为督查督办的重要内容，适时对工作落实情况开展督促检查，推动工作落实并通报检查情况，对重视不够、措施不实、任务不落实的部门和个人要严肃追究责任，特别是对底数不清、风险隐患排查不扎实、突发事件处置不及时、关爱服务流于形式的要严肃处理。

根据河南省开封市2018年出台的相关文件，要对农村留守老人关爱工作进行重点督查，严肃排查工作纪律，认真做到"三个防止"：防止"闭门造车"，用以前的资料进行填充，没有实际开展摸底排查，不及时更新信息台账；防止错报漏报，排查过程中不细致，粗心大意，造成底数不清，各类隐患仍然存在；防止工作不深入，不进村入户核实，排查和探访帮扶等工作落实不到位。

甘肃省天水市清水县2016年出台的相关文件提出，将留守儿童、留守老人等特殊困难群体的关爱救助工作纳入精准扶贫实绩考核范围，并作为驻村工作队职务职称评定和评先选优的重要依据，建立科学严明的奖惩机制。对工作重视程度高、方式方法活、工作效果好的部门和乡镇，在年终精准扶贫考核时给予加分；对工作不主动、不作为，效果不明显的提出通报批评；对不认真履行工作职责，玩忽职守发生意外事件、造成重大不良影响的，严肃追究相关责任人的责任。通过一系列教育、奖惩措施的落实，有效实现了让留守儿童和留守老人"老有所靠、少有所学、病有所治、心有所依、事有所照、困有所助"。

广西壮族自治区百色市田东县2015出台的相关文件提出，推动工作，加强考核。县工作协调领导小组办公室制定关爱农村儿童、妇女、老人工作监督检查和考核标准，把关爱保护农村留守儿童、妇女、老人工作纳入综治考评内容，纳入对乡镇党政领导干部教育工作督导考核，纳入义务教育监测指标体系和教师考评考核，明确检查考核的内容和办法。要定期对各乡镇和各有关单位进行关爱农村留守儿童、妇女、老人工作的考核，积极督促工作进展，监督检查和考核的结果以适当方式公布。评选出关爱农村留守儿童、妇女、老人工作示范单位，对关爱农村留守儿童、妇女、老人工作成绩突出的乡镇和单位给予表彰，对完成任务差和推进工作不力的，将予以通报批评。

·实施时间与步骤·

27. 问：2018年各地落实农村留守老年人关爱工作的时间如何安排？

答：根据湖北、广东2018年出台的相关文件，乡镇、村（社区）要在2016年调查登记的基础上，及时更新留守老年人信息台账。

江苏淮安市盱眙县对辖区内截至2018年6月30日子女外出务工6个月以上，本人留在户籍所在地居住生活的年满60周岁以上的农村户籍老年人进行全面排查登记。要准确掌握老人数量、经济来源、家庭结构、健康状况、生活照料情况等基本信息，填写《留守老人基本情况登记表》《留守老人花名册》和《留守老人基本情况排查汇总表》，切实建立留守老年人动态管理信息库。

内蒙古要求各旗县（市、区）用45天的时间，在2018年9月中旬前完成一次农村牧区留守、空巢老年人探访、摸底、排查工作，并建立详细的农村牧区留守/空巢老年人信息数据台账。

福建省2018年发布的相关意见提出：（一）制定细则，动员部署（2018年9月底前）。各地要按照要求，在当地党委和政府领导下，制定加强农村留守老年人关爱服务工作的专项政策或实施细则，结合本地区工作实际明确市、县、乡、村各级工作职责，明确整体工作目标和工作计划，并组织开展动员部署工作。

（二）全面摸底，建立台账（2018年10月底前）。县级政府要组织好乡镇政府进行全面深入摸底，建立健全翔实完备的信息台账，10月底前要逐级向上汇总辖区留守老年人的数量规模、基本分布、主要特征等总体信息，设区市（含平潭）汇总后报送省民政厅。

（三）定期探访，调研评估（持续开展）。县（市、区）层面要制定农村留守/空巢老年人探访制度，印发方案。省、市级民政部门会同相关部门成立联合督查组，对各地农村留守老年人关爱服务工作进行指导和督查调研；对发现的重大问题，及时向当地党委和政府反馈，推动解决；对各地有效经验和做法，进行总结推广。

值得一提的是，贵州省六盘水市2016年出台的相关文件细化了危房改造时间表，安排农村危房改造任务时，优先安排符合条件的农村留守老人的危房改造，用 3 年时间全面完成符合条件的农村留守老人危房改造任务，2016 年底前改造完成台账数的 30%，2017 年底前完成台账数的 40%，2018 年底前完成台账数的 30%。

28. 问：地方政府如何共同推进农村留守老人与其他特殊困难群体关爱工作？

答：根据广西 2016 年脱贫攻坚农村"三留守"人员和残疾人关爱工作实施方案，推进基本公共卫生服务均等化。建立县级综合医院、乡镇卫生院和社区卫生服务中心（站）以及村卫生室三级医疗卫生服务网络，发挥新型农村合作医疗制度的普惠优势，不断提高农村留守老人享受到的基本医疗保障和基本公共卫生服务的水平。

甘肃省 2016 年也发布了做好全省农村留守儿童、留守老人等特殊困难群体关爱救助工作的紧急通知。

·特殊地区特殊需求的农村留守老人·

29. 问：如何为特殊需求的老人提供服务？

答：依据国务院印发的《"十三五"国家老龄事业发展和养老体系建设规划》（国发〔2017〕13 号），加强农村养老服务，推动农村特困人员供养服务机构服务设施和服务质量达标，在保障农村特困人员集中供养需求的前提下，积极为低收入、高龄、独居、残疾、失能农村老年人提供养老服务。

通过邻里互助、亲友相助、志愿服务等模式和举办农村幸福院、养老大院等方式，大力发展农村互助养老服务。

发挥农村基层党组织、村委会、老年协会等作用，积极培育为老服务社会组织，依托农村社区综合服务中心（站）、综合性文化服务中心、村卫生室、农家书屋、全民健身等设施，为留守、孤寡、独居、贫困、残疾等老年人提供丰富多彩的关爱服务。

30. 问：农村牧区如何加强农村留守老人关爱工作？

答：根据内蒙古 2018 年发布的相关意见，强化农村牧区各类养老服务设施的保障作用。

切实加强农村牧区互助养老幸福院建设。深入推广乌兰察布市农村牧区互助养老幸福院"集中居住，分户生活，统一管理，互帮互助"的典型养老服务模式，通过整合各项财政资金，统筹民政、卫生、文化、扶贫等部门资源，围绕脱贫攻坚任务，加强农村牧区互助养老幸福院建设，重点满足困难留守、空巢老年人的养老服务需求。

切实加强牧区老年公寓建设。深入推广锡林郭勒盟牧区老年公寓"集中居住、分户生活、养老育幼、多元经营、民族颐养"的典型养老服务模式。通过建立多途径筹资机制，采取公建公营、公建民营、民建公助、民建民营等多种建设运营模式，加强牧区老年公寓建设，重点满足牧区老年人进城陪读和养老服务需求。

切实加强农村牧区养老服务站建设。鼓励各地在苏木乡镇或嘎查村，充分利用空闲的房屋、校舍改建农村牧区养老服务站。通过健全完善便民服务类、医养服务类、文化服务类、体育服务类、就餐服务类等养老服务设施，切实满足不同地域农村牧区留守、空巢老年人的养老服务需求，进一步提高全区农村牧区养老服务覆盖率。

根据内蒙古2018年发布的相关意见，发挥农村牧区各类公共服务设施的支持作用。

支持农村牧区卫生服务中心提升服务能力，拓展服务范围，为农村牧区留守老年人提供健康管理、基本医疗和长期护理服务。支持农村牧区综合性文化服务中心、农村牧区社区综合服务设施、老年学校、党员活动室等公共服务设施建设，鼓励各有关部门和组织下沉基层的公共服务项目面向农村牧区留守老年人开展服务。

根据内蒙古2018年发布的相关意见，支持利用移动互联网、物联网等现代科学技术，依托城乡社区为老服务设施，为留守老年人获取有关服务以及与其外出工作子女亲情交流等，搭建高效、便捷、适用的智能服务网络平台。

三 要点提示

1. 农村留守老年人关爱服务制度包括定期探访、建立信息台账、分类管理、信息共享、关爱服务清单、风险评估、应急救援等制度，需要亲友邻里、老年协会、社会组织、地方政府等执行主体在实际工作中不断细化推进，日益完善。

2. 国家鼓励农村特困人员供养服务机构积极为低收入、高龄、独居、残疾、失能农村老年人提供养老服务。鼓励发挥农村基层党组织、村委会、老年协会等作用，积极培育为老服务社会组织，依托各类文化设施为留守、孤寡等老年人提供丰富多彩的关爱服务。

四 关联规定

2019年2月21日，根据国务院新闻办新闻发布会最新消息，目前全国29个省份建立了农村留守老年人关爱服务制度。

据不完全统计，截至2018年10月30日，18个省份出台的文件已在网络公布，包括天津、河北、辽宁、吉林、黑龙江、江苏、福建、山东、河南、湖北、湖南、广东、四川、贵州、陕西、内蒙古、甘肃、广西。国家与各省份《关于加强农村留守老年人关爱服务工作的（实施）意见》信息列表，详见表1。

表1 国家与各省份《关于加强农村留守老年人关爱服务工作的（实施）意见》信息

序号	国/省	发文单位及文件名称	发文字号	发布日期
	国家	民政部等九部门《关于加强农村留守老年人关爱服务工作的意见》	民发〔2017〕193号	2017年12月28日
1	天津市	天津市民政局等八部门《关于加强农村留守老年人关爱服务工作的实施意见》	津民发〔2018〕57号	
2	河北省	河北省民政厅等九部门《河北省加强农村留守老年人关爱服务工作实施方案》	—	2018年7月13日
3	辽宁省	辽宁省民政厅等九部门《关于加强农村留守老年人关爱服务工作的实施意见》	辽民发〔2018〕90号	2018年9月18日
4	吉林省	吉林省民政厅等九部门《关于加强农村留守老年人关爱服务工作的实施意见》	吉民发〔2018〕54号	2018年9月29日
5	黑龙江省	黑龙江省民政厅等九部门《黑龙江省关于建立健全农村留守老年人关爱服务体系的实施意见》	黑民规〔2018〕9号	2018年5月15日
6	江苏省	江苏省民政厅等九部门《加强农村留守老人关爱服务工作实施方案》	—	2018年8月

续表

序号	国/省	发文单位及文件名称	发文字号	发布日期
7	福建省	福建省民政厅等十部门《福建省关于加强农村留守老年人关爱服务工作的实施意见》	—	2018年8月20日
		武夷山市民政局《武夷山市关于加强农村"空巢老人"关爱服务工作的实施方案》	武民〔2014〕71号	2014年6月30日
8	山东省	山东省民政厅《山东省民政厅关于转发民发〔2017〕193号文件进一步做好农村留守老年人关爱服务工作的通知》	鲁民〔2018〕37号	2018年5月18日
		济宁市民政局《关于转发鲁民〔2018〕37号文件做好农村留守老年人关爱服务工作的通知》	济民字〔2018〕44号	2018年6月11日
9	河南省	许昌市民政局《许昌市加强农村留守老年人关爱服务工作实施方案》	—	2018年8月
10	湖北省	湖北省民政厅等九部门《湖北省加强农村空巢老人关爱服务工作实施方案》	—	2018年4月19日
		襄阳市谷城县《关于印发谷城县加强农村留守老年人关爱服务工作实施方案的通知》	—	2018年6月
11	湖南省	湖南省民政厅等九部门《关于进一步加强农村留守老年人关爱服务工作的实施意见》	湘民发〔2018〕30号	2018年9月
12	广东省	广东省民政厅等九部门《广东省加强农村留守老年人关爱服务工作行动方案》	粤民发〔2018〕151号	2018年10月29日
13	四川省	遂宁市人民政府《四川省遂宁市人民政府办公室关于加强农村空巢老人关爱服务工作的通知》	—	2014年1月17日
		中共铜鼓乡委员会、铜鼓乡人民政府《四川省仪陇市铜鼓乡农村空巢老人关爱服务工作实施方案》	铜委发〔2018〕21号	2018年4月16日

续表

序号	国/省	发文单位及文件名称	发文字号	发布日期
14	贵州省	贵州省的《贵州省人民政府办公厅关于进一步加强农村空巢老人关爱服务工作的实施意见》	黔府办函〔2015〕218号	2015年12月30日
		贵州省铜仁市《铜仁市人民政府办公厅关于印发〈铜仁市农村空巢老人关爱服务工作实施方案〉的通知》	铜府办发〔2016〕74号	2016年6月13日
		贵州省铜仁市《印江自治县人民政府办公室关于印发印江自治县农村空巢老人关爱服务工作实施方案的通知》	印府办发〔2016〕65号	2016年8月4日
		贵州省六盘水市《贵州六盘水市加强农村空巢老人关爱服务工作的实施方案》	六盘水府办函〔2016〕75号	2016年9月5日
15	陕西省	陕西省民政厅等九部门《关于加强农村留守老年人关爱服务工作的意见》	陕民发〔2018〕33号	2018年6月
16	甘肃省	中共甘肃省委办公厅 甘肃省人民政府办公厅《关于做好全省农村留守儿童空巢老人等特殊困难群体关爱救助工作的紧急通知》	—	2015年6月14日
		天水市民政局《清水县留守儿童、空巢老人等特殊困难群体关爱救助工作实施方案》	—	2016年1月
17	内蒙古自治区	内蒙古自治区民政厅等九部门《关于加强农村牧区留守老年人关爱服务工作的实施意见》	内民政发〔2018〕66号	2018年8月7日
18	广西壮族自治区	广西壮族自治区百色市田东县《健全农村留守儿童、留守妇女、空巢老人关爱服务体系实施方案》	—	2015年
		广西壮族自治区人民政府办公厅《脱贫攻坚农村"三留守"人员和残疾人关爱工作实施方案》	桂政办发〔2016〕17号	2016年2月
		广西壮族自治区的《广西壮族自治区关于加强农村留守老年人关爱服务工作的实施意见》	桂民规〔2018〕4号	2018年9月14日

第二章 社会组织主体

党的十八大报告提出"健全社会组织管理制度,形成政社分开、权责明确、依法自治的现代社会组织体制"。

十八届三中全会进一步提出要"激发社会组织活力"。十八届四中全会提出"加强社会组织立法,规范和引导各类社会组织健康发展""发挥人民团体和社会组织在法治社会建设中的积极作用"。十八届五中全会指出"激励各类企业、社会组织、个人自愿采取包干方式参与扶贫"。当前,社会组织已成为社会治理的重要主体和依托。

农村人口老龄化趋势加重与农村养老服务社会组织短缺之间的矛盾亟待解决(杜鹏,2018)。无论是组织短缺、现有组织发育不良,还是城市养老服务组织难以涉足农村,均受到政策环境、资金来源、理念价值和公众意识等因素的影响。

本章从人才培养、资金支持和组织形式三方面,展开国家对从事涉老服务的社会组织主体的支持政策。行动者可根据机构的自身需求,按照类别查找手册中的相关政策。

第一节 人才培养

一 内容概要

谁来落实农村空巢老人服务的最后一米?根据本研究调查发现,最主要的服务人员是村民志愿者,实际承担着社工和护理员的工作。本节介绍国家、不同部委、地方政府文件对农村老年服务人才的支持政策,协助社会组织明确人员来源、培养标准、筹资渠道、激励机制等规定。

二 常见问题及解答

1. 问：国家对完善养老服务人才培养和就业政策有哪些规定？

答：根据《国务院关于加快发展养老服务业的若干意见》(国发〔2013〕35号)，教育部、人力资源社会保障部、民政等部门要支持高等院校和中等职业学校增设养老服务相关专业和课程，扩大人才培养规模，加快培养老年医学、康复、护理、营养、心理和社会工作等方面的专门人才，制定优惠政策，鼓励大专院校对口专业毕业生从事养老服务工作。

充分发挥开放大学作用，开展继续教育和远程学历教育。

依托院校和养老机构建立养老服务实训基地。加强老年护理人员专业培训，对符合条件的参加养老护理职业培训和职业技能鉴定的从业人员按规定给予相关补贴，在养老机构和社区开发公益性岗位，吸纳农村转移劳动力、城镇就业困难人员等从事养老服务。

养老机构应当积极改善养老护理员工作条件，加强劳动保护和职业防护，依法缴纳养老保险费等社会保险费，提高职工工资福利待遇。

养老机构应当科学设置专业技术岗位，重点培养和引进医生、护士、康复医师、康复治疗师、社会工作者等具有执业或职业资格的专业技术人员。

对在养老机构就业的专业技术人员，执行与医疗机构、福利机构相同的执业资格、注册考核政策。

根据《健康中国行动（2019—2030年）》，国家支持高等院校和职业院校开设老年医学相关专业或课程，以老年医学、康复、护理、营养、心理和社会工作等为重点，加快培养适应现代老年医学理念的复合型多层次人才。将老年医学、康复、护理人才作为急需紧缺人才纳入卫生人员培训规划，加强专业技能培训（教育部、卫生健康委按职责分工负责）。

2. 问：教育部对培养养老服务人才有哪些意见？

答：根据《教育部等九部门关于加快推进养老服务业人才培养的意见》(教职成〔2014〕5号)，积极引导学生从事养老服务业。

推动开展社会养老事业志愿服务。

积极组织职业院校、本科院校在校生到养老机构和城乡社区、家庭等进行志愿服务，开展社会实践活动，增强学生的社会责任意识，激发从事养老服务事业的热情。

采取学校与城乡社区对口服务等形式，组织学生关爱、帮扶孤寡老人、空巢老人、农村留守老人。

3. 问：地方政府对加强养老服务人才有哪些特色规定？

答：根据贵州省2015年出台的《意见》，加强养老服务人才队伍建设，把养老护理员技能培训纳入城乡就业培训体系，鼓励、吸引大中专毕业生从事养老服务工作。

4. 问：最新乡村战略规划对人才支持有哪些计划？

答：中共中央、国务院印发的《乡村振兴战略规划（2018—2022年）》提出"乡村振兴人才支持计划"，其中包括"三区"人才支持计划，每年引导10万名左右优秀教师、医生、科技人员、社会工作者、文化工作者到边远贫困地区、边疆民族地区和革命老区工作或提供服务。每年重点扶持培养1万名左右边远贫困地区、边疆民族地区和革命老区急需紧缺人才。

5. 问：民政部行业标准对从事老年社会工作服务的人员有哪些要求？

答：根据民政部发布的中华人民共和国民政行业标准《老年社会工作服务指南》（MZ/T 064-2016），老年社会工作服务方法包括：

（1）老年社会工作者。

1）老年社会工作者应具备以下资质之一：

——获得国家颁发的社会工作者职业水平证书；

——具备国家承认的社会工作专业专科及以上学历。

2）老年社会工作者在开展具体工作中，应遵守以下要求：

——掌握涉及老年人的法律、法规、政策；

——具备开展老年社会工作服务所需的老年学等方面的基本知识；

——接受社会工作专业继续教育，不断提高职业素质和专业服务能力；

——推动多学科合作，与其他专业人士相互尊重、共享信息并有效沟通。

3）老年社会工作者的配备应符合下列要求：

——养老机构、城乡社区应根据服务对象的数量、自理能力的高低、服务的类型、服务的复杂性等因素进行人员配备；

——城镇养老机构每200名老年人应配备1名老年社会工作者，农村养老机构可参考上述标准配备；

——城市社区中每1000名老年人应配备1名以上的老年社会工作者，不满1000人的可多个社区配备1名老年社会工作者，农村社区可参考上述标准配备。

（2）为老服务志愿者。

1）应建立志愿者服务管理制度，做好志愿者的登记、培训、记录、激励、评价等工作。

2）建立社会工作者和志愿者联动机制，根据服务需要招募符合资质的志愿者，协助社会工作者开展老年社会工作服务。

6. 问：民政部对民办社会工作服务机构一线服务人员、志愿者参加社工职业水平考试有哪些鼓励规定？

答：根据《民政部关于进一步加快推进民办社会工作服务机构发展的意见》（民发〔2014〕80号），加强民办社会工作服务机构能力建设部分规定：

着力提升民办社会工作服务机构服务水平。加强民办社会工作服务机构一线服务人员的教育培训，鼓励其参加社会工作者职业水平考试，不断提升综合素质和专业水平。指导民办社会工作服务机构结合群众需求和自身优势特点加强服务品牌建设，形成一批社会认可、特色鲜明、具有示范指导作用的优秀社会工作服务项目。支持符合条件的民办社会工作服务机构承接社会工作专业人才实习实训任务，积极引导高校社会工作专业毕业生到民办社会工作服务机构就业创业、建功立业。

建立健全民办社会工作服务机构联系志愿者制度。以民办社会工作服务机构为平台，深入做好志愿者的招募注册、组织管理、培训指导和服务记录工作，鼓励志愿者长期参加民办社会工作服务机构有关活动，通过自学、考试等方式转化提升为社会工作专业人才。通过社会工作专业人才和志愿者（义工）的互动，引领提升志愿服务的专业化、组织化水平，丰富社会工作专业人才资源，拓展社会工作专业服务范围，增强社会工作专业服务效果。

7. 问："十三五"推进基本公共服务均等化规划对加大人才队伍建设力度有哪些规定？

答：《国务院关于印发"十三五"推进基本公共服务均等化规划的通

知》(国发〔2017〕9号)要求:

——加强人才培养培训。支持高等院校和中等职业学校开设相关学科专业,扩大专业服务和管理人才培养规模。健全从业人员继续教育制度,强化定岗、定向培养,完善远程教育培训。建立政府、社会、用人单位和个人相结合的投入机制,对参加相关职业培训和职业技能鉴定的人员,按规定给予补贴。探索公办与非公办公共服务机构在技术和人才等方面的合作机制,对非公办机构的人才培养、培训和进修等给予支持。

——促进人才合理流动。实施东部带西部、城市带农村的人才对口支持政策,引导公共服务和管理人才向中西部地区和基层流动。深化公办机构人事制度改革,健全公开招聘和竞争上岗制度,推动服务人员保障社会化管理,逐步由身份管理向岗位管理转变。

——提升基层人员能力。完善基层人员工资待遇、职称评定、医疗保险及养老保障等激励政策。推进基层公共服务队伍轮训,实施高校毕业生基层培养计划,继续做好"三支一扶"计划、西部志愿者计划、大学生村官计划、农村教师特岗计划、全科医生特岗计划、社会工作专业人才队伍建设等工作。鼓励通过优化编制资源配置、积极推进政府购买服务等方式,保障基层服务力量。

8. 问:"十三五"健康老龄化规划对老年健康服务人员建设有哪些规定?

答:根据《国家卫生计生委办公厅关于印发"十三五"健康老龄化规划重点任务分工的通知》(国卫办家庭函〔2017〕1082号):

切实加强老年健康服务人员队伍建设,尽快培养一批有爱心、懂技术、会管理的老年人健康服务工作者。将老年医学、康复、护理人才作为急需紧缺人才纳入卫生计生人员培训规划,加强专业技能培训,大力推进养老护理从业人员职业技能鉴定工作。采取积极措施保障护理人员的合法权益,合理确定并逐步提高其工资待遇。支持高等院校和职业院校开设相关专业或课程,加快培养老年医学、康复、护理、营养、心理和社会工作等方面的专业人才。鼓励医养结合服务机构参与人才培养全过程,为学生实习和教师实践提供岗位。重点建设一批职业院校健康服务类与养老服务类示范专业点(教育部、人力资源和社会保障部牵头,国家发展改革委、民政部、财政部、国家卫生计生委、国家中医药局、全国老龄办配合)。

9. 问:"十三五"公共服务均等化,对社工建设有哪些规定?

答:《国务院关于印发"十三五"推进基本公共服务均等化规划的通知》(国发〔2017〕9号)指出,国家建立完善基本社会服务制度,为城乡居民提供相应的物质和服务等兜底帮扶,重点保障特定人群和困难群体的基本生存权与平等参与社会发展的权利。

保障措施之一是社会工作者队伍建设。实施社会工作专业人才服务贫困地区计划、农村留守人员社会保护计划、城镇流动人口社会融入计划、特殊群体社会关爱计划,推进社会工作者专业化、职业化,力争到2020年社会工作专业人才总规模达145万人。

三 要点提示

民政部要求加强民办社会工作服务机构一线服务人员的教育培训,鼓励其参加社会工作者职业水平考试,不断提升综合素质和专业水平。鼓励志愿者通过自学、考试等方式转化提升为社会工作专业人才。上述规定为服务农村空巢老人的社会组织一线工作人员及志愿者提供了职业发展空间。

四 关联规定

1. 中共中央、国务院印发《乡村振兴战略规划(2018—2022年)》(2018年9月26日)

2. 国务院印发《健康中国行动(2019—2030年)》(2019年6月25日)

3. 《国家中长期人才发展规划纲要(2010—2020年)》(中发〔2010〕6号)

4. 《国务院关于加快发展养老服务业的若干意见》(国发〔2013〕35号)

5. 《民政部关于进一步加快推进民办社会工作服务机构发展的意见》(民发〔2014〕80号)

6. 《教育部等九部门关于加快推进养老服务业人才培养的意见》(教职成〔2014〕5号)

7. 民政部发布中华人民共和国民政行业标准《老年社会工作服务指南》(MZ/T 064-2016)

8. 《贵州省人民政府办公厅关于进一步加强农村空巢老人关爱服务工作的实施意见》(黔府办函〔2015〕218号)

第二节 资金支持

一 内容概要

从事农村涉老服务的人可以去哪里寻求资助？本研究发现，政府、企业、基金会和公众依次是农村空巢老人服务资金支持的重要主体。政府资源流入对民间公益发展具有双重影响。本节重点介绍国家如何落实政府购买社会工作服务，中央财政对农村老人服务的支持政策，从而协助机构简要了解国家对农村空巢老人服务资金支持的发展历程。

二 常见问题及解答

1. 问：2016年中央财政如何对开展居家和社区养老服务，服务空巢老人进行支持？

答：根据《民政部财政部关于中央财政支持开展居家和社区养老服务改革试点工作的通知》（民函〔2016〕200号），支持老城区和已建成居住（小）区通过购置、置换、租赁等方式开辟养老服务设施，支持依托农村敬老院、行政村、较大自然村利用已有资源建设日间照料中心、养老服务互助幸福院、托老所、老年活动站等农村养老服务设施，满足城乡老年人特别是空巢、留守、失能、失独、高龄老年人的养老服务需求。

2. 问：2014年财政部如何支持政府购买养老服务？

答：《财政部四部门关于做好政府购买养老服务工作的通知》（财社〔2014〕105号）强调以老年人基本养老服务需求为导向，将政府购买服务与满足老年人基本养老服务需求相结合，重点安排与老年人生活照料、康复护理等密切相关的项目，优先保障经济困难的孤寡、失能、高龄等老年人的服务需求，加大对基层和农村养老服务的支持力度，并逐步拓展政府购买养老服务的领域和范围。立足各地经济社会发展实际，积极探索，不断创新政府购买养老服务机制，改进购买服务的方式方法。

确定购买内容。

《通知》还强调，政府购买养老服务内容应突出公共性和公益性，按照量力而行、尽力而为、可持续的原则确定。

各地要全面梳理现行由财政支出安排的各类养老服务项目,凡适合市场化方式提供、社会力量能够承担的,应按照转变政府职能要求,通过政府购买服务方式提供方便可及、价格合理的养老服务。

要根据养老服务的性质、对象、特点和地方实际情况,重点选取生活照料、康复护理和养老服务人员培养等方面开展政府购买服务工作。

在购买居家养老服务方面,主要包括为符合政府资助条件的老年人购买助餐、助浴、助洁、助急、助医、护理等上门服务,以及养老服务网络信息建设。

在购买社区养老服务方面,主要包括为老年人购买社区日间照料、老年康复文体活动等服务。

在购买机构养老服务方面,主要为"三无"(无劳动能力,无生活来源,无赡养人和扶养人或者其赡养人和扶养人确无赡养和扶养能力)老人、低收入老人、经济困难的失能半失能老人购买机构供养、护理服务。

在购买养老服务人员培养方面,主要包括为养老护理人员购买职业培训、职业教育和继续教育等。

在养老评估方面,主要包括老年人能力评估和服务需求评估的组织实施、养老服务评价等。

3. 问:2013 年中央专项基金如何支持农村幸福院建设?

答:根据《民政部财政部关于做好 2013 年度中央专项彩票公益金支持农村幸福院项目管理工作的通知》(民函〔2013〕236 号),2013 年内在全国农村社区建设 3.33 万个幸福院,为农村老年人提供就餐、文化娱乐等照料服务,使农村居家和社区养老服务覆盖率在现有基础上提高 10 个百分点以上,推动建立形式多样、方便适用的农村居家和社区养老服务网络,帮助实现农村老年人老有所养。

有关资金分配安排,2013 年中央专项彩票公益金支持农村幸福院项目资金共 10 亿元,项目资金使用范围是设施修缮和设备用品配备。

项目资金标准为每个项目补助 3 万元。

项目资金按因素法进行分配,主要参考因素包括东中西部区位因素、上年度各地区 60 岁以上农村老年人口数量、上年度各地区村民委员会数量、各地区出台支持农村幸福院建设政策情况等。

4. 问：2012 年政府购买社会工作服务对农村留守人员等特殊群体有哪些服务计划？

答：根据《民政部财政部关于政府购买社会工作服务的指导意见》（民发〔2012〕196 号）文件：

通过以点带面、点上突破、面上推广方式，以城市流动人口、农村留守人员、困难群体、特殊人群和受灾群众为重点，有计划、有步骤地开展政府购买社会工作服务，逐步拓展政府购买的领域和范围。

政府购买范围。按照"受益广泛、群众急需、服务专业"原则，重点围绕城市流动人口、农村留守人员、困难群体、特殊人群和受灾群众的个性化、多样化社会服务需求，组织开展政府购买社会工作服务。

实施城市流动人口社会融入计划，为流动人口提供生活扶助、就业援助、生计发展、权益维护等服务，帮助其尽快融入城市生活，实现城市户籍居民与外来经商务工人员的和谐共处。

实施农村留守人员社会保护计划，帮助农村留守儿童、妇女和老人缓解生活困难，构建完善的社会保护与支持网络。

实施老年人、残疾人社会照顾计划，为老年人和残疾人提供生活照料、精神慰藉、社会参与、代际沟通等服务，构建系统化、人性化、专业化的养老助残服务机制。

实施特殊群体社会关爱计划，帮助药物滥用人员、有不良行为的青少年、艾滋病患者、精神病患者、流浪乞讨人员、社区矫正人员、服刑人员、刑释解教人员等特殊人群纠正行为偏差、缓解生活困难、疏导心理情绪、改善家庭和社区关系、恢复和发展社会功能。

实施受灾群众生活重建计划，围绕各类受灾群众的经济、社会、心理需要，开展生活救助、心理疏导、社区重建、资源链接、生计项目开发等社会工作专业服务，帮助受灾群众重树生活信心、修复社会关系、恢复生产生活。

5. 问：国家对拓宽农村养老服务资金渠道有哪些规定？

答：《国务院关于加快发展养老服务业的若干意见》（国发〔2013〕35 号）强调，各地要进一步落实《中华人民共和国老年人权益保障法》中有关农村可以将未承包的集体所有的部分土地、山林、水面、滩涂等作为养老基地，收益供老年人养老的要求。鼓励城市资金、资产和资源投向农村养老服务。各级政府用于养老服务的财政性资金应重点向农村倾斜。

6. 问：国家对支持社会力量举办养老机构有哪些补贴支持政策？

答：根据 2013 年《国务院关于加快发展养老服务业的若干意见》(国发〔2013〕35 号)，各地要加快建立养老服务评估机制，建立健全经济困难的高龄、失能等老年人补贴制度。可根据养老服务的实际需要，推进民办公助，选择通过补助投资、贷款贴息、运营补贴、购买服务等方式，支持社会力量举办养老服务机构，开展养老服务。民政部本级彩票公益金和地方各级政府用于社会福利事业的彩票公益金，要将 50% 以上的资金用于支持发展养老服务业，并随老年人口的增加逐步提高投入比例。国家根据经济社会发展水平和职工平均工资增长、物价上涨等情况，进一步完善落实基本养老、基本医疗、最低生活保障等政策，适时提高养老保障水平。要制定政府向社会力量购买养老服务的政策措施。

7. 问：失能老年人家庭成员照护培训纳入政府购买养老服务有哪些规定？

答：根据《国务院办公厅关于推进养老服务发展的意见》(国办发〔2019〕5 号)，推动居家、社区和机构养老融合发展。支持养老机构运营社区养老服务设施，上门为居家老年人提供服务。将失能老年人家庭成员照护培训纳入政府购买养老服务目录，组织养老机构、社会组织、社工机构、红十字会等开展养老照护、应急救护知识和技能培训。大力发展政府扶得起、村里办得起、农民用得上、服务可持续的农村幸福院等互助养老设施。

三 要点提示

2014 年，财政部鼓励优先保障经济困难的孤寡、失能、高龄等老年人的服务需求，加大对基层和农村养老服务的支持力度，重点选取生活照料、康复护理和养老服务人员培养等方面开展政府购买服务工作。

四 关联规定

1.《国务院办公厅关于推进养老服务发展的意见》(国办发〔2019〕5 号)

2.《国务院关于加快发展养老服务业的若干意见》(国发〔2013〕35 号)

3.《民政部财政部关于中央财政支持开展居家和社区养老服务改革试点工作的通知》(民函〔2016〕200 号)

4.《财政部四部门关于做好政府购买养老服务工作的通知》(财社〔2014〕105 号)

5.《民政部财政部关于做好2013年度中央专项彩票公益金支持农村幸福院项目管理工作的通知》（民函〔2013〕236号）

6.《民政部财政部关于政府购买社会工作服务的指导意见》（民发〔2012〕196号）

第三节 组织形式

一 内容概要

为协助农村涉老服务的可持续开展，本节从社会组织工作合法性、制度保障着手，介绍国家推进农村社区社会工作、培育农村社区社会组织、加强城乡老年协会建设等方面的规定，为社会组织开展农村空巢老人服务提供政策依据。

二 常见问题及解答

1. 问：国家对加强推进社区社会工作有哪些意见？

答：根据《民政部财政部关于加快推进社区社会工作服务的意见》（民发〔2013〕178号）：

建立健全社会参与机制，鼓励和发动广大社会组织、驻区单位、社区居民、志愿者队伍参与社区社会工作服务。

根据城市与农村以及东、中、西部地区和少数民族地区的各自特点，因地制宜确定社区社会工作服务的发展速度、力度、范围与方式；同时，根据当前的突出问题与紧迫需求，以社区为依托，着力做好城市流动人口、农村留守人员、老年群体、困难群体、特殊人群的社会工作服务。

在农村社区以空心村落、空巢家庭、留守人群为重点，为留守儿童提供生活、学习、心理和安全等方面服务，为留守老人提供生活照料、代际沟通、精神慰藉、文化娱乐等方面服务，为留守妇女提供安全教育、技能培训、能力提升、关系调适等方面服务。

开展城乡人才对口支持，创造条件引导和鼓励城市社会工作专业人才到农村社区开展服务。

2. 问：2018年，地方政府如何推动农村幸福院建设？

答：2018年6月，陕西省召开农村留守老年人关爱服务工作暨农村互助幸福院规范化管理现场推进会，民政厅人员指出，要充分认识加快构建农村留守老人关爱服务体系、推进农村互助幸福院建设的重要性和紧迫性，解决好农村养老服务发展不充分、地区发展不平衡的问题，解决好资金投入不足、缺少专职工作人员、关爱服务体系尚不健全等问题，进一步健全适应农村老年人服务需求、符合基层实际的管理模式，全面提升农村养老服务能力。

3. 问：国家对村委会支持公益性、互助性社会组织有哪些规定？

答：根据《中华人民共和国村民委员会组织法》，村民委员会应当支持服务性、公益性、互助性社会组织依法开展活动，推动农村社区建设。做好教育和推动村民履行法律规定的义务、爱护公共财产、维护村民的合法权益、发展文化教育、普及科技知识等工作。

4. 问：社会组织开展涉老活动可以与哪些群团组织合作？

答：根据国务院《关于加强和改进党的群团工作的意见》（中发〔2015〕4号），有针对性地开展创业就业、心理疏导、大病救助、法律援助、婚恋交友、居家养老等服务，特别是要做好对困难职工、留守老人妇女儿童、归难侨、残疾人等群体的帮扶，对高等学校毕业生、留学回国人员、农民工的服务。通过项目招聘、购买服务等方式吸引社会工作人才、专家学者、社会组织等力量参与服务群众工作。

2019年政府工作报告指出，支持工会、共青团、妇联等群团组织更好地发挥作用。

5. 问：目前我国有多少个农村老年协会？

答：近年来，各地按照中央部署，以"十二五"规划为总体目标，积极贯彻落实《关于加强基层老年协会建设的意见》（全国老龄办发〔2012〕1号）精神，广泛实施"乐龄工程"，不断加大扶持力度，促进了城乡社区老年协会健康有序发展。

根据2018年年初民政部透露，到"十二五"末，全国有老年协会55.4万个，其中农村老年协会接近47万个，覆盖率为82.1%。

6. 问：农村老年协会做了哪些助老工作？

答：根据2018年年初民政部透露，一是直接参与农村居家养老服务工作。一些地区将农村居家养老服务设施交由老年协会进行日常管理服务，或者采取"会院合一"的方式，老年协会依托农村幸福院为周边老年人提供关爱服务。

二是组织开展老年互助服务。就是健康的老年人帮扶需要服务的老年人，以结对帮扶的形式，开展"助老巡访""银龄互助"活动，对留守老年人进行关心、关爱和心理慰藉。

三是促进留守老年人参与社区事务。老年协会在农村普遍成立了红白喜事、巡逻宣传、环境保护等特色小组，让留守老年人有机会参与农村社区事务。

四是开展了《老年人权益保障法》普法活动。有的地方老年协会还成立了专门的老年维权调解小组，督促赡养人落实对老年人的家庭赡养和抚养责任。

五是开展农村老年文化活动。在农村有很多兴趣小组，如腰鼓队等，各方面的文化活动还是很丰富的。

7. 问：老年协会直接纳入社会组织登记管理范畴，有哪些政策利好？

答：《全国老龄办、民政部关于进一步加强城乡社区老年协会建设的通知》（全国老龄办发〔2015〕23号），首次提出将城乡社区老年协会纳入公益慈善类或城乡社区服务类社会组织范畴，进行直接登记。

在法律法规允许的范围内，放宽条件，简化手续，做到能登尽登。暂时不具备登记条件的老年协会，可在乡镇（街道）备案。对依法登记的老年协会，要按章程规定，完善法人治理结构，建立健全民主决策机制，依法依规开展活动，充分发挥作用；对不具备登记条件的老年协会，要制定并规范章程，加强民主管理和自我监督。

为促进老年协会与其他各类涉老社会组织加强合作、资源共享，《通知》同时鼓励城乡社区老年协会自愿组合，成立联合组织，并依法进行登记。

8. 问：国家对加强老年协会设施建设有哪些支持？

答：根据《全国老龄办、民政部关于进一步加强城乡社区老年协会建设的通知》（全国老龄办发〔2015〕23号），要深入开展基层老年协会"乐龄工程"。力争把老年协会设施建设纳入城乡社区配套建设规划，着力新建或改扩建一批功能实用的老年协会活动场所。福利彩票公益金补助地方老年福利项目资金可对老年协会的设施建设给予扶持。努力实现每一个城乡社区老年协会都有固定的活动场所。

要充分利用整合城乡社区服务设施，改善老年协会活动条件。老年

"星光计划""幸福计划"以及社会福利院、敬老院、养老服务中心（站）、社区服务中心、社区综合服务设施、老年活动中心、老年大学（学校）教学点等各类资源要向老年协会开放。鼓励涉老服务和活动设施由老年协会参与管理。

9. 问：政府部门应如何加大对老年协会的资金支持？

答：根据《全国老龄办、民政部关于进一步加强城乡社区老年协会建设的通知》（全国老龄办发〔2015〕23号）：

鉴于目前城乡社区老年协会普遍存在经费短缺、资金来源不足的问题，《通知》要求，要加大政府部门对老年协会的扶持力度。要从加大财政资助、加大福利彩票公益金资助、加大社会组织孵化资金对老年协会的倾斜力度等方面入手。

《通知》要求，争取把老年协会建设纳入财政预算，积极协调财政部门研究制定对老年协会的资助和奖励办法，加大对老年协会的扶持力度；中央及地方各级政府用于社会福利事业的福利彩票公益金可投入老年协会建设；各级民政部门设立的社会组织孵化资金应重点支持老年协会。

《通知》针对农村贫困地区老年协会的突出困难，要求各类扶持资金要向农村贫困地区倾斜。对利用未承包的集体所有的土地、山林、水面、滩涂等建设的养老基地，应无偿向老年协会提供办公或活动场所。

同时，《通知》鼓励各地支持老年协会承接购买服务。《通知》明确要求：支持老年协会承接政府购买服务项目或公益创投项目，把具备承接政府购买服务资质的老年协会纳入承接主体，探索开展政府购买老年协会服务试点工作并逐步推广试点经验。

10. 问：国家对社会力量支持城乡老年协会建设有哪些鼓励规定？

答：《全国老龄办、民政部关于进一步加强城乡社区老年协会建设的通知》（全国老龄办发〔2015〕23号），要求调动社会力量的积极性，共同参与老年协会建设。

老龄工作方针是"党政主导、社会关怀、全民参与"，城乡社区老年协会在发展过程中，既要政府给予扶持引导，也需要社会力量共同支持扶助。

《通知》要求，要整合各类社会资金和资源，鼓励企事业单位、社会组织等社会力量为老年协会建设投入资金和设备支持。

激励引导大中专院校以及机关、企事业单位、公益组织、志愿服务组织等社会机构为老年协会开展志愿服务。

建立完善社会力量参与老年协会建设的平台和渠道，为社会力量参与老年协会建设创造条件、提供便利。

11. 问：国家对老年协会开展业务培训有哪些规定？

答：根据《全国老龄办、民政部关于进一步加强城乡社区老年协会建设的通知》（全国老龄办发〔2015〕23号），要求开展业务培训，提升老年协会的自身能力。

《通知》要求，统筹培训资源，加大培训力度，提升老年协会队伍素质。制订老年协会骨干培训计划，安排专项培训经费，用三到五年时间完成对老年协会骨干的业务培训。把老年协会骨干人员的培养纳入西部城乡社区服务人才队伍能力建设项目或当地社会组织人员培训计划。

为加大对老年协会的专业支持力度，《通知》还要求，要在城乡社区开发设立公益性岗位，安排专职或兼职人员为老年协会提供培训指导。引导社会工作机构为老年协会开展活动提供专业支持，会同老年协会共同开展老年社会服务。

12. 问：民政部对培育发展农村社区社会组织有哪些指导意见？

答：根据《民政部关于大力培育发展社区社会组织的意见》（民发〔2017〕191号），充分发挥社区社会组织的积极作用，主要体现在提供社区服务方面，支持社区社会组织承接社区公共服务项目。

推动家庭服务、健康服务、养老服务、育幼服务等领域的社区社会组织主动融入城乡社区便民利民服务网络，为社区居民提供多种形式的生活服务。

鼓励社区社会组织多为社区内低保对象、特困人员、空巢老人、农村留守人员、困境儿童、残疾人等困难群体提供生活照料、文体娱乐、医疗保健等志愿服务。

支持社会工作服务机构面向社区提供心理疏导、人文关怀、精神慰藉和心理健康等专业服务。

引导农村社区社会组织发扬邻里互助的传统，开展以生产互助、养老互助、救助互助为主的活动，增强农村居民自我服务能力。

13. 问：培育发展农村社区社会组织，在发展重点、扶持力度和能力提升方面有哪些指导意见？

答：根据《民政部关于大力培育发展社区社会组织的意见》（民发〔2017〕191号）：

（一）明确发展重点。加快发展生活服务类、公益慈善类和居民互助类社区社会组织。重点培育为老年人、妇女、儿童、残疾人、失业人员、农民工、服刑人员或强制戒毒等限制自由人员的未成年子女、困难家庭、严重精神障碍患者、有不良行为青少年、社区矫正人员等特定群体服务的社区社会组织。鼓励支持有条件的社区社会组织吸纳社会工作专业人才，发挥"三社联动"优势。加快农村社区社会组织发展，引导它们有序参与乡村治理体系建设，在脱贫攻坚、就业创业、生产互助、卫生健康、文化体育、社会治安、纠纷调解、生活救助、减灾救灾、留守人员关爱等方面发挥作用。支持高校毕业生、复转军人和返乡创业农民工创建农村社区社会组织或到农村社区社会组织中就业。

（二）加大扶持力度。要协调有关部门加大对社区社会组织发展的资金支持，鼓励引导社会资金支持社区社会组织发展，推动建立多元化、制度化的资金保障机制。推动基层政府将城乡社区服务纳入政府购买服务指导目录，逐步扩大购买范围和规模，支持社区社会组织承接相关服务项目。中央财政支持社会组织参与社会服务项目将加大对社区服务类社会组织的支持力度。民政部门彩票公益金支持资助社区社会组织开展扶老、助残、救孤、济困等服务项目。鼓励有条件的地方设立社区发展基金会，为城乡社区治理募集资金，为其他社区社会组织提供资助。鼓励有条件的基层群众性自治组织对社区社会组织开展的公益慈善类服务活动给予一定经费和服务场地支持。推动政府资金、社会资金等资金资源向农村社区社会组织和服务项目倾斜。依托街道（乡镇）社区服务中心、城乡社区服务站等设施，建立社区社会组织综合服务平台，鼓励将闲置的宾馆、办公用房、福利设施等国有或集体所有资产，通过无偿使用等优惠方式提供给社区社会组织开展公益活动。有条件的地方可探索设立孵化培育资金，建设孵化基地，为初创的社区社会组织提供公益创投、补贴奖励、活动场地、费用减免等支持。

（三）促进能力提升。加强社区社会组织人才培养，通过强化业务培训、引导参加相关职业资格考试等措施，着力培养一批热心社区事务、熟悉社会组织运作、具备专业服务能力的社区社会组织负责人和业务骨干。推动建立专业社会工作者与社区社会组织联系协作机制，发挥专业支撑作用，提升社区社会组织服务水平。强化社区社会组织项目开发能力，通过开展社区服务项目交流会、公益创投大赛等方式，指导社区社会组织树立项目意识，提升需求发现、项目设计、项目运作水平。推进社区社会组织品牌建设，引导优秀社区社会组织完善自身发展规划和品牌塑造，加强公益活动宣传，提高品牌辨识度和社会知晓度。指导社区社会组织规范资金使用和活动开展，强化决策公开和运作透明，不断提升服务绩效和社会公信力。

14. 问：民政部对建立健全民办社会工作服务机构支持保障体系有哪些安排？

答：根据《民政部关于进一步加快推进民办社会工作服务机构发展的意见》（民发〔2014〕80号）：

（一）加快推进政府购买社会工作服务。积极推动政府职能转变，贯彻落实《民政部、财政部关于政府购买社会工作服务的指导意见》（民发〔2012〕196号）和《国务院办公厅关于政府向社会力量购买服务的指导意见》（国办发〔2013〕96号），将社会工作专业人才配备、社会工作岗位设置、机构管理服务能力与成效等情况作为政府购买民办社会工作服务机构服务的重要依据。规范政府购买社会工作服务程序，除技术复杂、性质特殊的社会工作服务项目和岗位，原则上均应通过公开招标方式竞争性购买，公平对待民办社会工作服务机构承接政府购买社会工作服务。严格民办社会工作服务机构承接政府购买社会工作服务的资质条件，加强对政府购买社会工作服务的监督管理和绩效评价，建立健全评价结果反馈应用与奖惩机制，确保民办社会工作服务机构依法依约提供服务。积极发展社会工作专业评估与咨询服务机构，为开展政府购买社会工作服务提供技术支持。

（二）加大对民办社会工作服务机构扶持力度。实施民办社会工作服务机构孵化基地建设工程，通过整合现有资源或新建等方式，到2020年建立50个国家级民办社会工作服务机构孵化基地。各地要积极推动本地区民办社会工作服务机构孵化基地建设，优先孵化以老年人、残疾人、青少年、城市流动人口、农村留守人员、特殊困难人群、受灾群众等为重点服务对象和以婚姻家庭、教育辅导、就业援助、职工帮扶、犯罪预防、矫治帮教、卫生医疗、人口服务、应急处置等为重点服务领域的民办社会工作服务机构。鼓励有条件的地方设立扶持民办社会工作服务机构发展专项资金，通过公益创投、补贴奖励、提供场所、减免费用等多种方式，支持民办社会工作服务机构的启动成立和初期运作。采取公办民营、民办公助等方式，面向民办社会工作服务机构开放公共和社会资源，支持其以社区为平台开展社会工作服务。积极协调有关部门落实促进民办社会工作服务机构发展的各项财税优惠政策，降低其运行管理和提供服务成本。各地民政部门要会同有关部门研究制定民办社会工作服务机构有关人员引进落户、薪酬保障、职业发展、表彰奖励等方面的激励措施，充分调动民办社会工作服务机构开展专业服务的积极性、主动性和创造性。

（三）鼓励社会力量支持和参与民办社会工作服务机构发展。鼓励社会工作院校与民办社会工作服务机构开展产学研合作，鼓励社会工作专业教师创办民办社会工作服务机构。积极引导志愿者机构、公益慈善类社会组织和企事业单位按照注册登记条件成立民办社会工作服务机构。鼓励国（境）内外组织和个人依法通过捐资方式创办民办社会工作服务机构，通过设立基金、提供场所、项目合作、专业扶持等多种方式支持民办社会工作服务机构发展。

15. 问：国家推进农村社区建设工作中，对关爱"三留守"人员有哪些规定？

答：中共中央办公厅、国务院办公厅印发的《关于深入推进农村社区建设试点工作的指导意见》（中办发〔2015〕30号），要求促进流动人口有效参与农村社区服务管理。健全农村"三留守"人员关爱服务体系，重点发展学前教育和养老服务，培育青年志愿组织和妇女互助组织，建立农村社区"三留守"人员动态信息库，扩大呼叫终端、远程监控等信息技术应用，切实提高对农村留守儿童、留守妇女、留守老人的服务能力和服务水平。

畅通多元主体参与农村社区建设渠道。推动发展新型农村合作金融组织、新型农民合作经济组织和社会组织，通过购买服务、直接资助、以奖代补、公益创投等方式，支持社区社会组织参与社区公共事务和公益事业，支持专业化社会服务组织到农村社区开展服务。

推动农村社区公益性服务、市场化服务创新发展。广泛动员党政机关、企事业单位、各类社会组织和居民群众参加农村社区志愿服务，切实发挥党员先锋模范作用。完善农村社区志愿服务站点布局，搭建社区志愿者、服务对象和服务项目对接平台，开展丰富多彩的社区志愿互助活动。根据农村社区发展特点和居民需求，分类推进社会工作服务，发挥社会工作专业人才引领社区志愿者服务作用。鼓励企业和供销合作社完善农村社区商业网点和物流布局，引导经营性服务组织在农村社区开展连锁经营，采取购买服务等方式，支持社会力量在农村兴办养老助残、扶贫济困等各类社会事业。

16. 问：国家对鼓励公益慈善组织支持养老服务有哪些规定？

答：《国务院关于加快发展养老服务业的若干意见》（国发〔2013〕35号）要求，引导公益慈善组织重点参与养老机构建设、养老产品开发、养老服务提供，使公益慈善组织成为发展养老服务业的重要力量。

积极培育发展为老服务公益慈善组织。

积极扶持发展各类为老服务志愿组织，开展志愿服务活动。倡导机关干部和企事业单位职工、大中小学学生参加养老服务志愿活动。

支持老年群众组织开展自我管理、自我服务和服务社会活动。

探索建立健康老人参与志愿互助服务的工作机制，建立为老志愿服务登记制度。

弘扬敬老、养老、助老的优良传统，支持社会服务窗口行业开展"敬老文明号"创建活动。

17. 问："十三五"推进基本公共服务均等化规划对大力发展社会组织有哪些规定？

答：《国务院关于印发"十三五"推进基本公共服务均等化规划的通知》（国发〔2017〕9号）提出：

培育多元供给主体

——大力发展社会组织。深化社会组织登记管理制度改革，落实税收优惠政策。加强社会组织孵化培育和人才扶持，采取人员培训、项目指导、公益创投等多种途径和方式，提升社会组织承接政府购买服务能力。采取降低准入门槛、加强分类指导和业务指导等办法，大力培育发展社区社会组织，支持其承接基层基本公共服务和政府委托事项。

推动供给方式多元化

——推进政府购买公共服务。能由政府购买服务提供的，政府不再直接承办，交由具备条件、信誉良好的社会组织、机构、事业单位和企业等承担。制定实施政府购买公共服务指导性目录，确定政府购买公共服务的种类、性质和内容，规范项目遴选、信息发布、组织购买、项目监管、绩效评价等流程，加强政府购买公共服务的财政预算管理。

——鼓励发展志愿和慈善服务。广泛动员志愿服务组织与志愿者参与基本公共服务提供，定期发布志愿服务项目需求和岗位信息，建立健全志愿服务记录制度，完善激励保障措施。发挥慈善组织、专业社会工作服务机构在基本公共服务提供中的重要补充作用，落实慈善捐赠的相关优惠政策。

三　要点提示

1. 全国老龄委、民政部要求从加大财政资助、加大福利彩票公益金资助、加大社会组织孵化资金等层面，加大政府部门对老年协会的扶持力度。

2. 民政部鼓励国（境）内外组织和个人依法通过捐资方式创办民办社会工作服务机构，通过设立基金、提供场所、项目合作、专业扶持等多种方式支持民办社会工作服务机构发展。

四　关联规定

1.《中华人民共和国老年人权益保障法》

2.《中华人民共和国村民委员会组织法》

3. 中共中央办公厅、国务院办公厅《关于深入推进农村社区建设试点工作的指导意见》（中办发〔2015〕30号）

4.《国务院关于加快发展养老服务业的若干意见》（国发〔2013〕35号）

5.《民政部关于大力培育发展社区社会组织的意见》（民发〔2017〕191号）

6.《民政部财政部关于加快推进社区社会工作服务的意见》（民发〔2013〕178号）

7.《民政部关于进一步加快推进民办社会工作服务机构发展的意见》（民发〔2014〕80号）

8.《全国老龄办关于加强基层老年协会建设的意见》（全国老龄办发〔2012〕1号）

9.《全国老龄办、民政部关于进一步加强城乡社区老年协会建设的通知》（全国老龄办发〔2015〕23号）

第三章　社会组织服务

根据实践观察，大多数社会组织涉老服务从以下三方面展开，包括社会工作专业服务、满足老年人公共服务均等化过程中的服务、与扶贫工作交叉的服务。

本章从老年社会工作服务、公共服务均等化、扶贫开发三个方面，为社会组织面向农村老人、空巢老人开展的服务内容、方法提供参考。

第一节　老年社会工作服务

一　内容概要

2016年1月，民政部发布《老年社会工作服务指南》（MZ/T 064-2016）。该文件规定了老年社会工作的术语和定义、服务宗旨、服务内容、服务方法、服务流程、服务管理和人员要求等，适用于社会工作者面向有需要的老年人及其家庭开展的社会工作服务。

该文件的研究制定和发布实施，对总结推广各地老年社会工作实务经验，科学规范、正确引导老年社会工作服务行为，充分发挥老年社会工作者在养老服务业中的专业作用，切实保障老年社会工作服务质量，将具有重要促进作用。

二　常见问题及解答

1. 问：根据民政行业标准，老年社会工作的定义和服务宗旨是什么？

答：根据民政部发布的中华人民共和国民政行业标准《老年社会工作服务指南》（MZ/T 064-2016），老年社会工作服务指以老年人及其家庭为对象，旨在维持和改善老年人的社会功能、提高老年人生活和生命质量的社会工作服务。

老年社会工作服务宗旨包括以下两个方面：

（1）老年社会工作服务应致力于实现老有所养、老有所医、老有所为、老有所学、老有所乐；

（2）老年社会工作服务应遵循独立、参与、照顾、自我实现、尊严的原则，促进老年人角色转换和社会适应，增强其社会支持网络，提升其晚年的生活和生命质量。

2. 问：根据民政行业标准，老年社会工作的服务内容是什么？

答：根据《老年社会工作服务指南》（MZ/T 064-2016），老年社会工作服务的内容主要包括救助服务、照顾安排、适老化环境改造、家庭辅导、精神慰藉、危机干预、社会支持网络建设、社区参与、老年教育、咨询服务、权益保障、政策倡导、老年临终关怀等。

（1）救助服务。

主要包括以下内容：

——评估老年人，特别是空巢、高龄、失能、计划生育特殊家庭老年人基本物质生活条件和经济状况；

——协助符合条件的老年人申请政府最低生活保障、特困人员供养、受灾人员救助、医疗救助、住房救助、临时救助等社会救助；

——协助有需要的老年人获得单位和个人等社会力量的捐赠、帮扶和志愿服务；

——提供相应的心理疏导、能力提升、社会融入等服务。

（2）照顾安排。

主要包括以下内容：

——组织开展老年人能力评估，包括日常生活活动、精神状态、感知与沟通、社会参与等方面内容，为老年人建立照顾档案；

——协助有需要的老年人获得居家照顾和社区日间照料等服务；

——协助有需要的老年人申请机构养老服务；

——协调老年人的长期照护安排，特别是居家照顾、社区日间照料和机构照顾之间的衔接；

——协助照顾者提升照顾技能。

（3）适老化环境改造。

"适老化环境改造"指针对老年人的身体机能及特点,设计和改造适合老年人生活的住宅、公共设施和社区环境等活动。

主要包括以下内容:

——协调开展老年人居住环境安全评估;

——帮助老年人,特别是失能、失智等有需要的老年人及家庭申请政府与社会资助,改造室内照明、防滑措施、安装浴室扶手等,减少老年人跌倒等意外风险。

(4)家庭辅导。

主要包括以下内容:

——协助老年人处理与配偶的关系;

——协助老年人处理与子女等的家庭内代际关系;

——提供老年人婚恋咨询和辅导。

(5)精神慰藉。

主要包括以下内容:

——识别老年人的认知和情绪问题,必要时协调专业人士进行认知和情绪问题的评估或诊断;

——为有需要的老年人提供心理辅导、情绪疏解、认知调节,帮助老年人摆脱抑郁、焦虑、孤独感等心理问题困扰;

——协助老年人获得家属及亲友的尊重、关怀和理解;

——帮助老年人适应角色转变,重新界定老年生活价值,认识人生意义,激发生活的信心和希望。

(6)危机干预。

主要包括以下内容:

——识别并评估老年人所面临的危机,包括危机的来源、危害程度、老年人应对危机的能力、以往应对方式及效果等;

——统筹制订危机干预计划,包括需要干预的问题或行为、可采用的策略、可获得的社会支持、危机介入小组的建立及分工、应急演练、信息沟通等;

——及时处理最迫切的问题,特别是自杀、伤及他人等可能危及生命安全的行为问题,必要时,协调其他专业力量的支援,对老年人进行身体约束或其他限制行为;

——进行危机干预的善后工作，包括对介入对象的回访、开展危机介入工作评估和小结、完善应急预案以预防同类危机的再发生等。

（7）社会支持网络建设。

主要包括以下内容：

——对老年人的社会支持网络进行评估，包括个人层面可给予支持的人数、类型、距离及所发挥的功能，以及社区层面老年人群的问题与需求、资源配置情况及需求满足情况；

——综合使用各种策略以强化老年人社会支持网络，包括个人增能与自助、家庭照顾者支持、邻里互助、志愿者链接、增强社区权能等；

——巩固社会支持网络成效，建立长效机制。

（8）社区参与。

主要包括以下内容：

——开展适合老年人的文化、体育、娱乐等各项活动，培养老年人兴趣团体，提升老年人的社会活跃度，丰富老年人的社会生活；

——组织老年人积极参与各项志愿服务，培育老年志愿者队伍，发展老年志愿服务团体；

——支持老年人参与社区协商，为社区发展出谋划策；

——拓展老年人沟通和社区参与的渠道，促进老年人群体的社会融合。

（9）老年教育。

主要包括以下内容：

——评估老年人兴趣爱好及教育需求；

——推动建立老年大学、老年学习社等多种类型的老年人学习机构和平台；

——开展有关健康教育、文化传统、安全防范、新兴媒介使用等方面的学习培训课程；

——鼓励和支持老年人组建各种学习交流组织，开展各种学习研讨活动，扩大老年人的社会交往范围；

——鼓励老年人将学习成果转化运用和传承，鼓励各代之间相互学习、增进理解。

（10）咨询服务。

主要包括以下内容：

——协调相关专业人士为老年人提供政策咨询、法律咨询、健康咨询、消费咨询等服务；

——完善老年人信息提供和问询解答的机制和流程。

（11）权益保障。

主要包括以下内容：

——维护和保障老年人财产处置和婚姻自由的权益；

——发现并及时举报老年人受虐待、遗弃，疏于照顾等权益损害事项；

——开展社会宣传和公众教育，防止老年人受到歧视、侮辱和其他不公平、不合理对待；

——协助符合条件的老年人享受社区和机构的各项养老服务，获得老年人补贴和高龄津贴等。

（12）政策倡导。

主要包括以下内容：

——研究、分析与老年人相关的法律法规及社会政策在制定和执行中的不完善与不合理内容，向相关职能部门提出政策完善建议；

——对社会公众进行教育、宣传，树立对老年人群体的客观、公正的社会评价。

（13）老年临终关怀。

"老年临终关怀"指为满足临终老年人及其家属的生理、心理、人际关系及信念等方面的需要，开展的医疗、护理、心理支持、哀伤辅导、法律咨询等服务。

主要包括以下内容：

——开展生命教育，帮助老年人树立理性的生死观；

——协调医护人员做好临终期老年人的生活照料和痛症管理；

——密切关注老年人的情绪变化，提供相应的心理支持；

——协助老年人完成未了心愿及订立遗嘱、器官捐献等法律事务；

——协助老年人及家属、亲友和解和告别等事宜；

——协调为老年人提供精神层面的支持；

——为有需要的老年人及家属提供哀伤辅导服务。

3. 问：根据民政行业标准，老年社会工作的服务方法有哪些？

答：根据《老年社会工作服务指南》（MZ/T 064-2016），老年社会工作服务方法包括以下方面。

（1）基础方法。

老年社会工作者可以根据实际情况综合运用个案工作、小组工作、社区工作等社会工作直接服务方法及社会工作行政、社会工作研究等间接服务方法。

（2）针对特定需要的介入方法。

一是缅怀治疗。

①老年社会工作者协助老年人缅怀过去，找回以往的正面事件和感受，从正面的角度去理解和面对过去的失败与困扰，从而肯定自己，适应现在的生活状况。

②主要适用于帮助老年人缓解抑郁、轻度失智等问题。

二是人生回顾。

①老年社会工作者引导老年人通过生命重温，帮助老年人处理在早期生活中还没有妥善处理的问题，从而解决长期的心结。

②主要适用于帮助老年人处理长期的情绪问题。

三是现实辨识。

①老年社会工作者通过向老年人提供持续的刺激和适当的环境提示，帮助他们与现实环境接轨。

②主要适用于预防和缓解老年人认知混乱、记忆力衰退。

四是动机激发。

①老年社会工作者通过协助老年人接触他人、参加群体活动，激发老年人对现在和未来生活的兴趣。

②主要适用于预防、缓解老年人社交能力受损、负面情绪等。

五是园艺治疗。

①老年社会工作者组织和协助老年人参与园艺活动，接触自然，舒缓压力，复健心灵。

②主要适用于预防和缓解老年人身体和精神的衰老。

六是照顾管理。

①老年社会工作者综合评估老年人的需求，并计划、统筹、监督、再评估和改进服务，实现对老年人持续、全面的照顾。

②主要适用于需要长期照护的老年人，以及具有多重问题和复杂需求

的老年人。

三 要点提示

第一，老年社会工作服务的内容主要包括救助服务、照顾安排、适老化环境改造、家庭辅导、精神慰藉、危机干预、社会支持网络建设、社区参与、老年教育、咨询服务、权益保障、政策倡导、老年临终关怀等。

第二，老年社会工作的服务流程、服务管理、服务保障详见《老年社会工作服务指南》（MZ/T 064-2016）。

四 关联规定

中华人民共和国民政行业标准《老年社会工作服务指南》（MZ/T 064-2016）

第二节 公共服务均等化

一 内容概要

根据《国务院关于印发"十三五"推进基本公共服务均等化规划的通知》（国发〔2017〕9号），基本公共服务是由政府主导、保障全体公民生存和发展基本需要、与经济社会发展水平相适应的公共服务。基本公共服务均等化是指全体公民都能公平可及地获得大致均等的基本公共服务，其核心是促进机会均等，重点是保障人民群众得到基本公共服务的机会，而不是简单的平均化。享有基本公共服务是公民的基本权利，保障人人享有基本公共服务是政府的重要职责。

本节梳理国家推进公共服务均等化的规定，协助社会组织明确农村空巢老人基本公共服务范围，方便机构根据人群实际需求，聚焦或拓展工作方向。

二 常见问题及解答

1. 问：最新乡村振兴战略规划对农村公共服务提升有哪些计划？

答：根据中共中央、国务院印发的《乡村振兴战略规划（2018—2022

年）》，农村公共服务提升计划包括乡村教育提升计划在内的四项计划，与农村空巢老人直接相关的计划包括以下三个。

（1）健康乡村计划。

加强乡镇卫生院、社区卫生服务机构和村卫生室标准化建设，基层医疗卫生机构标准化达标率达到95%以上，公有产权村卫生室比例达到80%以上，部分医疗服务能力强的中心乡镇卫生院医疗服务能力达到或接近二级综合医院水平，乡村两级医疗机构的门急诊人次占总诊疗人次的65%左右。深入实施国家基本公共卫生服务项目。开展健康乡村建设，建成一批整洁有序、健康宜居的示范村镇。

（2）全民参保计划。

实施全民参保计划，基本实现法定人员全覆盖。开展全民参保登记，建立全面、完整、准确、动态更新的社会保险基础数据库。以在城乡之间流动就业和居住的农民为重点，鼓励持续参保，积极引导在城镇稳定就业的农民工参加职工社会保险。实施社会保障卡工程，不断提高乡村持卡人口覆盖率。

（3）农村养老计划。

通过邻里互助、亲友互助、志愿服务等模式，大力发展农村互助养老服务。依托农村社区综合服务中心（站）、综合性文化服务中心、村卫生室、农家书屋、全面健身设施等，为老年人提供关爱服务。统筹规划建设公益性养老服务设施，50%的乡镇建有1所农村养老机构。

2. 问：城乡基本公共服务均等化的政策依据有哪些？

答：十八届三中全会提出，统筹城乡基础设施建设和社区建设，推进城乡基本公共服务均等化。

《中共中央关于制定国民经济和社会发展第十三个五年规划的建议》指出，提高贫困地区基础教育质量和医疗服务水平，推进贫困地区基本公共服务均等化。建立健全农村留守儿童和妇女、老人关爱服务体系。

健全城乡发展一体化体制机制，推进城乡要素平等交换、合理配置和基本公共服务均等化。

《中华人民共和国国民经济和社会发展第十三个五年规划纲要》提出：

促进基本公共服务均等化，要围绕标准化、均等化、法制化，加快健全国家基本公共服务制度，完善基本公共服务体系。

建立国家基本公共服务清单，动态调整服务项目和标准，促进城乡区域间服务项目和标准的有机衔接。

3. 问：国家基本公共服务制度包括哪些不同领域？

答：根据《国务院关于印发"十三五"推进基本公共服务均等化规划的通知》（国发〔2017〕9号），国家基本公共服务制度紧扣以人为本，围绕从出生到死亡各个阶段和不同领域，以涵盖教育、劳动就业创业、社会保险、医疗卫生、社会服务、住房保障、文化体育等领域的基本公共服务清单为核心，以促进城乡、区域、人群基本公共服务均等化为主线，以各领域重点任务、保障措施为依托，以统筹协调、财力保障、人才建设、多元供给、监督评估等五大实施机制为支撑，是政府保障全民基本生存发展需求的制度性安排（见图1）。

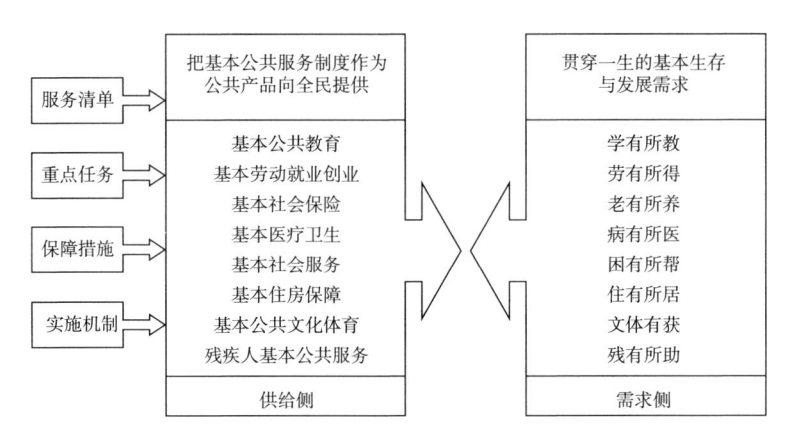

图 1　国家基本公共服务制度框架

资料来源：根据《国务院关于印发"十三五"推进基本公共服务均等化规划的通知》（国发〔2017〕9号）整理。

4. 问：与农村空巢老人相关的基本公共服务清单都有哪些？

答：根据《国务院关于印发"十三五"推进基本公共服务均等化规划的通知》（国发〔2017〕9号），"十三五"国家基本公共服务清单包括公共教育、劳动就业创业、社会保险、医疗卫生、社会服务、住房保障、公共文化体育、残疾人服务等八个领域的81个项目，其中与农村空巢老人相关的服务详见表1。

表1 "十三五"国家基本公共服务清单

序号	服务项目	服务对象	服务指导标准	支出责任	牵头负责单位
一、基本公共教育					
二、基本劳动就业创业					
三、基本社会保险					
20	城乡居民基本养老保险	符合条件的城乡居民	发放基础养老金和个人账户养老金。目前，国家确定的基础养老金最低标准为每人每月70元。根据经济发展和物价变动等情况，建立基础养老金水平合理调整机制	在基本养老保险基金中支出。国家确定基础养老金最低标准。中央财政对中西部地区按国家确定的基础养老金标准给予全额补助，对东部地区给予50%补助。地方人民政府对参保人缴费给予补贴	人力资源和社会保障部、财政部
23	城乡居民基本医疗保险	除职工基本医疗保险应参保人员以外的其他所有城乡居民（包括农村人口和城镇非就业人员）	整合城镇居民基本医疗保险和新型农村合作医疗保险，政策范围内住院费用医保基金支付比例稳定在75%左右，大病保险的报销比例达到50%以上	个人缴费和政府补助相结合	人力资源和社会保障部、国家卫生计生委、财政部
四、基本医疗卫生					
26	居民健康档案	城乡居民	为辖区常住人口建立统一、规范的居民电子健康档案，建档率逐步达到90%	地方人民政府负责，中央财政适当补助	国家卫生计生委
27	健康教育	城乡居民	提供健康教育、健康咨询等服务	地方人民政府负责，中央财政适当补助	国家卫生计生委

续表

序号	服务项目	服务对象	服务指导标准	支出责任	牵头负责单位
32	老年人健康管理	65岁及以上老年人	提供生活方式和健康状况评估、体格检查、辅助检查和健康指导等健康管理服务。65岁及以上老年人健康管理率逐步达到70%	地方人民政府负责，中央财政适当补助	国家卫生计生委
33	慢性病患者管理	原发性高血压患者和Ⅱ型糖尿病患者	提供登记管理、健康指导、定期随访和体格检查服务。全国计划管理高血压患者约1亿人，糖尿病患者约3500万人	地方人民政府负责，中央财政适当补助	国家卫生计生委
34	严重精神障碍患者管理	严重精神障碍患者	提供登记管理、随访指导服务。在册患者管理率和精神分裂症治疗率逐步均达到80%以上	地方人民政府负责，中央财政适当补助	国家卫生计生委
35	卫生计生监督协管	城乡居民	提供食品安全信息报告、饮用水卫生安全巡查、学校卫生服务、非法行医和非法采供血信息报告等服务，逐步覆盖90%以上的乡镇	地方人民政府负责，中央财政适当补助	国家卫生计生委
36	结核病患者健康管理	辖区内确诊的肺结核患者	提供肺结核筛查及推介转诊、入户随访、督导服药、结果评估等服务。结核病患者健康管理服务率逐步达到90%	地方人民政府负责，中央财政适当补助	国家卫生计生委
37	中医药健康管理	65岁以上老人、0~3岁儿童	通过基本公共卫生服务项目为65岁以上老人提供中医体质辨识和中医保健指导服务，为0~3岁儿童提供中医调养服务。目标人群覆盖率逐步达到65%	地方人民政府负责，中央财政适当补助	国家卫生计生委、国家中医药局

续表

序号	服务项目	服务对象	服务指导标准	支出责任	牵头负责单位
41	基本药物制度	城乡居民	政府办基层医疗卫生机构全部实行基本药物零差率销售，按规定纳入基本医疗保险药品报销目录，逐步提高实际报销水平	地方人民政府负责，中央财政适当补助	国家卫生计生委
43	农村部分计划生育家庭奖励扶助	年满60周岁、只生育一个子女或两个女孩的农村计划生育家庭夫妇	发放一定数额的奖励扶助金，并根据经济社会发展水平实行奖励扶助标准动态调整	中央和地方财政按比例共同负担	国家卫生计生委、财政部
44	计划生育家庭特别扶助	符合条件的独生子女伤残、死亡的父母及节育手术并发症三级以上人员	根据不同情况，给予适当扶助，并根据经济社会发展水平实行特别扶助标准动态调整	中央和地方财政按比例共同负担	国家卫生计生委、财政部
45	食品药品安全保障	城乡居民	对供应城乡居民的食品药品开展监督检查，及时发现并消除风险。对药品医疗器械实施风险分类管理，提高对高风险对象的监管强度	中央和地方人民政府分类负责	食品药品监管总局

五、基本社会服务

序号	服务项目	服务对象	服务指导标准	支出责任	牵头负责单位
46	最低生活保障	家庭成员人均收入低于当地最低生活保障标准，且符合当地最低生活保障家庭财产状况规定的家庭	按照共同生活的家庭成员人均收入低于当地最低生活保障标准的差额，按月发给最低生活保障金	地方人民政府负责，中央财政对困难地区适当补助	民政部、财政部

续表

序号	服务项目	服务对象	服务指导标准	支出责任	牵头负责单位
47	特困人员救助供养	无劳动能力、无生活来源且无法定赡养、抚养、扶养义务人，或者其法定义务人无赡养、抚养、扶养能力的老年人、残疾人以及未满16周岁的未成年人	提供基本生活条件；对生活不能自理的给予照料；提供疾病治疗；办理丧葬事宜；对符合规定标准的住房困难的分散供养特困人员，给予住房救助；对在义务教育阶段就学的特困人员，给予教育救助；对在高中教育（含中职）、普通高等教育阶段就学的特困人员，根据实际情况给予适当教育救助	地方人民政府负责，中央财政对困难地区适当补助	民政部、财政部
48	医疗救助	重点救助对象：最低生活保障家庭成员和特困救助供养人员。低收入救助对象：低收入家庭的老年人、未成年人、重度残疾人和重病患者，以及其他特殊困难人员。重特大疾病医疗救助对象：除上述救助对象以外，还包括因病致贫家庭重病患者。疾病应急救助对象：在中国境内发生急重危伤病、需要急救但身份不明确或无力支付相应费用的患者	对重点救助对象参加城乡居民基本医疗保险的个人缴费部分进行补贴，对特困救助供养人员给予全额资助，对最低生活保障家庭成员给予定额资助。重点救助对象在定点医疗机构发生的政策范围内住院费用中，对经过基本医疗保险、城乡居民大病保险及各类补充医疗保险、商业保险报销的个人负担费用，在年度救助限额内按不低于70%的比例给予救助。对重点救助对象和低收入救助对象经基本医疗保险、城乡居民大病保险及各类补充医疗保险、商业保险等报销后个人负担的合规医疗费用，直接予以补助；因病致贫家庭重病患者等其他救助对象负担的合规医疗费用，先由个人支付，对超过家庭负担能力的部分予以救助。医疗机构对疾病应急救助对象紧急救治所发生的费用，可向疾病应急救助基金申请补助	地方人民政府负责，中央财政适当补助	民政部、国家卫生计生委、财政部

续表

序号	服务项目	服务对象	服务指导标准	支出责任	牵头负责单位
49	临时救助	家庭对象：因火灾、交通事故等意外事件，家庭成员突发重大疾病等原因，导致基本生活暂时出现严重困难的家庭；因生活必需支出突然增加超出家庭承受能力，导致基本生活暂时出现严重困难的最低生活保障家庭；遭遇其他特殊困难的家庭。个人对象：因遭遇火灾、交通事故、突发重大疾病或其他特殊困难，暂时无法得到家庭支持，导致基本生活陷入困境的个人	为救助对象发放临时救助金；根据临时救助标准和救助对象基本生活需要，发放衣物、食品、饮用水，提供临时住所；对给予临时救助金、实物救助后，仍不能解决临时救助对象困难的，可分情况提供转介服务。县级以上地方人民政府根据救助对象困难类型、困难程度，统筹考虑其他社会救助制度保障水平，合理确定临时救助标准，并适时调整	地方人民政府负责，中央财政对困难地区适当补助	民政部、财政部
50	受灾人员救助	基本生活受到自然灾害严重影响的人员	及时为受灾人员提供必要的食品、饮用水、衣被、取暖、临时住所、医疗防疫等应急救助；对住房损毁严重的受灾人员进行过渡性安置；及时核实本行政区域内居民住房恢复重建补助对象，并给予资金、物资等救助；受灾地区人民政府应当为因当年冬寒或者次年春荒遇到生活困难的受灾人员提供基本生活救助	中央和地方人民政府共同负责	民政部、财政部

续表

序号	服务项目	服务对象	服务指导标准	支出责任	牵头负责单位
51	法律援助	经济困难公民和特殊案件当事人	提供必要的法律咨询、代理、刑事辩护等无偿法律服务	地方人民政府负责，中央财政引导地方加大投入力度	司法部、财政部
52	老年人福利补贴	经济困难的高龄、失能老年人	对经济困难的高龄老年人，逐步给予养老服务补贴；对生活长期不能自理、经济困难的老年人，给予护理补贴	地方人民政府负责	民政部、财政部
55	基本殡葬服务	执行国家殡葬政策的困难群众	为城乡困难群众以减免费用或补贴方式提供遗体接运、暂存、火化、骨灰寄存等基本殡葬服务；为优抚对象及城乡困难群众免费或低收费提供骨灰节地生态安葬服务	地方人民政府负责	民政部、财政部

六、基本住房保障

序号	服务项目	服务对象	服务指导标准	支出责任	牵头负责单位
59	公共租赁住房	符合条件的城镇低收入住房困难家庭、城镇中等偏下收入住房困难家庭、新就业无房职工、城镇稳定就业的外来务工人员	实行实物保障与货币补贴并举，并逐步加大租赁补贴发放力度	市、县级人民政府负责，引导社会资金投入，省级人民政府给予资金支持，中央财政给予资金补助	住房和城乡建设部、财政部
61	农村危房改造	居住在危房中的建档立卡贫困户、分散供养特困人员、低保户、贫困残疾人家庭等贫困农户	支持符合条件的贫困农户改造危房，各省份确定不同地区、不同类型、不同档次的省级分类补助标准，中央财政给予适当补助，基本完成存量危房改造任务。地震设防地区结合危房改造，统筹开展农房抗震改造	地方人民政府负责，中央财政安排补助资金、地方财政给予资金支持、个人自筹等相结合	住房和城乡建设部、财政部

续表

序号	服务项目	服务对象	服务指导标准	支出责任	牵头负责单位
七、基本公共文化体育						
62	公共文化设施免费开放	城乡居民	公共图书馆、文化馆（站）、公共博物馆（非文物建筑及遗址类）、公共美术馆等公共文化设施免费开放，基本服务项目健全	地方人民政府负责，中央财政适当补助	文化部、国家文物局、财政部
63	送地方戏	农村居民	根据群众实际需求，采取政府购买服务等方式，为农村乡镇每年提供戏曲等文艺演出服务	地方人民政府负责，中央财政适当补助	文化部、教育部、新闻出版广电总局、财政部
64	收听广播	城乡居民	为全民提供突发事件应急广播服务。通过直播卫星提供不少于17套广播节目，通过无线模拟提供不少于6套广播节目，通过数字音频提供不少于15套广播节目	中央和地方人民政府共同负责	新闻出版广电总局、财政部
65	观看电视	城乡居民	通过直播卫星提供不少于25套电视节目，通过地面数字电视提供不少于15套电视节目，未完成无线数字化转换的地区提供不少于5套电视节目	中央和地方人民政府共同负责	新闻出版广电总局、财政部
66	观赏电影	农村居民、中小学生	为农村群众提供数字电影放映服务，其中每年国产新片（院线上映不超过2年）比例不少于1/3。为中小学生每学期提供2部爱国主义教育影片	地方人民政府负责，中央财政适当补助	新闻出版广电总局、财政部

续表

序号	服务项目	服务对象	服务指导标准	支出责任	牵头负责单位
67	读书看报	城乡居民	公共图书馆（室）、文化馆（站）和行政村（社区）综合文化服务中心（含农家书屋）等配备图书、报刊和电子书刊，并免费提供借阅服务；在城镇主要街道、公共场所、居民小区等人流密集地点设置公共阅报栏（屏），提供时政、"三农"、科普、文化、生活等方面的信息服务	地方人民政府负责，中央财政适当补助	文化部、新闻出版广电总局、财政部
68	少数民族文化服务	主要少数民族地区居民	通过有线、无线、卫星等方式提供民族语言广播影视节目；提供民族语言文字出版的价格适宜的常用书报刊、电子音像制品和数字出版产品。提供少数民族特色的艺术作品，开展少数民族文化活动	地方人民政府负责，中央财政对部分事项予以补助	新闻出版广电总局、文化部、财政部
69	参观文化遗产	未成年人、老年人、现役军人、残疾人和低收入人群	参观文物建筑及遗址类博物馆实行门票减免，文化和自然遗产日免费参观	中央和地方财政分别负担	国家文物局、财政部
70	公共体育场馆开放	城乡居民	有条件的公共体育设施免费或低收费开放；推进学校体育设施逐步向公众开放	地方人民政府负责，中央财政对部分事项予以补助	体育总局、教育部、财政部
71	全民健身服务	城乡居民	提供科学健身指导、群众健身活动和比赛、科学健身知识等服务；免费提供公园、绿地等公共场所全民健身器材	地方人民政府负责，中央财政对部分事项予以补助	体育总局、教育部、财政部

续表

序号	服务项目	服务对象	服务指导标准	支出责任	牵头负责单位
八、残疾人基本公共服务					
81	无障碍环境支持	残疾人、老年人等	推进公共场所和设施无障碍改造；对贫困重度残疾人家庭继续开展无障碍改造；逐步开展互联网和移动互联网无障碍信息服务	地方人民政府负责	住房和城乡建设部、工业和信息化部、中国残联

资料来源：根据《国务院关于印发"十三五"推进基本公共服务均等化规划的通知》（国发〔2017〕9号）整理。

5. 问："十三五"规划基本公共服务中，与农村空巢老人相关的社会服务有哪些？

答：根据《国务院关于印发"十三五"推进基本公共服务均等化规划的通知》（国发〔2017〕9号），国家建立完善基本社会服务制度，为城乡居民提供相应的物质和服务等兜底帮扶，重点保障特定人群和困难群体的基本生存权与平等参与社会发展的权利。

——社会福利。全面建立针对经济困难高龄、失能老年人的补贴制度，并做好与长期护理保险的衔接。提高城乡社区卫生服务机构为老年人提供医疗保健服务的能力，加快社区居家养老信息网络和服务能力建设，推进医养结合发展。进一步完善孤儿基本生活保障制度，做好困境儿童保障工作，统筹推进未成年人社会保护试点和农村留守儿童关爱保护。全面推进精神障碍患者社区康复服务。

——养老服务体系建设。支持主要面向失能、半失能老年人的老年养护院，医养结合设施和社区老人日间照料中心，荣誉军人休养院、光荣院，农村特困人员救助供养服务机构等服务设施建设，增加护理型床位和设施设备。推进无障碍通道、老年人专用服务设施、旧楼加建电梯建设，以及适老化路牌标识、适老化照明改造。积极开展养老护理人员培养培训。搭建养老信息服务网络平台，推广应用便携式体检、紧急呼叫监控等设备。

6. 问：我国基本公共服务基本住房保障中，对农村危房改造的规定有哪些？

答：《国务院关于印发"十三五"推进基本公共服务均等化规划的通

知》（国发〔2017〕9号）要求，合理确定农村危房改造补助对象和标准，优先帮助住房最危险、经济最贫困农户解决最基本的住房安全问题。加快推进贫困地区危房改造，按照精准扶贫、精准脱贫要求，重点解决建档立卡贫困户、低保户、农村分散供养特困人员、贫困残疾人家庭的基本住房安全问题。

2019年6月，国务院扶贫开发领导小组印发《关于解决"两不愁三保障"突出问题的指导意见》的通知，贫困人口住房安全有保障，主要是指对于现居住在C级和D级危房的贫困户等重点对象，通过进行危房改造或其他有效措施，保障其不住危房。

7. 问："十三五"规划对贫困地区和贫困人口公共服务有哪些规定？

答：根据《国务院关于印发"十三五"推进基本公共服务均等化规划的通知》（国发〔2017〕9号），以贫困地区和贫困人口为重点，着力扩大覆盖范围、补齐短板、缩小差距，不断提高城乡、区域、人群之间基本公共服务均等化程度。

推动基本公共服务全覆盖：

开展贫困地区脱贫攻坚。加大革命老区、民族地区、边疆地区、集中连片特困地区脱贫攻坚力度，保障贫困人口享有义务教育、医疗卫生、文化体育、住房安全等基本公共服务，推动贫困地区基本公共服务主要领域指标接近全国平均水平。深入开展教育扶贫、健康扶贫、文化扶贫。在易地扶贫搬迁、整村推进、就业促进等工作中，按照精准扶贫、精准脱贫的要求，确保基本公共服务不留缺口。推动地区对口帮扶，加大基本公共服务资金、项目和人才支援力度。

重点帮扶特殊困难人群。对农村留守人员、困境儿童和残疾人进行全面摸底排查，建立翔实完备、动态更新的信息台账。逐步完善救助管理机构、福利机构场所设施条件，满足农村留守儿童临时监护照料需要。在外出就业较为集中的农村地区，充分利用布局调整后闲置资源开展托老、托幼等关爱服务。对低保家庭中的老年人、未成年人、重度残疾人等重点救助对象，提高救助水平，保障基本生活。

促进城镇常住人口全覆盖。深化户籍制度改革，推动有能力在城镇稳定就业和生活的农业转移人口举家进城落户。推进居住证制度覆盖全部未落户城镇常住人口，加大对农业转移人口市民化的财政支持力度并建立动态调整机制，保障居住证持有人在居住地享有教育、就业、卫生等领域的基本公共服务。为农民工提供新市民培训服务，提高农民工综合素质和融入城市的能力。

8. 问："十三五"规划对促进城乡区域均等化有哪些规定？

答：根据《国务院关于印发"十三五"推进基本公共服务均等化规划的通知》（国发〔2017〕9号）：

缩小城乡服务差距。加快义务教育、社会保障、公共卫生、劳动就业等制度城乡一体设计、一体实施。重点以县（市、区）为单位，有步骤、分阶段推动规划、政策、投入、项目等同城化管理，统筹设施建设和人员安排，推动城乡服务内容和标准统一衔接。把社会事业发展重点放在农村和接纳农业转移人口较多的城镇，补齐农村和特大镇基本公共服务短板。鼓励和引导城镇公共服务资源向农村延伸，促进城市优质资源向农村辐射。

提高区域服务均等化水平。强化省级人民政府统筹职能，加大对省域内基本公共服务薄弱地区扶持力度，通过完善事权划分、规范转移支付等措施，逐步缩小县域间、地市间服务差距。强化跨区域统筹合作，促进服务项目和标准水平衔接。着力推进京津冀地区、长江经济带等重点区域基本公共服务均等化，形成可复制、可推广的经验。

夯实基层服务基础。整合相关资源，持续改善基层各类公共服务设施条件。依托政府综合服务大厅完善相关经办服务设施，推动基层综合公共服务平台统筹发展和共建共享。简化基层办事环节和手续，优化服务流程，明确办理时限，推行一站式办理、上门办理、预约办理等服务方式。在山区、草原等地广人稀、居住分散地区，配备必要的教学点，开展卫生巡诊等上门服务。

9. 问："十二五"规划对提升社区基本公共服务能力有哪些规定？

答：根据《国务院关于印发国家基本公共服务体系"十二五"规划的通知》（国发〔2012〕29号）：

提升社区基本公共服务能力，构建以社区为基础的城乡基层社会管理和公共服务平台。实施社区服务体系建设工程，以居民需求为导向，加强基层公共服务资源整合，因地制宜建设社区综合公共服务设施，行政办公、就业和社会保障、卫生计生、文化体育、科普宣传等设施加大共建共享力度。在外出就业较为集中的农村地区，要重点解决好留守家属的关爱服务，充分利用布局调整后闲置资源用于开展托老、托幼等服务。加快建设社会工作专业人才队伍,并建立专业人员引领志愿者服务的机制。

10. 问:国家对提升农村社区公共服务供给水平有哪些规定?

答:根据中共中央办公厅、国务院办公厅印发的《关于深入推进农村社区建设试点工作的指导意见》(中办发〔2015〕30号):

提升农村社区公共服务供给水平。健全农村社区服务设施和服务体系,整合利用村级组织活动场所、文化室、卫生室、计划生育服务室、农民体育健身工程等现有场地、设施和资源,推进农村基层综合性公共服务设施建设,提升农村基层公共服务信息化水平,逐步构建县(市、区)、乡(镇)、村三级联动互补的基本公共服务网络。积极推动基本公共服务项目向农村社区延伸,探索建立公共服务事项全程委托代理机制,促进城乡基本公共服务均等化。加强农村社区教育,鼓励各级各类学校教育资源向周边农村居民开放,用好县级职教中心、乡(镇)成人文化技术学校和农村社区教育教学点。改善农村社区医疗卫生条件,加大对乡(镇)、村卫生和计划生育服务机构设施改造、设备更新、人员培训等方面的支持力度。做好农村社区扶贫、社会救助、社会福利和优抚安置服务,推进农村社区养老、助残服务,组织引导农村居民积极参加城乡居民养老保险,全面实施城乡居民大病保险制度和"救急难"工作试点。

11. 问:国家对农村社区文化建设有哪些建议?

答:根据中共中央办公厅、国务院办公厅印发的《关于深入推进农村社区建设试点工作的指导意见》(中办发〔2015〕30号):

强化农村社区文化认同。以培育和践行社会主义核心价值观为根本,发展各具特色的农村社区文化,丰富农村居民文化生活,增强农村居民的归属感和认同感。深入开展和谐社区等精神文明创建活动,树立良好家风,弘扬公序良俗,创新和发展乡贤文化,形成健康向上、开放包容、创新进取的社会风尚。健全农村社区现代公共文化服务体系,整合宣传文化、党员教育、科学普及、体育健身等服务功能,形成综合性文化服务中心,开辟群众文体活动广场,增强农村文化惠民工程实效。引导城市文化机构、团体到农村社区拓展服务,支持农民兴办演出团体和其他文化团体。发现和培养乡土文化能人、民族民间文化传承人等各类文化人才,广泛开展具有浓郁乡土气息的农村社区文化体育活动,凝聚有利于农村社区发展的内在动力和创新活力。

12. 问：如何加强农村文化建设，服务农村空巢老人？

答：根据《文化部答网民关于加强农村文化建设的留言》（2015年4月23日），农村文化建设是文化部的重点工作之一。文化部将从以下几个方面进一步加强农村文化建设：

一是深入贯彻落实中办、国办《关于加快构建现代公共文化服务体系的意见》，促进城乡基本公共文化服务均等化。文化部将深入贯彻落实两办《意见》，推进农村综合公共文化服务中心建设，充分利用农村现有公共设施，统筹建设集宣传文化、党员教育、科技普及、普法教育、体育健身等多功能于一体的基层公共文化服务中心，配套建设群众文体活动场地，为群众开展积极向上的活动提供阵地保障。

二是广泛开展形式多样的群众文化活动，切实提升面向农村的公共文化服务能力和水平。进一步加大县乡一级两馆一站免费开放力度，组织开展农村居民便于参与、乐于参与的展览展示、培训讲座和文艺演出等活动。

建立群众需求反馈机制，及时准确了解农民文化需求特点，制定有针对性的公共文化服务目录，开展"菜单式""订单式"服务。

推动地方优秀乡土文化艺术的繁荣发展，不断丰富广大农民的精神文化生活。

三是逐步建立优秀传统文化传承和发展体系，不断加强核心价值观体系建设。

持续开展"文化下乡""我们的节日"等示范性品牌活动，不断扩大活动影响力，带动各地在元旦、春节等传统节日期间广泛开展文艺演出、花会、灯会、社火等基层群众喜闻乐见的群众文化活动，引导广大农民群众崇尚科学，破除迷信，移风易俗，形成文明健康的生活方式和社会风尚，传递正能量，树立社会主义核心价值观。

四是积极开展文化帮扶活动，增强农村文化造血功能。

依托文化志愿服务工作，为文化结对帮扶活动搭建良好平台。鼓励各专业文艺院团充分发挥专业文艺人才优势，积极与农村和农民业余文艺团队开展结对帮扶工作。

结合全国基层文化队伍培训工作，加大对基层文化人才特别是乡土文化能人的培训力度，为推动农村文化建设提供源源不断的内生动力。

13. 问：国家对农村老人的信息服务体系有哪些规定？

答：根据《国务院关于印发"十三五"国家信息化规划的通知》（国发〔2016〕73号），要求构建面向特殊人群的信息服务体系。针对孤寡老人、留守儿童、困境儿童、残障人士、流动人口、受灾人员、失独家庭等特殊人群的实际需求，整合利用网络设施、移动终端、信息内容、系统平台、公共服务等，积极发展网络公益，统筹构建国家特殊人群信息服务体系，提供精准优质高效的公共服务。

14. 问：国家对农村留守老人的科普帮扶有哪些规定？

答：根据《国务院办公厅关于印发全民科学素质行动计划纲要实施方案（2016—2020年）的通知》（国办发〔2016〕10号），加强对薄弱地区的科普精准帮扶。实施科普精准扶贫，加强革命老区、民族地区、边疆地区、集中连片贫困地区科普服务能力建设，加大对农村留守儿童、留守妇女和留守老人的科普服务力度。

15. 问：国家如何鼓励促进中医药健康养老服务？

答：根据《国家中医药局发布关于促进中医药健康养老服务发展的实施意见》，国家鼓励中医医院、社区卫生服务中心、乡镇卫生院与养老机构、社区养老服务中心、基层老年协会等合作，推动优质中医药资源进社区、进农村、进家庭活动，开展中医健康体检、健康评估、健康干预以及药膳食疗科普等活动，推广太极拳、八段锦、五禽戏等中医传统运动项目，加强中医药健康养生养老文化宣传，培养健康科学的生活方式和理念。

根据《国家卫生计生委办公厅关于印发"十三五"健康老龄化规划重点任务分工的通知》（国卫办家庭函〔2017〕1082号）：

开展老年人中医药（民族医药）健康管理服务项目。扩大中医药健康管理服务项目的覆盖广度和服务深度，不断丰富老年人中医健康指导的内容，推广老年中医体质辨识服务，根据老年人不同体质和健康状态提供更多中医养生保健、疾病防治等健康指导。65周岁及以上老年人中医健康管理率2020年达到65%及以上（国家中医药局负责）。

推动发展中医药（民族医药）特色医养结合服务。鼓励新建以中医药健康养老为主的护理院、疗养院，有条件的养老机构设置以老年病、慢性病防治为主的中医诊室。推动中医医院与老年护理院、康复疗养机构等开展合作。推动二级以上中医医院开设老年病科，增加老年病床数量，开展老年病、慢性病防治和康复护理，为老年人就医提供优先优惠服务。促进中医医疗资源进入养老机构、社区和居民家庭。支持养老机构开展融合中医特色的老年人养生保健、医疗、康复、护理服务。支持养老机构与中医医疗机构合作。鼓励社会资本进入（新建）以中医药健康养老为主的护理院、疗养院，探索建立一批中医药特色医养结合服务示范基地（国家中医药局、民政部分别负责）。

三　要点提示

1. 近年来出台的诸多法律，为社会组织提供基础公共服务提供了制度空间和法律保障。中华人民共和国《慈善法》《公共文化服务保障法》《公共图书馆法》《精神卫生法》《反家庭暴力法》《中医药法》《村民委员会组织法》《农民专业合作社法》节录内容详见附录一第二部分"法律有关涉老活动的规定"。

2. 作为子女，外出务工人员所能享有的基本公共服务范围影响农村空巢老人福祉。部分低龄空巢老人也会在城镇或村庄周边务工，常见于建筑业、服务业等非正规就业。法律有关外出务工人员的规定可查询我国《劳动法》《劳动合同法》《劳动争议调解仲裁法》和《职业病防治法》等。

四　关联规定

1. 《中共中央关于全面深化改革若干重大问题的决定》（十八届三中全会通过）（2013年11月12日）

2. 《中共中央关于制定国民经济和社会发展第十三个五年规划的建议》（2015年10月29日）

3. 《中华人民共和国国民经济和社会发展第十三个五年规划纲要》（2016年3月17日）

4. 中共中央办公厅、国务院办公厅印发《关于深入推进农村社区建设试点工作的指导意见》（中办发〔2015〕30号）

5. 中共中央、国务院印发《乡村振兴战略规划（2018—2022年）》（2018年9月26日）

6. 《国务院关于印发国家基本公共服务体系"十二五"规划的通知》（国发〔2012〕29号）

7.《国务院关于印发"十三五"国家信息化规划的通知》(国发〔2016〕73号)

8.《国务院关于印发"十三五"推进基本公共服务均等化规划的通知》(国发〔2017〕9号)

9.《国务院办公厅关于印发全民科学素质行动计划纲要实施方案(2016—2020年)的通知》(国办发〔2016〕10号)

10.《国务院扶贫开发领导小组印发〈关于解决"两不愁三保障"突出问题的指导意见〉的通知》(2019年6月23日)

· 部委规定 ·

11.《国家中医药局发布关于促进中医药健康养老服务发展的实施意见》(2017年3月13日)

12.《国家卫生计生委办公厅关于印发"十三五"健康老龄化规划重点任务分工的通知》(国卫办家庭函〔2017〕1082号)

第三节　扶贫开发

一　内容概要

近年来，脱贫人口返贫率高是农村贫困的一个明显的特点（韩俊、罗丹，2005），有些地方甚至出现了较为严重的贫困代际传递现象。这说明现有的反贫困措施对于相当一部分贫困家庭来说还没有增强他们抵抗风险的经济或物质能力，而只是将其收入拉高到贫困线以上（徐月宾、刘凤芹、张秀兰，2007）。在"十三五"脱贫攻坚和社工"三区"行动中，如何切实完善农村空巢老人关爱服务，增强空巢家庭抵御风险的能力，成为国家、社会组织、农村贫困家庭面临的共同任务和挑战。

中共中央、国务院印发的《乡村振兴战略规划（2018—2022年）》，把打好精准脱贫攻坚战作为实施乡村振兴战略的优先任务，推动脱贫攻坚与乡村振兴有机结合相互促进，确保到2020年我国现行标准下农村贫困人口实现脱贫，贫困县全部摘帽，解决区域性整体贫困。

精准扶贫和乡村振兴具有一致性的目标，都致力于实现农民"居者有其屋"、生活富裕、乡村产业发展、社区有效治理。精准扶贫的直接成效，将为贫困地区特别是贫困村振兴奠定基础。乡村振兴战略实施，将为贫困群众稳定脱贫进而致富创造环境、增强造血功能（黄承伟，2018）。

2019年中央一号文件《国务院关于坚持农业农村优先发展做好"三农"工作的若干意见》要求，巩固和扩大脱贫攻坚成果；坚持和推广脱贫攻坚中的好经验、好做法、好路子；做好脱贫攻坚与乡村振兴的衔接，对摘帽后的贫困县要通过实施乡村振兴战略巩固发展成果，持续推动经济社会发展和群众生活改善。

二 常见问题及解答

1. 问：国家如何促进社会力量参与扶贫开发？

答：根据《国务院办公厅关于进一步动员社会各方面力量参与扶贫开发的意见》（国办发〔2014〕58号），打造扶贫公益品牌。继续发挥"光彩事业""希望工程""母亲水窖""幸福工程""母亲健康快车""贫困地区儿童营养改善""春蕾计划""集善工程""爱心包裹""扶贫志愿者行动计划"等扶贫公益品牌效应，积极引导社会各方面资源向贫困地区聚集，动员社会各方面力量参与"雨露计划"、扶贫小额信贷和易地扶贫搬迁等扶贫开发重点项目，不断打造针对贫困地区留守妇女、儿童、老人、残疾人等特殊群体的一对一结对、手拉手帮扶等扶贫公益新品牌。

2. 问："十三五"脱贫攻坚规划中，对"三留守"人员有何规定？

答：根据《国务院关于印发"十三五"脱贫攻坚规划的通知》（国发〔2016〕64号）要求，健全"三留守"人员和残疾人关爱服务体系：

完善"三留守"人员服务体系。

组织开展农村留守儿童、留守妇女、留守老人摸底排查工作。

推动各地通过政府购买服务、政府购买基层公共管理和社会服务岗位、引入社会工作专业人才和志愿者等方式，为"三留守"人员提供关爱服务。

加强留守儿童关爱服务设施和队伍建设，建立留守儿童救助保护机制和关爱服务网络。

加强未成年人社会保护和权益保护工作。

研究制定留守老年人关爱服务政策措施，推进农村社区日间照料中心建设，提升农村特困人员供养服务机构托底保障能力和服务水平。支持各地农村幸福院等社区养老服务设施建设和运营,开展留守老年人关爱行动。

加强对"三留守"人员的生产扶持、生活救助和心理疏导。

进一步加强对贫困地区留守妇女技能培训和居家灵活就业创业的扶持,切实维护留守妇女权益。

3. 问:社工"三区"行动计划如何服务农村空巢老人?

答:根据《国务院关于印发"十三五"脱贫攻坚规划的通知》(国发〔2016〕64号),开展社会工作专业人才和志愿者帮扶。

(一)社会工作专业人才服务贫困地区系列行动计划。

实施社会工作专业人才服务"三区"行动计划,每年向边远贫困地区、边疆民族地区和革命老区选派1000名社会工作专业人才,为"三区"培养500名社会工作专业人才。积极实施农村留守人员残疾人社会关爱行动、城市流动人口社会融入计划、特困群体社会关怀行动、发达地区与贫困地区牵手行动、重大自然灾害与突发事件社会工作服务支援行动,支持社会工作服务机构和社会工作者为贫困地区农村各类特殊群体提供有针对性的服务。

(二)脱贫攻坚志愿服务行动计划。

实施扶贫志愿者行动计划,每年动员不少于1万人次到贫困地区参与扶贫开发,开展扶贫服务工作。以"扶贫攻坚"志愿者行动项目、"邻里守望"志愿服务行动、扶贫志愿服务品牌培育行动等为重点,支持有关志愿服务组织和志愿者选择贫困程度深的建档立卡贫困村、贫困户和特殊困难群体,在教育、医疗、文化、科技领域开展精准志愿服务行动。以空巢老人、残障人士、农民工及困难职工、留守儿童等群体为重点,开展生活照料、困难帮扶、文体娱乐、技能培训等方面的志愿帮扶活动。通过政府购买服务、公益创投、社会资助等方式,引导支持志愿服务组织和志愿者参与扶贫志愿服务,培育发展精准扶贫志愿服务品牌项目。

4. 问:人口计生工作如何与扶贫工作相结合?

答:根据《国务院办公厅转发人口计生委扶贫办关于进一步做好人口计生与扶贫开发相结合工作若干意见的通知》(国办发〔2012〕10号):

健全人口计生利益导向政策体系。

进一步完善农村计划生育家庭奖励扶助制度、"少生快富"工程和计划生育家庭特别扶助制度,提高标准,扩大范围。

在工作基础比较薄弱、生育水平较高的连片特困地区，推广实施诚信计生奖励政策。

切实贯彻国家助学政策，确保符合条件的计划生育家庭子女及时足额获得资助。

鼓励机关、企事业单位、社会团体和个人开展对农村计划生育家庭帮困扶持。大力推进"生育关怀行动"、"幸福工程"。

开展关怀关爱农村留守儿童、空巢老人的活动。

5. 问："两不愁三保障"中，如何做到贫困人口基本医疗有保障？

答：2019年6月，国务院扶贫开发领导小组印发《关于解决"两不愁三保障"突出问题的指导意见》的通知，贫困人口基本医疗有保障，主要是指贫困人口全部纳入基本医疗保险、大病保险和医疗救助等制度保障范围，常见病、慢性病能够在县乡村三级医疗机构获得及时诊治，得了大病、重病，基本生活有保障。

相关行业主管部门要围绕提高"两不愁三保障"服务能力，优化政策供给，制定部门工作方案。在健康扶贫方面，建立健全基本医疗保障制度，加强县乡村医疗卫生机构建设，配备合格医务人员，消除乡村两级机构人员"空白点"，做到贫困人口看病有地方、有医生、有制度保障。

三 要点提示

"十三五"脱贫攻坚规划要求加强对"三留守"人员的生产扶持、生活救助和心理疏导。空巢老人的福祉与其各家庭成员基本公共服务的满足密不可分。建立家庭为本、社区为基础的关爱服务，有助于行动者从整体、全过程的角度，与留守老人、儿童、妇女站在一起，共同应对农村贫困问题。

四 关联规定

1.《中共中央国务院关于坚持农业农村优先发展做好"三农"工作的若干意见》（2019年1月3日）

2. 中共中央、国务院印发《乡村振兴战略规划（2018—2022年）》（2018年9月26日）

3.《国务院办公厅关于进一步动员社会各方面力量参与扶贫开发的意

见》(国办发〔2014〕58号)

4.《国务院关于印发"十三五"脱贫攻坚规划的通知》(国发〔2016〕64号)

5.《国务院办公厅转发人口计生委扶贫办关于进一步做好人口计生与扶贫开发相结合工作若干意见的通知》(国办发〔2012〕10号)

6.《国务院扶贫开发领导小组印发〈关于解决"两不愁三保障"突出问题的指导意见〉的通知》(2019年6月23日)

参考文献

杜鹏：(2018)《中国农村养老服务现状与发展方向》，http://epaper.oeeee.com/epaper/A/html/2018-08/12/content_43577.htm，最后访问日期：2019年2月25日。

韩俊、罗丹：《中国农村医疗卫生状况报告》，《中国发展观察》2005年第1期。

黄承伟：(2018)《精准扶贫与乡村振兴的内在逻辑》，http://www.chinatoday.com.cn/zw2018/rdzt/fp/201810/t20181017_800144352.html，最后访问日期：2019年2月25日。

乐施会：(2014)《中国农村老龄贫困状况》，http://www.oxfam.org.cn/download.php?cid=141&id=178&p=cbkw，最后访问日期：2019年2月25日。

李克强：(2019)《2019年政府工作报告》，http://www.eeo.com.cn/2019/0305/349255.shtml，最后访问日期：2019年3月5日。

刘妮娜：《互助与合作：中国农村互助型社会养老模式研究》，《人口研究》2017年第4期。

民政部：(2018)《民政部举行2018年第一季度例行新闻发布会》，http://www.gov.cn/xinwen/2018-02/24/content_5268870.htm，最后访问日期：2019年2月25日。

文化部：(2015)《文化部答网民关于加强农村文化建设的留言》，http://www.gov.cn/guowuyuan/2015-04/23/content_2851798.htm，最后访问日期：2019年2月25日。

(2019)《我国31个省份均已建立高龄津贴制度》，新华网，http://www.gov.cn/xinwen/2019-02/21/content_5367498.htm，最后访问日期：2019年2月25日。

徐月宾、刘凤芹、张秀兰：《中国农村反贫困政策的反思——从社会救助向社会保护转变》，《中国社会科学》2007年第3期。

杨团：《中国长期照护的政策选择》，《中国社会科学》2016年第11期。

叶敬忠、贺聪志：《静寞夕阳：中国农村留守老人》，社会科学文献出版社，2014。

附录一　有关农村老人、涉老活动的法律规定（节选）

一　宪法和法律关系到（农村）老人的规定（节选）

（一）《中华人民共和国宪法》：第三十三、三十八、四十五、四十九条

（二）《中华人民共和国婚姻法》：第一章、第三章

（三）《中华人民共和国民法通则》：第五章

（四）《中华人民共和国继承法》：第二章、第三章

（五）《中华人民共和国老年人权益保障法》

（六）《中华人民共和国社会保险法》：第二章、第三章、第十二章

（七）《中华人民共和国人口与计划生育法》：第一章、第四章

（八）《中华人民共和国农业法》：第一章、第六章、第十章

二　法律有关涉老活动的规定（节选）

（一）《中华人民共和国慈善法》：第一章

（二）《中华人民共和国公共文化服务保障法》：第一章、第二章、第三章、第四章

（三）《中华人民共和国公共图书馆法》：第一章、第二章、第三章、第四章

（四）《中华人民共和国精神卫生法》：第一章、第二章、第四章、第五章

（五）《中华人民共和国反家庭暴力法》：第一章、第二章、第三章、第四章

（六）《中华人民共和国中医药法》：第二章

（七）《中华人民共和国村民委员会组织法》：第二章

（八）《中华人民共和国农民专业合作社法》：第一章、第八章

Ⅱ 农村空巢老人服务资助资源
（状况分析）

从公众意识、资源体量来看，相对儿童，老人服务处于公益领域边缘。相对城市老人，农村老人服务的资源投入显得过少。

本文按基金会、企业、政府的顺序梳理农村空巢老人服务的资助资源现状及其特点（暂不讨论公众捐赠）。

需要说明的是，空巢老人是社会组织开展农村老人实际工作时的服务对象之一。想要剥离到底哪些资源用在空巢老人身上，哪些资源用在其他农村老人身上，并不容易。因此接下来重点描述农村老人服务资助资源，涉及少量专门指向空巢老人的资源，仅能对空巢老人的资助资源现状进行大致勾勒，还供批评。

一 社会组织获得的捐赠资源极其稀缺

根据《慈善蓝皮书：中国慈善发展报告（2019）》，中国社会组织公共服务平台显示，2018年年底，中国社会组织总数量超过81.6万个，其中社会团体36.6万个，社会服务机构44.3万个，基金会数量达到7027家，详见表1。

表1 社会组织及其分类数量

	2016年	2017年	2018年
社会组织	69.9	80.1083	81.6
1. 基金会（万家）	0.5523	0.6322	0.7027
2. 社会团体（万个）	33.5	37.3194	36.6
3. 民办非企业（社会服务机构，万个）	35.9	42.1567	44.3

数据来源：根据《慈善蓝皮书：中国慈善发展报告（2017）》《慈善蓝皮书：中国慈善发展报告（2018）》《慈善蓝皮书：中国慈善发展报告（2019）》整理。

根据《2017年度中国慈善捐助报告》，2017年我国境内接收国内外款物捐赠共计1499.86亿元，较2016年增长7.68%，详见表2。

表2 2016年、2017年各捐赠对象接收捐赠占比

部门分类	接收捐赠部门	2016年 接收捐赠数额（亿元）	2016年 占总捐赠比例（%）	2017年 接收捐赠数额（亿元）	2017年 占总捐赠比例（%）
	全年捐赠	1392.94	100.00	1499.86	100.00
政府部门与准政府机构	民政部门	47.70	3.42	26.10	1.74
	民政部门外的其他党政机关	160.71	11.54	138.44	9.23
	事业单位	43.60	3.13	51.60	3.44
	人民团体与免登记部门①	8.63	0.62	10.95	0.73
官方背景机构	红十字会系统	27.94	2.01	33.60	2.24
	慈善会系统	404.09	29.01	449.96	30.00
基金会	基金会	625.50	44.91	657.99	43.87
社会组织	社会组织和个人（除基金会和慈善会以外）②	36.45	2.62	85.79	5.72
其他	宗教场所	20.23	1.45	21.45	1.43
	其他	18.09	1.30	24.00	1.60

数据来源：根据《2016年度中国慈善捐助报告》《2017年度中国慈善捐助报告》整理。
①包括共青团、妇联、工会等。
②包括社会团体（学会、协会、商会、联合会等）、民办非营利组织（社会服务组织、民办学校/幼儿园、民办研究院所、民营医院等）。

由表2可见，相对基金会的接收捐赠体量，社会组织总体接收捐赠比例非常有限，2016年基金会接收捐赠占比是社会组织和个人总和的22倍。

二 老人服务处于公益领域边缘

根据《2017年度中国慈善捐助报告》，2017年，我国社会捐赠最关注的三个领域依然是教育、医疗健康、扶贫与发展，分别占捐赠总量的

27.44%、24.10%、21.21%。这三个领域接收捐赠共计约1091.15亿元，占捐赠总量的72.75%，详见表3。

表3 2016年、2017年各捐赠领域接收捐赠占比

单位：%

	领域分布	2016年	2017年
1	教育	30.44	27.44
2	医疗健康	26.05	24.10
3	扶贫与发展	21.01	21.21
4	公共事业	2.88	7.56
5	人群服务	3.79	7.21
6	减灾与救灾	4.70	3.29
7	文化、体育、艺术	3.11	2.79
8	其他定向	3.96	2.37
9	生态环境	1.11	1.38
10	科学研究与倡导	1.57	0.97
11	非定向	0.67	0.91
12	其他	0.71	0.77

数据来源：根据《2016年度中国慈善捐助报告》《2017年度中国慈善捐助报告》整理。

其中，医疗健康、扶贫与发展、人群服务可能惠及农村空巢老人群体。

在业内人士看来，公益慈善行业在推动养老行业发展方面产生的影响力是十分有限的。就目前的情况来看，养老领域仍旧不如儿童、教育、扶贫、救灾等传统领域受关注，养老问题还没有被社会普遍认知，而公益慈善领域对老龄化的认识也是有一个过程的（皮磊，2018）。

1990年，联合国大会通过决议，确定10月1日为"国际老年人日"，旨在唤起人们对老龄化问题的关注，而国内绝大多数公众对该国际纪念日缺乏了解。

三 国内基金会资源集中于"草尖NPO"

近年来，非公募基金会，尤其是资助型基金会的进入，无疑增加了NPO资源的拥有量。但从非公募基金会获得资源的NPO大部分是"草尖NPO"而

非草根 NPO，至少资源的流向出现了集中的趋势（刘海英，2009）。

中国基金会评价榜（2013 年）调查结果也显示，全国 3000 多家基金会中仅有 1.5% 曾资助过草根组织。该评价榜（2015 年）发现，20% 的公益组织获得了全部（境外和境内）资助额的 73%。此外，境外资助方数量两年内剧降近四成。

国际基金会可能从价值观出发，以公民社会的发展为目标，也许会更强调民间力量的培育。而国内基金会的资源容易集中到少数成熟的机构中（刘海英，2009）。

随着《慈善法》放开公募权，"非公募基金会"在法律意义上淡出，未来非公募基金会是萎缩，还是顺利转型，前景仍不明朗。

四　基金会：6.27% 关注老年人，开展农村老人服务很少

根据基金会中心网数据，截至 2018 年 7 月 15 日，全国共有基金会 6623 家，其中关注老年人领域的基金会有 415 家，约占 6.27%。基金会开展的老年人领域主要分为六类：一是慰问补贴类；二是设施建设类；三是设备捐赠类；四是服务类；五是教育培训类；六是社会倡导类。对于特殊老年人群体的服务，一些基金会也做了有效探索，主要包括失智老人（阿尔兹海默症老人）、空巢老人、失独老人及听障老人等（冯剑，2018）。

以上 415 家基金会中，在城市开展工作的比例占绝大多数，在农村开展工作的很少。

根据公益导航研究"中国农村留守老人项目征集"结果，支持农村老人服务项目的基金会有 21 家，详见本章末尾附表：机构合作伙伴——基金会。

五　各平台收录的优质农村老人服务项目

为打破"有钱，没有好项目"、少数机构重复接受资助的困局，出现了各类平台/计划，专门征集优质项目，如 ME 公益创新资助计划、好公益平台、好项目平台等。

2015 年 9 月，"ME 公益创新资助计划"由中国民生银行联合中国扶贫基金会共同发起。三年来，该项目共为 63 个公益项目提供了总计 3150 万元的创新资助基金。其中，涉及农村老人的社区发展类项目有 5 个，详见表 4。

表 4　ME 公益创新资助计划资助名单摘录

界别	机构名称	项目名称
第一届	安庆市全人社会工作发展中心	皖西南大别山区偏远特困村（石盆）生计发展社工服务项目Ⅱ
第二届	潍坊市鸢都义工公益服务中心	"幸福黄谷"贫困农村社区综合发展示范项目
第三届	陕西妇源汇性别发展中心	陕西合阳县乡村妇女主导的社区发展
	陕西嘉义妇女发展中心	巧娘草编技术推广项目
	西吉县清源和谐社区服务中心	暖流行动——老区妇女骨干培育计划

资料来源：根据历届 ME 公益创新资助名单整理。

2016 年 11 月底，南都公益基金会等 16 家机构联合发起"中国好公益平台"，致力于促进优质公益产品的规模化。截至 2018 年 9 月，平台共签约优质公益产品 53 款，分布于教育、助老、社区、环保、安全健康、特殊人群帮扶、性别平等多个社会问题领域（引自好公益平台微信公众号）。其中，助老类公益产品 5 款，包括十方缘·老人心灵呵护项目、乐享银龄社区养老、喘息 100、幸福乡龄——活化老协、好龄居——农村邻里互助养老服务。

同年 12 月，上海弘毅社会影响力中心等 11 家机构联合发起"中国好项目平台"，倡导有效公益。官网上线以后，通过启动中国好项目大赛，征集儿童、养老、减防灾、环保和综合类等五大领域的公益项目进行评估。2017年 12 月，经评审，10 个好项目、18 个潜力项目获得中国好项目的星级认证。其中，跟老人相关的项目包括"银色童友——青少年社区敬老服务"、"不老爱情青年公益影像计划"、"救在身边益起回家"失智老人走散搜救。

六　企业等多元主体合力回应空巢老人需求

2004 年发布的《基金会管理条例》首次允许企业家或非官方人士用企业或个人等社会资源成立基金会，开启了社会资源进入公益领域的大门。此后十年间，企业/市场（CSR）大量介入公益行业，开始出现企业和 NPO 跨界合作趋势（付涛，2018）。

中国企业捐助领域和自己的企业产品市场关联度不高。中国社会科学院社会学所课题组 2001~2003 年对中、外企业捐赠的理念和行为特征进行比较研究发现，外资企业属于互利性捐赠，88%的捐赠价值具有公共、市场拓展、顾客和雇员关系维护等商业性作用；内资企业属于利他性捐赠，79%的捐赠价值指向救灾、扶贫、支边、助学等传统慈善领域。企业成立非公募基金会后，最愿意捐助的往往是救灾、扶贫、教育等领域（刘海英，2009）。

企业在资助公益组织时，提供了较为多样化的资助形式，包括项目资金、志愿者支持、培训和硬件设施、传播资源和购买公益组织产品等（明善道等，2011）。

目标契合有利于与企业达成合作。对"中国农村留守老人项目征集"机构的企业合作伙伴进行归类，发现合作企业集中在地市级的食品、医药/医疗产品、健康/保健服务、建设/置业公司。也从侧面反映出公益涉老服务中常见的短期物资慰问、眼镜等辅具添加、体检、适老设施建设等活动内容。

单方利益受损时，合作难免发生中断。调研中了解到，陕西某村老年协会曾与一家保险公司合作，为会员购买意外伤害险[①]，几位发生事故的老人曾因此受惠。后因赔偿数额较保费相对较高，保险公司经核算后终止合作。目前该老年协会因无法找到合适的保险公司而犯难。

七 政府资源流入对民间公益的双重影响

随着对国际经验中的柔性管理和新管理主义的借鉴，政府通过引入专业社会工作来代替对外来NPO的需求，同时也能够在合作治理中更好地对其实行管控（朱健刚、陈安娜，2013）。社会工作的人才队伍建设和组织发展通过一系列中央级政策文件的发布获得国家的认定，并且在地方政府的政策和财政支持下得以发展和巩固。

老年社会工作是我国社会工作恢复发展之后，实务工作开展较早的专

[①] 根据《全国老龄办等四部门关于开展老年人意外伤害保险工作的指导意见》（全国老龄办发〔2016〕32号），国家鼓励有条件的地区根据实际情况，完善针对保险公司的激励政策，鼓励保险公司开发更多适合老年人特点的意外伤害保险产品，加大保险缴费优惠力度，使意外伤害保险最大限度惠及广大老年人。此外，国家支持发挥村（居）委会、基层老年协会对老年人意外伤害保险工作的推动和组织作用，鼓励社会组织、爱心人士等捐资为老年人购买意外伤害保险。

业领域之一。根据养老方式的不同，老年社会工作开展工作的场所主要分为福利院等福利机构和社区两类。前者或自建社工部，或采用购买服务的方式引进社工；后者则主要是民办社工服务机构在提供服务。服务机构、人员的不同，使我国的老年社会工作呈现出不同特色的发展形态与趋势。随着四类组织直接登记政策的落实，民办老年社工服务机构注册的问题逐步得到了解决，但资金、人才的问题依然存在（王勇，2014）。

通过对23个省[①]过去三年（2014~2017年）近百份政府公益创投与购买服务文件的不完全统计，导航团队发现，一般政府文件都含有"扶老助老/为老/养老服务"领域，但明确提出以农村空巢老人、"三留守"人员为服务对象的省份并不多，仅有天津、江苏、四川、贵州。

政府资源流入对民间公益具有双重影响。据安徽益和观察，政府系列扶持政策的出台对民间组织发展具有一定推动作用，如：开放注册，减免注册资本，免税资格认定，设立孵化园等诸多利好。但同时也伴随着分化：如2015~2016年，社工机构拿走大量政府资金，民间组织承接政购资金比例萎缩；民间组织转型为社工机构，须看到"社会工作"字样，才能从政府拿到钱；有的民间组织原本由基金会和公众资金支持，自主开展工作，现在依赖十几个街道的项目资金，仍无法支持其众多员工，也无力主导工作，对民间组织的公益性和独立性是有损害的。

尽管存在招标和评估公平等问题，政府资金已经成为当前民间组织获取资源的很重要的组成部分。据合肥蜗牛家园社工中心的杨冰介绍，社会服务方面支持力度最大的是民政局，招投标每个项目支持10万~15万元；其次是团委，每个青年志愿服务项目会支持3万~5万元；再次是一些社区、街道和居委会，每个活动/服务外包项目2万~5万元。

公益导航研究项目发起人耿和苏在调研中发现，大多数在地公益组织很难获取外部捐赠资源，主要的资金来源是当地政府购买，额度不大且不给或很少给（或包含）人员费用，受制于政府决定的资助方向和每年购买资金总额，经常面临断炊的风险。

---

① 西部地区包括陕西、甘肃、宁夏、四川、重庆、云南、贵州7省。中部地区包括吉林、黑龙江、安徽、江西、河南、湖北、湖南等7省。东部地区包括辽宁、北京、天津、山东、江苏、上海、浙江、广东、广西9省。

八 交流研讨、合作与网络联盟

近年来,聚焦城市的养老企业和联盟竞相成立,动辄投入数千万或更多资金,农村养老服务则相对少人问津。

调研中发现,城乡涉老公益机构间缺乏交流。着手开展调研前,导航团队咨询几位长期服务城市老人的公益从业者,哪些组织在开展农村空巢老人服务,他们表示了解得有限。虽然他们个人对农村老人的处境十分关注,但具体工作层面尚未涉及。

在一次高校组织的老人照料研讨会上,两位讲者分享在日本接受过的老人介护和康复训练经验。提问环节,导航团队请教介护和康复如何惠及农村空巢老人,专家表示,农村老人居住过于分散,大量城市普通老人尚且无法满足需求,遑论农村。

2016年3月,由全国首家专注农村空巢老人服务的河北省荷花公益基金会主办的"农村空巢养老两会提案研讨会暨农村互助养老模式探讨"在北京召开。来自全国老龄办信息中心、中国人民大学老年学研究所及河北大学等多所高校的代表,以"互助幸福院"养老模式为例,讨论了中国当下农村空巢养老的社会难题。第二届农村养老高峰论坛于2018年12月在西安召开,汇集了政界、学界、实务界等多方共同关注农村空巢老人议题。

2017年4月,中国乡村助老社会服务网络("乡龄汇")正式成立,该网络搭建了智者—专家库、助者—基金会、行者—社会组织三位一体的资源结构,截至2017年10月,共16家单位入驻,实现信息互通、交流学习、资源共享,以便更好地回应乡村老人多元化的需求,探索更多助老服务模式。

中国公益发展的不同阶段,因受到变化中的政策环境、资金来源、理念价值、公众意识的影响,表现出非常不同的特征。总体的趋势是本土公益的自觉意识,在政府与市场日益加深的介入下被形塑(付涛,2018)。农村空巢老人服务机构身处其中,如何在政府、企业、基金会合作中保持独立性,如何挖掘动员社区、社会资源,前面的路还很长。

附表 "中国农村空巢老人项目征集"机构合作伙伴——基金会

1 有明确养老方向，运作或资助农村养老项目

1.1 中国扶贫基金会

1.2 中国社会福利基金会

1.3 中国人口福利基金会

1.4 中国妇女发展基金会

1.5 中华社会救助基金会

1.6 爱德基金会

1.7 上海仁德基金会

1.8 河北省荷花公益基金会

1.9 河北进德公益基金会

1.10 河北孝行慈善基金会

2 天使投资/支持机构

2.1 友成企业家扶贫基金会

2.2 广东省绿芽乡村妇女发展基金会

2.3 福建省正荣公益基金会

2.4 南都公益基金会

3 上述两类外的政府背景基金会

3.1 成都市慈善总会

3.2 重庆市慈善总会

3.3 泰山慈善基金会

3.4 江西省红十字基金会

3.5 江苏省老龄事业发展基金会

3.6 南京市新西善基金会

3.7 深圳市社会公益基金会

参考文献

冯剑：《全国 415 家基金会关注老年领域 参与方式主要有这三类》，http://www.chinadevelopmentbrief.org.cn/news-21746.html，最后访问日期：2019 年 2 月 25 日。

付涛：《中国公益发展脉络与趋势》，《NGO 公益通识能力培养项目成果手册》。

刘海英：《非公募基金会对本土 NGO 生态影响》，《中国发展简报》2009 年第 42 期。

明善道、恩派公益组织发展中心、英国大使馆、瑞典国际发展署：《中国公益资源匹配报告》，资料来源：http：//www.chinadevelopmentbrief.org.cn/userfiles/2011050401.pdf，最后访问日期：2019 年 2 月 25 日。

皮磊：《应对人口老龄化 公益慈善力量不能缺席》，http：//www.gongyishibao.com/html/yaowen/15052.html，最后访问日期：2019 年 2 月 25 日。

王勇：《冷暖自知的民办老年社工服务机构》，http：//www.gongyishibao.com/html/yaowen/6243.html，最后访问日期：2019 年 2 月 25 日。

朱健刚、陈安娜：《嵌入中的专业社会工作与街区权力关系——对一个政府购买服务项目的个案分析》，《社会学研究》2013 年第 1 期。

·第二部分·
社会服务项目模式及案例

引言：建设老龄友好的公益行业

2017~2019年，公益导航团队先后开展了农村留守儿童和空巢老人的调研。对比两次调研获取的信息，就组织的数量、规模、项目的类型、发展阶段等多个维度而言，老人公益的发展明显不如儿童领域。原因何在？

领域发展现状反映了社会主流的价值观念。如今，人们普遍习惯用成本—效益的标准来衡量行动的价值。儿童代表着向上的希望，为他们的发展投入像是投资，可以期许对家庭和社会的回报。相对而言，老人的发展更像是一条下行的曲线，在他们身上花钱似乎只是单纯的支出，对家庭和社会来说都是负担。甚至相当一部分老人自己也是这样认为。

一些涉及农村空巢老人服务的组织和项目可能未被发现。近年来，随着大量农村中青年外出务工，农业和农村都呈现明显的老年化。社会组织无论从何种角度介入农村工作，空巢老人都会是项目直接或间接的参与者，但这些教育、环保、扶贫、农村发展机构往往因其非正式的特点，很容易在追求管理专业化的公益发展浪潮中被忽视。

事实上，尽管数量相对较少，可见度相对较低，社会组织的实践仍然具有重要意义。无论是以定期发放物资、清洁房屋、举办饺子宴等较为常见手法的慈善活动，还是以健康巡查、生活照料、文体活动组织、老年协会建设、机构养老为主要路径的公益探索，都在切实回应着农村空巢老人在健康照护、生活照料、精神慰藉、社会参与等方面的需求。

公益实践者的行动也在提醒着我们，农村空巢老人并不只是被照顾的对象，像其他人一样，他们是独立自主的个体，有权利、有能力决定自己的生活。无论是在过去、当下，还是可以预见的未来，他们通过务农、务工、抚养孙子女等方式，为家庭和社会做出贡献。他们的权益应该被尊重，他们的付出应当被看见。

为建设一个"不分年龄、人人共享"的公义社会，社会组织正在推动涉老价值观念的转变，也在进行服务模式的探索。在资源相对较少的农村地区，这样的努力更加难能可贵。像空巢老人一样，社会组织亦有潜能，只是需要更多的支持与机会来发挥。希望本部分的内容能让你认识到这一点，更希望我们能共同建设一个老龄友好的公益行业。

目前专门针对农村空巢老人的公益服务项目较少，为更全面地了解社会组织为该群体提供服务的现状,在本次调研中,凡是农村涉老服务,只要项目的服务对象包含空巢老人,我们都视为有效数据加以收集。在接下来的模式分析部分,我们将不再对服务群体做进一步细分。读者可以在报告所附的项目名录中找到更为详细的相关信息。

第一章 研究发现

第一节 农村空巢老人是公益领域的边缘性议题

一 服务于农村空巢老人的公益项目数量较少

本次调研设计了《中国农村空巢老人公益项目名录征集》问卷,以期了解领域现状,并为潜在的资助方提供信息参考。入选项目需以农村留守老人为主要服务对象,执行单位需是正式注册的社会组织,包括民办非企业单位、基金会、社会团体等。

问卷主要通过行业媒体、地方枢纽公益机构、农村发展领域支持机构、涉老公益平台机构等渠道发放。同时,项目组亦借助中国发展简报公益组织名录、腾讯乐捐平台等进行了信息检索,主动向其中的农村涉老公益服务组织推送了问卷。

从2018年4月到2018年10月,经过了7个月的时间,共收集有效问卷40份。这一数量约占项目组于2017年编写的《中国农村留守儿童项目名录》中所收录项目数量的1/2。而按照最新数据,我国农村空巢老人中的留守群体与农村留守儿童的数量分别为1600万人和902万人(民政部,2016;2018),两个人群的数量比例约为1.8∶1。这在一定程度上反映了社会涉老服务项目数量上的不足。

二 空巢与否不是选择服务对象的主要标准

在实地调研中我们发现,大部分机构的涉老服务项目并没有完全针对空巢老人,而只是将这一群体作为服务对象之一。有的项目在为村庄老人提供普惠性服务的基础上,重点帮扶空巢老人;有的项目则是重点服务家庭经济困难或行动能力受限的老人，其中包含一部分空巢群体。这样的决策既是机构的主动选择，亦受外部条件限制。决策依据主要涉及以下方面：空巢老人的生存境遇，服务可能产生的标签化效应，村庄的文化、社会环境以及机构可以动员的资源情况等。

农村空巢老人并非天然的弱势群体。秉持着为处境不利人群服务的精神，社会组织首选的受益人群一般是鳏、寡、未婚独居、自己或家人有重病以及高龄的老人，特别是其中经济困难或行动能力受限的群体。这些老人中仅有一部分人的儿女长期在外。被访组织指出，老人能留守通常就意味着其自理能力较强。同时，因为子女外出务工，除去较为极端的案例，子女在外的收入也能有部分用于支持父母的生活所需。

此外，不单独针对空巢老人提供服务也是在避免标签效应。被访组织认为，如果只为空巢老人提供服务，容易强化该群体的弱势形象，增加老人的心理负担，使其陷入不利处境。因此，一些社会组织选择直接为村庄的所有老人提供普适性服务，如测量血压、血糖，开展健康讲座，组织文体活动等，凡是对活动感兴趣的老人皆可参与。同时，对于确实有特殊需求的空巢老人，社会组织也会根据个体和家庭的具体需求，有针对性地予以更多的支持。

从外部条件来看，服务对象选择也受村庄文化、社会环境以及项目资源规模的影响。一些子女因为怕丢面子，不愿意让留守的父母接受社会组织提供的服务。而相对于处于前述困境的老人（很多是符合政府部门认定的低保、五保户），空巢老年人人数众多，界定标准也较为模糊。资源有限的情况下，社会组织选择哪些人作为服务对象，在村庄内会面临较大的舆论压力，需要慎重考虑。

三 物资发放和生活照料是最常见服务方式

项目内容也在一定程度上反映了领域的发展现状。此次调研的结果表明，以物资发放为主的短期慰问和日常生活照料是社会组织最主要的服务方式，医疗服务、心理疏导、组织文体活动次之。但北京大学开展的全国性调查研究显示，老年人最为迫切的需求是获得适切的医疗保健服务（德勤中国，2018）。本次调研中，大多数受访对象也认为，健康状况是影响老年人福祉最关键的因素。

世界卫生组织（2016）在《关于老龄化与健康的全球报告》中指出，对于老年人来说，最重要的是保证其功能的发挥。功能的发挥取决于两种因素的结合，一是老年人的能力，二是老年人所处的环境。换句话说，即便是老年人在身体机能上有所减损，如果能够获得发挥功能所需的辅助性器具、社会服务、适老化设施等支持，他们依然能够实现对生活的掌控（WHO，2016），我国农村老人服务项目见图1。

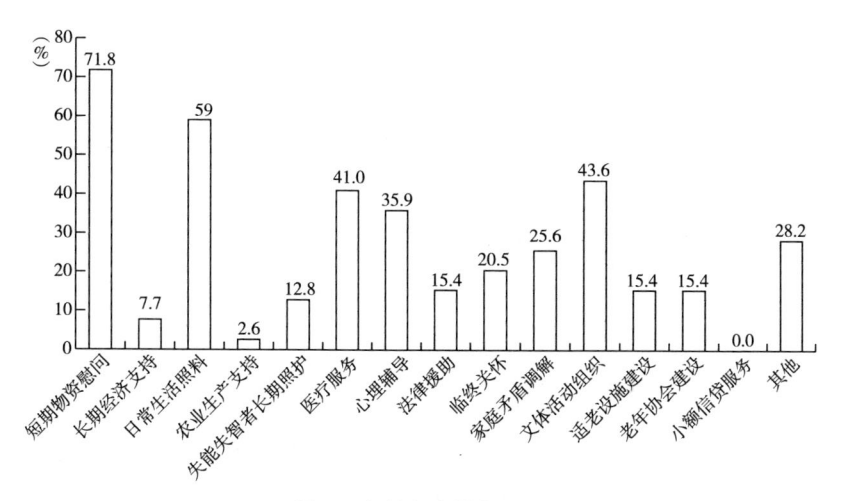

服务项目	比例（%）
短期物资慰问	71.8
长期经济支持	7.7
日常生活照料	59
农业生产支持	2.6
失能失智者长期照护	12.8
医疗服务	41.0
心理辅导	35.9
法律援助	15.4
临终关怀	20.5
家庭矛盾调解	25.6
文体活动组织	43.6
适老设施建设	15.4
老年协会建设	15.4
小额信贷服务	0.0
其他	28.2

图1 农村老人服务项目

资料来源：《中国农村空巢老人公益项目名录征集》。

但从问卷调查的结果中可以看出，仅有少部分的社会组织在农村开展"失能失智者长期照护"以及"适老设施建设"等服务，而此两者与保障老年人的功能发挥密切相关。可以说，在农村空巢老人服务领域，现有的公益项目干预内容与老年人的实际需要之间仍存在一定的错位。这也与更大范围内的中国民营养老产业的现状相一致（德勤中国，2018）。

第二节 村民志愿者是最主要的服务人员

一 村民志愿者实际承担着社工和护理员的工作

在接受本次实地调研的社会组织中，大部分机构采取的是"社会工作者+志愿者"的工作模式。社会工作者的驻地一般设在市、县一级，在涉老服务中主要起到引介外部资源，统筹项目和老人个案管理，发掘、培养和督导在地志愿者的作用。志愿者通常是项目点所在村庄或周边村庄的村民，主要负责为老年人提供生活照料、精神慰藉、健康监测等方面的服务，扮演着社会工作者和养老护理员的双重角色，详见表1。

表1 社会组织农村涉老服务的主要人员构成及工作内容

	社会工作者	志愿者
与村庄的关系	外来者	本地人
服务收入	多为全职受薪	完全义务或有少量补贴
主要工作	引介外部资源 统筹项目、老人个案管理 发掘、培养、督导在地志愿者 协助老人申请保障、救助等	为老年人提供生活照料、精神慰藉等服务 定期监测老人身体状况，为有需要的老人及时转介医疗服务 调解老人家庭及邻里矛盾 组织老人开展和参与文化娱乐活动
专业发展机会	大部分曾参加公益通识性培训，但较难有机会接受涉老服务领域的专业训练	

社会工作者和养老护理员是经人力资源和社会保障部正式认定的职业资格，有相应的职业标准和服务指引。老年社会工作的服务内容主要包括：救助服务、照顾安排、适老化环境改造、家庭辅导、精神慰藉、危机干预、社会支持网络建设、社区参与、老年教育、咨询服务、权益保障、政策倡导、老年临终关怀等（民政部，2016）。养老护理员的工作则涉及生活照料、技术护理、康复护理、心理护理、培训与指导、护理管理等，不同级别的护理员工作内容各有侧重（人力资源和社会保障部，2009）。

本次调研并未对服务人员的职业资质进行详细统计，但从访谈的内容来看，现有的社会组织从业者和村民志愿者已在客观上承担着社工和护理员的职责，工作主要涉及：救助服务、照顾安排、家庭辅导、精神慰藉、社会支持网络建设中的大部分内容。养老护理员的工作主要包括：以个人卫生清洁、饮食照料、安全保护为主的基本生活照料；以测量血压、血糖，定期健康巡查为主的技术护理；以陪同聊天、情绪疏导、矛盾调解为主的心理护理等。

表2-1-2呈现了目前农村老年社会工作的现状，内容摘录自民政部2016年出台的《老年社会工作服务指南》。根据国家标准，养老护理员的工

作要求分为初级、中级、高级和技师四个等级，高级别包括低级别的工作内容（人力资源和社会保障部，2009）。囿于报告篇幅有限，难以对照服务现状尽数列出，读者可至参考文献处了解详细信息，详见表2。

表 2　农村老年社会工作现状

救助服务	——评估老年人，特别是空巢、高龄、失能、计划生育特殊家庭老年人基本物质生活条件和经济状况 ——协助符合条件的老年人申请政府最低生活保障、特困人员供养、受灾人员救助、医疗救助、住房救助、临时救助等社会救助 ——协助有需要的老年人获得单位和个人等社会力量的捐赠、帮扶和志愿服务 ——提供相应的心理疏导、能力提升、社会融入等服务
照顾安排	——组织开展老年人能力评估，包括日常生活活动、精神状态、感知与沟通、社会参与等方面内容，为老年人建立照顾档案 ——协助有需要的老年人获得居家照顾和社区日间照料等服务 ——协助照顾者提升照顾技能
家庭辅导	——协助老年人处理与配偶的关系 ——协助老年人处理与子女等的家庭内代际关系
精神慰藉	——识别老年人的认知和情绪问题，必要时协调专业人士进行认知和情绪问题的评估或诊断 ——为有需要的老年人提供心理辅导、情绪疏解、认知调节，帮助老年人摆脱抑郁、焦虑、孤独感等心理问题困扰 ——协助老年人获得家属及亲友的尊重、关怀和理解 ——帮助老年人适应角色转变，重新界定老年生活价值，认识人生意义，激发生活的信心和希望
社会支持网络建设	——对老年人的社会支持网络进行评估，包括个人层面可给予支持的人数、类型、距离及所发挥的功能，以及社区层面老年人群的问题与需求、资源配置情况及需求满足情况 ——综合使用各种策略以强化老年人社会支持网络，包括个人增能与自助、家庭照顾者支持、邻里互助、志愿者链接、增强社区权能等 ——巩固社会支持网络成效，建立长效机制
社区参与	——开展适合老年人的文化、体育、娱乐等各项活动，培养老年人兴趣团体，提升老年人的社会活跃度，丰富老年人的社会生活 ——组织老年人积极参与各项志愿服务，培育老年志愿者队伍，发展老年志愿服务团体 ——支持老年人参与社区协商，为社区发展出谋划策 ——拓展老年人沟通和社区参与的渠道，促进老年人群体的社会融合

资料来源：摘录自《老年社会工作服务指南》（民政部，2016）。

二　志愿者主要靠精神收获维持可持续性

此次受访的社会组织工作人员对自己的称呼通常是社会工作者、项目主任或是项目官员；参与服务的村民则在项目中为自己赋予了志愿者、服务人员、护理员等身份。这些称谓既体现了项目参与者的分工，也反映了涉老公益服务领域的资源及人才发展现状：大部分农村涉老公益是以项目制或志愿服务的形式在开展，缺乏稳定、充足的资金保障，项目的可持续性面临一定的挑战。

志愿者参与服务主要是受精神方面的元素驱动，常见的动因包括：填补空闲时间，调节单调生活；缓解从事本职工作产生的压力；增长养老护理、使用普通话、与人沟通、处理问题等方面的技能；实现帮助他人、回馈社会的心愿；教育子女，影响邻里，为自己的晚年生活营建一个友好的家庭和社区氛围等。

成为志愿者的村民，大部分人的家庭并未面临较大的生计和照护压力，相对更加有时间和精力参与服务。这通常也是公益机构在识别潜在服务人员时所考虑的重要因素。此外，也有本就是家庭照顾者的村民主动要求参与项目，往往是第一批报名，甚至成为服务骨干。他们通常会觉得自己及家庭在过往受到了太多热心人的帮助，希望也能有机会帮助其他人，以此作为对社会支持的回馈和自我价值的实现。

调研发现，公益项目所提供的月度志愿者补贴的数额大致与当地打一天零工的收入相当，对于因为要照顾孩子或老人而无法外出务工的村民来说，几百元也起到了一定的收入补充作用。此外，志愿者在服务的过程中相互熟悉，建立了信任关系，当因家庭或服务需要，有采购农产品、日用品的需求时，往往会优先从开展相关经营活动的志愿者处采买。这在一定程度上也是对志愿者的支持，有助于他们将志愿服务持续开展下去。

三　缺乏心理支持和系统风险管理

志愿者面临的很大部分挑战来自老人、老人家属以及其他村民对涉老志愿服务的看法。受传统文化影响，如今，大部分农村人仍然觉得由子女负责养老是天经地义之事。有其他村民上门提供服务，就意味着子女并没有尽到赡养、照料的义务，子女自觉脸上无光，老人也担心他们会被人说闲话。村民志愿者会因此承受来自多方的冷嘲热讽，甚至还要目睹老人遗憾地退出服务项目。

因服务而产生的关系变化也带来挑战。有志愿者表示，从邻居、村民到护理员，这样的身份转变，自己和老人都需要时间适应。而双方彼此接纳，信任关系建立起来之后，志愿者也会面临新的难题。因为项目的服务对象很多是高龄老人，志愿者较容易遭遇老人去世的情况。在一次针对多名志愿者的访谈结束之后，项目人员指出，志愿者在服务过程中有很多感人的故事，但在受访时并没有讲出来，因为"讲起来就很容易掉泪，他们都在控制自己的情绪"。怎样应对潜在的情绪风险，做好自我照顾，一线实践者需要更多的关注和支持。

因为在过往并未遭遇严重的纠纷，本次接受调研的公益机构基本没有正式的风险管理制度。老人、志愿者以及社工在活动中的安全保障主要靠自助和互助，鲜少由机构或老年协会等组织出面购买正式的商业保险。服务中出现的个别纠纷，一般在服务双方相互信任和理解的基础上协商解决。服务人员上门提供居家照顾服务，老人出门参加集体活动，路途中都存在一定的风险，交通安全至关重要。同时，大多数志愿者也会在节假日为老人发放米、面、粮、油等物资，或是为老人做饭，其中的食品安全问题亦不容忽视。

更需要关注的是服务双方的互动。服务人员上门提供服务时，有时会遭遇言语攻击甚至是偷盗的指责，或是要处理被服务对象不合理的"服侍"要求。而普遍来讲，在服务双方的关系中，老年人因为身体条件等原因是更为弱势的一方，其人身安全也面临更高的风险。为保障服务双方的权益，社会组织需要逐步建立正式的风险管理机制。

第二章 服务模式简介及案例

中共中央在《关于制定国民经济和社会发展第十三个五年规划的建议》（2015）中指出，"积极开展应对人口老龄化行动，弘扬敬老、养老、助老社会风尚，建设以居家为基础、社区为依托、机构为补充的多层次养老服务体系。"

在本章中，我们将居家、机构、社区照顾作为社会组织农村涉老服务模式的分类依据。此三种分类涉及老人的居住安排以及服务的递送方式，对老人及服务提供者都有重要影响。是否能住在自己喜欢的环境里，是否能获得适切的服务，影响着老人的生活质量；而在多大范围内为老人提供服务，也极大地影响着社会组织的资源投入。

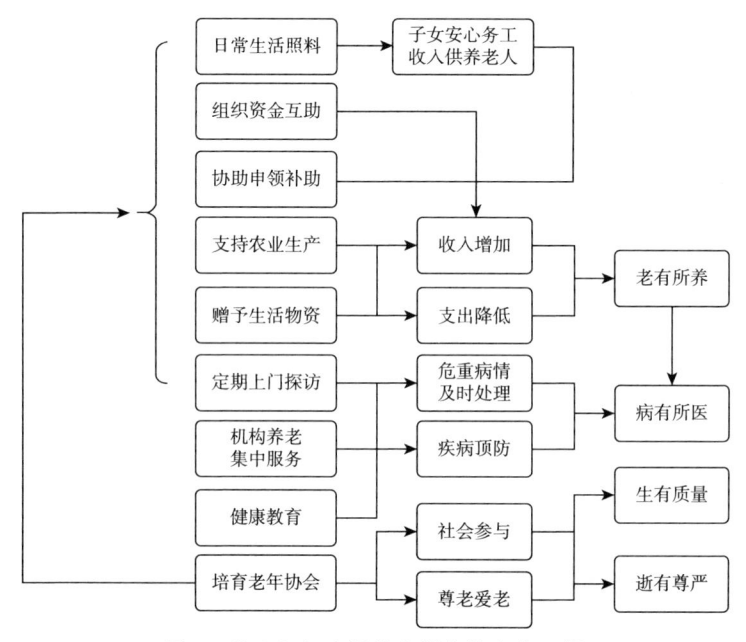

图 1 社会组织农村涉老服务的变化逻辑

尽管提供服务的地点有所区别，三种模式中的具体服务内容还是有较多的重合之处。而无论是物资慰问、日常照料、组织文化娱乐活动还是培育自组织等干预方式，都旨在满足农村老人的需求，让他们能实现老有所养、病有所医、生有质量、逝有尊严。

如图1所示，我们尝试将服务活动与满足老人需求间的贡献关系做了简要梳理，希望有助于读者快速了解领域现状。接下来，我们将逐一讨论各个服务模式的具体内容及代表性案例。文中收录的案例内容都经过相关机构确认，在此对诸位伙伴致以谢忱。部分概念的使用因循机构使用惯例，敬请读者知悉。

第一节 居家照顾

居家养老不仅是国家倡导的方向，也符合大多数农村老人的愿望——在自己熟悉的地方安享晚年。其实，相较"居家养老"，"居家照顾"是更为准确的概念表述——老人不只是居住在家中，而且能够在家里享受到适切的服务。

在农村地区，因为老人及其家庭的购买力有限，老人居住分散，劳动人口大量外出务工，地方财政经费紧张等原因，很难组建起专业的照护队伍，专职为老人提供服务。结合现有资源条件，社会组织探索的方向主要是动员村庄的内生力量，培养本地志愿者队伍，支持他们为老人提供生活照料服务。

一 模式简介

回应的问题

为希望在熟悉的家庭环境中度过晚年生活的农村老人提供可及的服务，改善他们所面临的生活无人照料、精神孤独等问题。

服务内容

● 生活照料：清洁个人卫生（理发、剪指甲、洗脚等），清洁家庭卫生，做饭，采购物品，代办其他生活事项等。

● 精神慰藉：入户聊天，组织老人开展集体文娱活动，协助调解家庭矛盾等。

服务者构成

主要是低龄老年人及留守妇女。服务的组织者通常是村庄精英，包括曾任或现任的村两委干部、乡村教师、乡村医生、民间艺术团队骨干或有外出务工经历、从军经历的返乡人员。这些群体具有较强的组织动员能力和一定的专业技能，在村庄中具有一定的威望，作为涉老服务的带头人，不仅能起到很好的协调作用，也能够唤起村庄更多人对涉老服务的关注。

资金来源

服务人员的补贴、组织老人开展集体活动所需的经费主要来源于社会组织支持及政府购买服务。其中，人员补贴数额较小，与外出务工所能获取的薪资相比仍有较大差距。

挑战

劳动人口大量外流，能够提供服务的人力资源规模十分有限。同时，有相当一部分的农村地区属于山地，人口居住分散，交通不便，造成入户服务的成本较高。但集中修建老人活动中心等设施，让行动不便的老年人出门获取服务更为困难。因此，居家照顾还是更为可行的服务方式。

子女养老仍是农村社会的主流观念，家庭成员以外的人上门提供服务，会让很多子女觉得没有面子，对让父母参与服务项目产生一定的抵触情绪。同时，无论是老人自身还是子女，对于服务的购买意愿和能力都不高。

相较桥、路、水利等基础设施建设，居家养老软性服务因为很难产生明显的"外在变化"，其价值容易被忽视。社会组织需要有针对性地建立一套监测、评估体系，及时记录项目所产生的积极影响，包括老人身心状态和村庄社会环境的改善等，以便有理据地证明项目价值。

风险管理

很多老人患有慢性疾病，突发疾病的可能性也较高。在提供居家照顾服务的过程中，如遇老人身体不适的情况，容易产生纠纷。但社会组织普遍表示，与老人或其子女签订正式协议并不符合农村社会的交往逻辑，因此基本没有采取此种方式来进行风险管理。

代表性机构（按拼音首字母排序）

- 河北省荷花公益基金会（原河北省钻石公益基金会）
- 施永青基金（香港）北京代表处

二 案例

案例一 河北省荷花公益基金会——"妇老乡亲"养老模式探索项目

机构简介

成立时间：2015年11月2日

主管单位：河北省民政厅

宗旨：遵守宪法、法律、法规和国家政策，践行社会主义核心价值观，遵守社会道德风尚，服务农村空巢老人，探索中国养老模式

口号：荷花基金·幸福到老

主要工作板块：政策倡导，联结社会各界开展农村养老领域的研究、探讨和传播，推动全社会关注农村空巢养老问题；项目执行，资助民间草根组织长期扎根贫困农村，服务农村空巢老人，探索农村养老模式。

项目地域：河北省石家庄、邯郸贫困农村

项目目标

- 改善农村空巢老人的生活质量
- 探索出适应农村情况的养老服务模式

干预方式

荷花基金会主导，主要通过资助当地公益机构、帮助社会组织驻村并孵化农村助老服务组织的方式，展开养老模式探索。该模式旨在发动村庄的内生力量来服务农村空巢老人，其核心是激活村老年协会内在动力，同时，培训留守妇女，组织她们为空巢老人提供服务。

老年协会的负责人主要由退休村干部、退休教师、有外出务工经历的返乡村民等构成，以男性为主。他们通常是所属家族的领袖，或是受村民尊敬的"乡贤"，在农村社区具有一定的威望，有利于助老服务工作的推进。老年协会的主要工作内容包括：组织文化娱乐活动，调解矛盾，协调红白喜事和宣传尊老爱老的向善风气等。留守妇女则需要接受初、中级的护工培训，学习护理技术，以便于用专业的手法服务同村老人。

目前服务的内容主要包括：为老人建立健康档案，建立"红蓝绿"分级健康管理制度；组建老年人文化娱乐队，建立老年人活动室，丰富老年人文化生活；建立老年人探访制度，定期上门探访、关怀困难老人；建立老人子女交流微信群，让在外的子女了解老人的情况。在基金会的资助下，

项目点也会定期联系医院在村里开展义诊。

项目成效

实践两年，通过对农村自组织的培育、孵化，并丰富农村自组织的文化娱乐、照料、矛盾调节等功能的方式，达到了满足空巢老人精神文化、探访照料等需求，倡导社会正能量、改善村庄文化氛围的目的。同时，对于农村空巢老人服务模式的探索也积累了经验，尤其是对社会组织、老年协会、妇女组织可以在为老服务中发挥的作用有了更为明确的认识。

老人和村庄都变得更加有活力了。在村庄里开展各类文体、健康活动时，即便行动不便的半失能老人，也会让家属推着来参加活动。在当地公益伙伴的支持下，村里成立了老年书法队、舞蹈队、民艺队，老人们在活动中发现了自身潜能，增强了生活信心。

同时，村庄敬老、爱老的氛围形成。发现有个别子女疏于照料老人的现象，老年协会会直接干预，运用道德规范来促使子女的行为改善。随着活动的开展，村民之间的交往增多，互助的传统有所恢复。例如，如果有惯常参与跳广场舞的老人突然缺席，其他老人就会上门查看，减少独居老人因发生意外无人响应而延误救治的情况发生。

挑战

经过调研，项目认为，对老人福祉影响最大的是其健康状况，失能、失智老人的生活往往更加艰难。相比空巢与否，老人的自理程度是更为重要的服务对象分类指标。但目前来看，项目活动参与者以健康、能走动的老人为主。

尽管项目已尽可能地从护养结合的角度出发，动员农村留守妇女的力量，让失能、失智老人得到了一定程度的照料，但由于资金有限，仅靠社会组织，该问题很难从根本上得到解决。一方面，医疗服务、长期照护的可及性主要涉及保险制度，社会组织较难直接影响；另一方面，需使用者或第三方付费的专业护理和家政服务也很难在农村推行。

发展规划

完善老年协会的治理和管理。协助协会形成定期改选的制度，特别是注重决策团队性别比例的平衡。同时，协助协会开拓资源，以实现可持续运作。协会的探索方向包括：通过农产品销售，承办红白喜事等，赚取一定的收入；提升自身筹资能力，向社会组织、政府申请资助或购买服务。

继续探索留守妇女居家护理、生活照料服务模式。将护理培训名额向老人家属开放，计划外请专家到村中开展系列的培训，以满足失能、失智老人家庭的紧迫需要。继续提升专业护理员的服务质量，尝试开展服务收费，争取能为妇女护理员提供来自社区的资金补贴，以提升服务的可持续性。

系统化"妇老乡亲"模式的探索。将第一期资助中发展较好的项目点作为培训基地，树立为样板，同时，将第二期的资助范围聚焦在河北省平山县内。平山县的人文地理环境与整个河北省类似，既有山区、平原，亦有二者交界的丘陵地带，三种地形区的经济发展水平各异，村民生活习惯、风俗、交通等亦有较大差异。在平山县探索养老模式，有利于"妇老乡亲"模式的系统化，其经验也将更适合河北乃至全国的农村实际，有利于提升项目模式的可复制性。

继续开展全国性及河北省内的农村养老创新与发展论坛，邀请政府部门、学术研究机构、公益组织、企业共同参与其中，探讨前沿的政策、理论，收集领域最佳实践，倡导社会各界对农村养老问题的关注，推动政策改善。

案例二 施永青基金（香港）北京代表处——居家养老服务项目

机构简介

成立时间：2017年11月

主管单位：中国人民对外友好协会

宗旨：改善中国农村的生产和生活，为解决"三农"问题出一点力

理念：通过基金的帮助，能够让贫困的农民发挥自己的潜能，更好地掌握自己的人生

活动区域：中国境内

业务范围：在教育、经济、文化和卫生领域，支持乡村综合发展，支持社会工作、社会福利、社会组织、农村集体经济组织发展，支持国际化的人文交流、人才培养和人民友好。

居家养老项目开展地域：云南省昭通市水富县、永善县

项目目标

- 对接农村空巢老人与农村服务人员的需求，探索可推广、可持续发展的农村居家养老服务方式。

- 培养农村服务人员队伍，培育农村公益自组织，推动农村社会治理和社区教育。
- 推动当地村民自助、互助和开展社区活动，充实农村生活，营造互助关爱的社会氛围。

干预方式

项目由施永青基金与云南省昭通市水富县民政局、水富县爱之行社会工作服务中心、永善县墨翰乡人民政府合作开展。主要方式是培育以当地留守妇女为主力的服务队，为本村老人提供每月不少于 40 个小时的上门服务。按照居住位置划分，每位服务人员就近服务 10 位老人。服务内容包括：陪同聊天、医疗护理、家政服务和紧急援助等。逢端午节、重阳节、中秋节、春节等节日，项目还会组织老人开展大型文娱活动，也会邀请其他村民参与其中。

服务人员正式服务前需要经过面试和培训：面试主要考查的是应试者对老人的态度以及是否可以长期提供服务，培训内容主要是与老人相处的方式，过程中还会请服务人员亲身参演情景剧，以强化对内容的理解与吸收。目前，服务队伍主要由留守妇女构成，亦有个别男性村民参与其中。人员背景多元，但以农民为主，其中有少部分理发师、厨师、村医、电工等，在提供服务时可以发挥所长，满足老人们的生活照料需求。一些服务人员还有外出务工经历，或在村委担任一定职务，这使他们具有较强的沟通和组织能力，可以承担起居家养老服务的统筹协调工作。

项目自 2015 年开展以来，服务模式也有所变化。最初仅有点对点的逐一入户服务，每月 4 次；从 2018 年开始，服务方式为每月上门服务 2~5 次，组织小组活动 1 次。服务人员将自己所服务的 10 位老人组织起来，让他们能一起聊聊天，还开展卫生评比、跳舞、唱歌、做健康操等活动。地点则选择在离各户距离适中、椅凳充足的老人家中，或者在几户老人家中轮流开展。

每个月底，服务人员也会召开总结例会，会议由参会者轮流主持，大家一起分享服务过程中的快乐与困难，共同探讨解决办法。施永青基金在跟进过程中，也会根据他们的需求，不定期地为服务人员提供多样的能力提升培训课程，协助他们更好地开展服务工作，实现个人成长的突破。基金在项目管理中也会开展不定期的实地抽查、入户回访，了解老人的需求与反馈，调整项目战略走向。

项目资金主要采用两方配套原则，当地政府每月配套 200 元/人的志愿者补贴，施永青基金的支持则用于——服务人员保险购买、200 元每月/人的志愿者补贴提供（为期两年）、项目中大型活动以及老人集体活动的物资采买、执行方（项目如有社会组织协助）的行政支出、服务人员的能力建设等。目前，项目已推动服务人员成立协会，希望能以正规化的运营来增强服务的可持续性。协会每年也向参与项目的老人收取 10 元/人的爱心费作为管理费用，经费使用由协会成员根据老人的需求商议决定。

项目成效

老人精神状态得到了较大改善，家庭关系更加和睦。定期和服务人员聊天，同其他老人在集体活动中相聚，重拾自己在年轻时唱歌、跳舞的爱好，老人们都比过去要开心了不少。部分老人家里的代际关系紧张，在服务人员和项目工作人员的调解下，关系也有了较大的缓和，减轻了老人的心理负担。有些子女被项目所影响，增加了打电话回家和返乡探望老人的时间。此外，服务人员定期上门服务，也解决了空巢老人在家务方面的具体困难。

服务人员也在项目中实现了个人发展。服务人员中的大多数是妇女，留守在家主要是因为照顾孩子。因为项目点地处退耕还林的山区，可以做的农活儿不多，妇女们平日的生活也较为单调，参与陪伴老人，也是对精神生活的一种丰富。在上门提供服务、组织集体活动、向外界来访的政府领导和公益伙伴介绍工作的过程中，服务人员的表达能力、组织活动的能力以及发现及解决问题的能力都得到增强，自身价值感得到提升。

敬老爱老、邻里互助的氛围得以发扬。有些妇女会带着自己年幼的子女一起上门为老人服务，老人与孩子相处往往更加开怀，而孩子也在潜移默化中接受了孝老爱亲的教育。项目开展前，村里的老人往来不多，独居的男女老人甚至完全不来往，以避免被说闲话。项目组织老人开展集体活动以来，老人间的交往增多，也愿意更多地相互帮助。

挑战

项目难以为所有想要参与的老人提供服务。有的老人自己很愿意参与项目，但在外工作的子女觉得参与项目的都是家境困难的老人，自己在外有很体面的工作，可以为父母提供足够的经济支持，不愿意父母参与。此外，项目的整体工作计划在年初定下，参与项目的老人数量、招募和培训的服务人员数量以及相匹配的资金规模都会确定。有老人一开始没有报名，观察一段时间，认可了项目想要参与，但项目很难直接做出相应调整，只能让老人先行轮候。目前，唯有接受服务的老人去世或者外出与子女生活后，项目才能吸纳新的服务对象。

居家养老服务尚无法成为正式的职业选择，对服务人员的稳定性构成挑战。相较外出务工可获得的收入，每月400元的志愿者补贴仅是象征性的经济支持。当家中需要改善经济状况时，服务人员往往会选择外出务工，也就意味着退出服务队伍。短期来看，当地政府部门还无法有专项资金购买居家养老服务，老人及其家庭也很难有直接购买服务的意愿和能力。

施永青基金在探索中发现，农村人口流动不低于城市人口流动，大部分青壮年为了生计必须外出务工，空巢老人不得不面对如何养老、务农、照顾孙子女等问题。而因为多数健康的农村老人都在务农，有熟悉的居住环境，故土难离，他们必然选择居家养老。在居家养老的过程中，项目人员发现，耗时最多的是陪伴。

虽然整体而言，因不断有新的服务人员加入，服务供给总量不会受到太大冲击，但人员的流动会对老人的心理产生一定的影响，也会增加项目的管理成本。对于机构而言，每次服务人员的更替，又是一次重新培养新人的过程。在陪伴过程中，要用很多的时间和精力去与服务人员同行，一起发现问题、解决问题。基金陪伴服务人员的成长，服务人员陪伴老人，以引导子女及社会对于农村养老的关注和观念转变。

发展规划

目前，项目已协助服务人员注册成立协会，接下来，基金会继续支持协会完善组织管理，增强筹资能力，让居家照料服务能够可持续开展。在未成立协会的项目点，如服务人员仍愿意继续服务老人，基金也会继续支持其开展小组活动和节日活动，持续进行模式探索。

基金会将在原有项目点的基础上，更注重项目的深耕，完善农村养老服务模式，也会向其他有意愿开展此项目的机构提供协助，互通有无。同时，基金也在搜集服务人员已有的实践经验，形成居家养老服务的操作指引、服务人员能力建设培训手册，以此促进服务质量的提升和服务人员培养的系统化。

第二节 机构照顾

最为常见的农村养老机构是政府出资兴办的社会福利院和敬老院,这些院舍往往有着严格的收住标准,服务的老人都是孤寡或是五保户。因为照顾条件有限,机构通常也只能收住可以自理的老人。但机构养老所能提供的日常生活起居照料,例如帮助老人进食、穿衣、如厕、洗浴等,正是失能、失智老人及其家庭最为需要的。而即便不是困境老人,也理应拥有选择机构养老的机会。公益组织兴办的养老机构正弥补了上述服务缺口。

一 模式简介

回应的问题

为有机构养老意愿和需求,但无法入住公立养老机构的农村老人提供了选择机构养老的机会,缓解了老人家庭的照护压力。公益组织兴办或支持的养老机构往往在管理和服务上更加注重人性化,这也在一定程度上推动着主流社会对于养老机构认识的转变。

服务内容

- 生活照料:为所有入住老人提供食宿,也根据老人的身体状况及其个人及家属意愿,提供有针对性的个别照料服务。
- 文化娱乐:为老人们提供集中活动的场所和相应的设施。
- 社会参与:为有意愿参与劳动的老人提供符合其身体条件的劳动机会,增强他们自身的价值感。

服务者构成

小型机构的服务者通常是兴办者个人及其家庭成员,亦会聘请村民作为护理员。护理员会优先选择家庭经济状况较为困难的留守妇女和低龄老人。宗教机构兴办的养老院,管理人员通常为宗教人士,服务人员多是养老院所在地周边村庄的村民。

资金来源

机构资金来源包括:社会组织资助、服务收费、爱心企业及社会爱心人士捐赠等。有时兴办者个人也会投入资金,一般是用于硬件设施的维护、升级。

挑战

因资源有限，目前社会组织兴办的养老机构多无法配备专业的医护人员，只能为入住老人提供简单的生活照料服务。当老人需要外出就医时，其家人常因种种原因无法及时赶回照料，机构还经常要承担陪同老人就诊甚至是陪护的工作。

虽然收取的服务费用可以用来维持日常运营，但无法覆盖硬件设施维护所需的成本，维修、改造所需费用只能靠基金会、政府等支持，特别紧急的情况下，创办人会个人垫付资金。

风险管理

资金规模有限导致硬件设施升级改造缓慢，而硬件设施不达标就无法获得养老机构设立许可证，很多机构因此始终处于一种不合规运营的状态，在安全性和可持续性上都存在一定的风险。[1]

代表性机构（按拼音首字母排序）

- 河北省邯郸市大名县思高安老院
- 湖北省广水市李店镇黄金村敬老活动中心

二 案例

案例一 河北省邯郸市大名县思高安老院

机构简介

河北大名思高安老院成立于1994年，创始人为武永波姆姆。她在年迈之时克服种种困难，收留了13位老人，形成了安老院的雏形。老人的生活来源是教内外善心人士的捐助，由修女们全日制护理。1997年老人们搬迁至工业小区思高教养院（孤儿院）颐养天年。2006年5月在大名县东街"宠爱之母"大堂的东侧建起思高安老院。

服务宗旨：通过照顾、护理、陪伴及拜访，满足老人的身、心、灵

---

[1] 2019年1月，民政部发布关于贯彻落实新修改的《中华人民共和国老年人权益保障法》的通知。通知明确指出，根据新修改后的《中华人民共和国老年人权益保障法》，不再实施养老机构设立许可，设立民办公益性养老机构，依照《民办非企业单位登记管理暂行条例》的规定，依法向县级以上地方人民政府民政部门申请社会服务机构登记。此项变化或为社会组织创办、运营养老机构产生积极影响。通知可见：http://www.mca.gov.cn/article/xw/tzgg/201901/20190100014227.shtml。

需求。

服务及运营模式

从 2010 年开始，安老院正式收住老人，目前收住有 35 位老人，其中能自理的 25 人左右。老人具有流动性，一些老人是由子女轮流赡养，根据子女的意愿和条件，一段时间住在院内，一段时间住在子女家中。服务采取收费的方式，能自理的老人收费 700 元/月，完全需要护理的老人收费 2000 元/月。个别老人享有退休金，可以自己缴纳入住费用，大多数老人的费用则由子女负责支付。有十几位孤寡老人的费用由侄子辈的亲属负责，侄子（女）、外甥（女）每月缴纳 200 元左右，视家境贫困程度不等，其余部分由进德公益基金会予以补助。

安老院管理团队由 4 位修女组成，另有 4 位护理人员以及 1 位厨师。修女分别负责统筹院舍工作，与家属沟通，协助调解老人的家庭矛盾，处理后勤工作等。护理员主要负责老人的日常生活照料，包括清洗衣物，协助老人进食、如厕、沐浴等。因为没有男性护工，暂时无法收住半自理或不能自理的男性老人，安老院会转介他们到县内其他养老院。

安老院设在大名县城内，大名天主教堂旁边。教堂及安老院前的广场是周边很重要的公共活动空间，日常往来人群较多，也经常举办活动。相比山区养老院舍，安老院的老人们仍有较多机会接触外界，在一定程度上保持与社会的连接。

成效

为农村老人，特别是半自理、失能老人提供了安全的居住场所，可以满足他们基本的生活照料需求。因为地处县城中心，毗邻教堂，也为入住老人提供了较为便利的社会交往空间，有助于降低他们的隔离感和孤独感。

安老院的收住制度也较为灵活，老人并不需要做出长期入住的承诺，而是可以根据自身和家庭安排不定期往返于机构和家中。这样的制度在不同程度上惠及了老人、负责照护老人的成年子女及其家庭。老人在机构得到妥善照料时，子女就可以外出务工，当子女回乡时，老人也可以有机会回到家中与家人团聚。

挑战

老人的收费分级并不能完全按照身体状况划分。有些老人入院时间较长，身体状况已从能够自理转变到需要照护，但老人自己尚不能接受这样的转变，不愿意接受护理员的照护，也不愿意接受新的缴费标准。

院方发现，部分承担轮养任务的子女未能保障老人的基本生活所需。在考虑到子女与老人相处的时间更长，缺乏有效行为约束机制的情况下，院方担心与子女产生冲突后，反而会为老人带去更加负面的影响，因此很难直接介入。

发展规划

安老院将服务质量的提升作为发展的目标。院方认为，尽管大名安老院与很多养老机构特别是城市地区的机构相比，在硬件和人力资源条件上相差甚远，但一些服务和管理的原则仍可以借鉴，例如：明确工作人员的分工，建立责任制；重视与老人的沟通，尊重老人的决策权；加强个人管理，详细记录老人的用药、特别护理和外出的情况等。相关工作已在稳步推进中，以期为入住老人提供更为优质的服务。

案例二　湖北省广水市李店镇黄金村敬老活动中心

机构简介

成立时间：2012年3月

注册类型：民办非企业

口号：关注今天的老人就是关注明天的自己

服务及运营模式

敬老中心由村庄废弃的小学改建而成，主要为黄金村及周边村镇的老人提供托管服务，目前有床位60张，入住老人20多位。入住老人大多能够自理，但已无法从事重体力劳动。中心为老人提供食宿，并为有需要的老人提供送餐到房间、夜间护理、助浴等服务。中心有健身器材、棋牌、电视、配备有空调的活动室等娱乐设施，可供老人们休闲娱乐。中心也会定期为老人们组织生日会等集体活动，一些有劳动意愿且身体状况允许的老人也会参与择菜等轻度的劳作。

中心管理由叶星梅夫妻负责，二人身兼数职：从食材种养、采买，到收住老人，夜间管护，开车送医，调解老人矛盾，再到与政府、基金会、爱心企业及爱心人士沟通，争取资金支持，对外交代资金使用情况，接待参访等都是工作职责。中心护理人员从黄金村或周边村庄招募，目前共有4人，3位女性1位男性，中心包吃住，工资1200元/月。如护理员负责看护多位老人，还可以获得每月200元的额外补贴。另有厨师两人，工资总计

3000元/月。

在不涉及硬件改造支出的情况下，中心的日常运营可以靠服务收费来维持。收费标准依老人的身体状况、老人及家属的意愿而定。例如，有些老人身体状况尚可，但子女愿意多付一些费用，让老人能多休息少劳动。一般情况下，中心向自理老人每月收费600元，完全不能自理的老人每月收费2600元，标准根据每个老人的具体情况或有微调。此外，中心也在通过自己种植蔬菜、粮食、油料等作物的方式，尽可能地降低外出采购所带来的支出成本。但根据目前的人力资源情况，中心只能收住老人20~30人，暂时难以通过扩大入住人员规模来摊薄成本。

成效

中心的存在，让无力自我照顾、家庭成员也无力照护的老人能够享有最基本的尊严——吃饭不用看他人脸色，个人卫生洁净。中心所在地为山区，农户居住分散，交通不便，老人间交往困难。而入住中心后，因为集中居住，条件便利，老人的社会交往、文化娱乐的需求也能够得到更好的满足。

中心聘请的护理人员通常是具有爱心、责任心，但家庭经济状况较为困难的留守妇女。在中心工作获得的收入，可以改善护理员个人及其家庭的经济状况。因为良好的服务质量，中心以实际行动传递出了"让老人有尊严地生活"的价值理念，这也在一定程度上扭转了老人和其他社会群体对养老机构的刻板印象。

挑战

目前，最需要接受机构照顾的老人入住仍然较少，不能自理老人数量占入住总人数的不超过20%。有些是老人有意愿入住但子女没有付费的经济实力，老人每月70元的养老金也远不足以覆盖入院费用；有些则是老人觉得住养老院的名声不好听，自己不愿意入住。同时，因为缺乏专业的医护人员和相应的技能培训，使从事失能、失智老人照护工作的中心工作人员承担着较大的风险与压力。

调解老人之间的矛盾，维护公共空间的秩序也是中心的日常工作。普遍而言，人的生活习惯在老年阶段已经很难改变，个人卫生清洁、生活垃圾处理，这些在独居或独门独户生活时更像是私人琐事，但放到集中居住的环境里，就不免对其他老人产生影响，甚至引发矛盾，这些都需要中心工作人员及时处理。但在干预效果有限的情况下，他们较容易感到挫败与委屈。

中心的硬件设施升级与维护需要持续的资金投入，考验着机构的筹资能力。目前，向基金会募集相关建设费用并不容易，以服务收费覆盖或向政府筹资亦不可行。机构因为缺少资金而无法进行设施改造会带来一系列连锁效应。一方面，消防系统等设施的不完善确实会造成一定的安全隐患；另一方面，因硬件设施不达标而无法获得资质，也就无法获得政府的补贴和购买服务，从而进一步限制了中心的运营和发展。

风险管理

中心配有监控设备，工作人员24小时观察老人的状况，发现失智老人在夜间游走等情况，会及时处理。中心自2012年运营至今，尚未出现纠纷，和老人及家属的沟通主要是靠信任关系的建立，而非正式的合同文本约束。

发展规划

中心继续完善运营模式，除了服务老人，机构还为留守儿童、妇女提供服务，暑期也经常接待大学生实践团队。学生们有几十元的住宿补贴，中心有剩余床位，未来计划让学生住宿在中心，一方面可以保障学生的安全，另一方面也可以为中心带来一定的收入。

第三节 老年协会培育

老年协会（以下简称老协）是老年人自我管理、自我教育、自我服务的社区组织，旨在通过一系列集体活动，提升老年人及其所在社区的福祉。国际助老会（HelpAge International）的研究指出，老协具有多种功能，尤其在老年人的收入保障、健康照护、防灾减灾、社会参与等方面发挥着重要作用（HelpAge International，2016）。

在中国，老年协会建设是一项在全国范围内广泛推进的事业。但目前，很多协会虽然成立起来，却存在作用发挥不充分的问题（全国老龄办，2015）。普遍而言，协会想要办得好，从起步到正规化管理，再到可持续运营，都需要外界的支持。公益组织正是在其中发挥着重要作用，包括起步阶段的推动以及持续的能力建设等。

一 模式简介

回应的问题

在涉老服务的资金和人力资源都相对匮乏的农村地区，提供了一种老年人自助、互助的方式。老协及其组织开展的活动，既是对居家、社区服务不足的一种补充，也为老年人提供了发挥潜能的平台和机会。通过组织老年人共同参与生计发展、健康促进、减灾备灾、文体活动等，协会可以起到改善老年人的经济、身体状况，减少老年人的孤独感和无力感的作用，也让更多人能看到老年人的能力与贡献。

工作内容

公益组织起到的作用主要是：激活村庄已有的老年协会，协助其完善治理架构和管理制度，建立起以居家照顾、健康促进为主要服务内容的志愿者队伍，增强筹资或经营生计项目的能力等。通过上述支持活动，让协会能够在老人互助、社区发展等方面发挥作用并实现自身的可持续发展。老年协会日常开展的主要活动包括——

- 收入保障：承办红白喜事、出租设备等。
- 健康照护：为老人测量血糖、血压，探访及照料孤寡、独居、行动不便的老人，在生日、节日慰问高龄及困境老人，宣传健康知识等。
- 社会参与：组织集体文化娱乐活动，调解家庭和邻里矛盾，协助村两委动员村民参与各项社会事务，协助村两委宣传党和政府政策等。

人员构成

协会采取会员制，一般情况下，凡是年龄符合标准的村民皆可入会。协会的管理者通常是村庄的精英，例如：退休教师、企业家、复转军人、卸任的村干部、村医等，以男性为主。

资金来源

老年协会的资金通常来自以下几个方面：政府拨款，村庄集体经济拨款，协会的生计项目盈利，协会会员费，公益组织资助款等，各个协会的资金构成比例不一。

挑战

虽然早在 2015 年，全国老龄办、民政部已明确提出"把老年协会纳入社会组织登记管理范畴"，鼓励符合条件的老年协会进行正式登记注册（全国老龄办，2015）。但很多省份并没有出台相应的配套政策，导致很多老年协会仍然只能延续备案登记，没有正式的法人身份。这在一定程度上阻碍了老协获得社会组织资助和政府购买服务，也不利于资金等方面的风险管理。

风险管理

老年协会运营成功通常有赖于创始团队特别是核心负责人的能力与投入，但这也会带来相应的风险。因为管理团队普遍由村庄精英构成，可能会延续村庄已有的权力结构，甚至引发内部冲突；或是出现代表性不足的问题，相对弱势的群体在决策中难以发声。

而当创始管理团队因为身体、家庭等原因卸任时，可能会出现后继无人的情况。为了规避上述风险，老年协会要建立起尽可能完善的管理制度，特别是兼顾效率与公平原则的决策机制和管理团队选举办法。

代表性机构（按拼音首字母排序）
- 成都高新区益多公益服务中心
- 陕西助老汇社会工作发展中心

二 案例

案例一 成都高新区益多公益服务中心——幸福乡龄项目

机构简介

成立时间：2008年创立，2012年正式注册

注册类型：民办非企业单位

宗旨：用爱陪伴生命

愿景：愿老人能享有快乐、有尊严的晚年

主要工作板块：农村互助养老，城市失能失智老人社区照顾、日间照料中心新型管理模式探索，助老公益组织的能力建设

项目地域：四川省成都市天府新区、四川省雅安市芦山县

项目目标
- 协助老年协会实现可持续运营，以互助养老的方式，改善老人的福祉
- 摸索出一套农村老年协会建设的模式

干预方式

项目的核心是活化村庄已成立的老年协会，协助其完善治理结构和管

理方式，找到能够产生持续性收入的小型生计项目，实现可持续运营。益多对生计项目的要求是"留守型"——在社区内部就可以实现营收（区别于种植养殖合作等项目，需要介入外部市场，风险较高），能够持续产生现金收入，可以支持协会的运营并赢得老人自身和村庄其他人的认同。

在四川省雅安市芦山县的几个村庄，每个村庄的老年协会都有自己的生计项目，包括：九大碗设备出租（当地红白喜事用），自动麻将机出租，理发服务，舞蹈队商业演出。其中，前两种模式发展得比较成熟，每年可以实现多则1万余元，少则6000余元的收益，足以支持一个协会一年的运营。

同时，村两委为老协提供了免费场地，有的还覆盖了场地的水电费用，使协会能实现低成本运营。相比爱心超市等模式，上述生计项目模式较轻，不涉及流动资金、进出货等问题，更加具有可操作性和可持续性。

益多对生计项目盈利的分配有指导性的比例，收益的30%用于特殊老人照护，70%用于老协活动开展、生计项目耗材更替及物品维修。益多亦对老协进行管理能力建设，例如，辅导管理团队计算每年的设备折旧费用，做好资金积累，以便几年之后有足够的资金进行设备更新等。在经营策略上，是扩大规模还是提升单价，益多的同事也会启发老协成员思考和讨论，以使他们逐步掌握基本的经营理念和方法。

除了开展生计类项目，老协还组织以留守妇女为主的居家照顾团队，为半自理、家庭贫困、独居的困境老人提供上门服务。服务以志愿形式开展，主要是陪老人聊天，帮老人打扫家庭卫生等。有政府项目支持时，护理员上门服务一次可获得15元左右的补贴，补贴费用也可由老协的照护基金支付。当老人生病住院时，聘请护工的费用亦可由基金予以支持，具体的支付比例和操作方式由各个老协自行决定，接受益多的监督。

项目成效

通过开展生计类项目，参与文化娱乐活动和居家探访志愿服务，老协成员们孤独、空虚的精神状态得到改善，自我价值感提升。居家养老服务的开展，也在一定程度上满足了困境老人的精神慰藉和生活照料需求。

老年协会年收入6000~10000元，实现了资金方面的可持续运转。协会也在村庄内部建立起了影响力，可以协助村两委进行政策宣传、组织动员等工作。此外，项目也形成了一套支持老年协会发展的工作模式，目前已被收录"中国好公益平台",以规模化影响力。

挑战

并非所有老协的激活都一帆风顺,在项目的8个试点村庄中,也有个别老协的会长考虑自身利益胜过协会的发展,曾引发分派对立的情况。后协会成员集体选出了一名积极作为的秘书长,进而带动了会长的投入,基本解决了冲突。

老年协会的管理层通常由村庄精英构成,在协会之外可能就代表着不同家族的利益,这样的权力结构也可能转移到协会内部。因此,老协建立完善的选举和决策机制就十分关键,例如强化理事会的作用等。即便没有矛盾冲突,会长和管理团队的正常卸任也需要相应的支持,特别是对新团队的能力建设,以保障协会的平稳运营和持续发展。

益多支持的老协都尚未在民政部门正式注册,只是在村委进行了备案。没有独立法人身份和账户,在一定程度上阻碍了老协的对外合作。在居家养老服务的板块,目前协会和志愿者团队只能提供简单的精神陪伴和生活照料服务,无法解决老人的医疗护理需要。同时,因为是以志愿者的形式开展工作,服务人员和服务频次的稳定性也面临一定挑战。

风险管理

项目管理采取了村委、老协、益多签订三方协议的方式,签约仪式由当地县民政局领导见证。从项目启动资金的使用,到后续生计项目营收的支出,村委、益多、民政等多方都对老协进行监督。协会的账目每年也会接受例行检查。此外,外界的参访也是一种无形的压力和风险管控机制,促进老协的规范化管理。

项目要求护理员上门服务时至少要两人一组,以便于应对突发情况,这样的机制设计对老人和护理员都是一种保护。护理员上门服务过程中的交通安全亦需特别关注,但因资源条件所限,项目尚未能给护理员购买保险。

发展规划

继续协助已经在运作中的老年协会完善管理制度和生计项目模式,同时,益多也在孵化在地公益机构,以期更为可持续地陪伴老协成长。机构也计划在四川省其他地区继续开展老年协会、老年大学的能力建设项目,希望能够深化项目模式的探索,尤其是摸索出在不同的经济状况下,村庄老人的需求有何不同,公益机构又该采取怎样的策略予以回应。

2016年，益多还联合发起成立了中国乡村助老社会服务网络——乡龄汇，为全国在农村开展涉老服务的公益组织提供技术支持。目前，益多正向枢纽型、平台型机构转型，计划更多地输出服务模式，倡导社会各界对农村养老问题的关注。

案例二 陕西助老汇社会工作发展中心——"好龄居"农村邻里互助养老项目

机构简介

成立时间：2014年10月在省民政厅登记成立，前身是陕西省老龄办国际合作项目办，在陕西执行老龄领域发展项目始于2003年。

注册类型：民办非企业

愿景：老年人是社会资源，助老汇期望老年人生活在一个他们能参与发展又能做出贡献的社会，拥有安全、健康、积极的老年生活。

使命：与政府、老年社会组织及其他社会力量协作，整合资源，依托社会工作手法，支持且促进老年人的参与和贡献，保障老年人获取医疗保健、社会服务及经济和人身安全的权益，构建老年人关爱服务体系。

项目地域：陕西省、甘肃省

主要工作板块：

- 培育扶持老年社会组织
- 探索社区健康养老服务创新模式
- 保障老年人收入安全
- 开展老年社会工作调研与培训
- 促进行业交流与分享

项目目标

"好龄居"农村邻里互助养老服务模式依托基层老年协会和志愿者开展，旨在系统回应农村弱势老年人的基本养老服务需求，给予老人精神上的慰藉，并在社区内营造敬老、爱老、助老的社会氛围，充实农村居家养老服务体系。

干预方式

传承"老吾老以及人之老"及邻里互帮互助的中华民族传统文化，依托基层老年协会，为村民志愿者提供养老照护方面的技能培训，再由他们为社区的失能及半失能老年人（鳏寡独家、卧床不起、残疾、高龄、特困等）提供服务。

服务内容包括：日常生活照料，如洗衣、理发、剪指甲、洗脸、协助便溺、换洗床铺等；家务和家庭卫生协助，如打水、做饭、室内外清洁、协助购物、散步助行等；健康管理，如监测体征，测量血压、血糖，紧急处理、急救、协助管理饮食健康等；精神慰藉，如上门聊天慰问、家庭矛盾调解等。除此之外，项目还面向社区老人开展了疾病预防、保健、康复等方面的培训，增强老年人对慢性疾病、健康饮食方面的认识，提升其健康素养。

项目将培训和表彰作为对志愿者的主要激励措施。从 2016 年开始，项目每月还为志愿者提供 100~150 元的服务补贴，以表示对志愿者服务价值的认可。助老汇认为，动员社区志愿者为社区内老人提供服务的成本较低，有利于项目模式的推广和复制及争取政府购买服务。

项目强调规范化管理，每项活动的步骤明晰，以使老年人的个案管理、志愿者团队的管理最大限度地符合农村地区的实际情况。老年协会成员和志愿者在项目中的定位类似于社会工作者，主要起到资源连接的作用，当发现老人有健康方面的问题时，会将老人及时转介给医疗卫生机构进行适切照护。

项目成效

目前助老汇已在 18 个社区推广"好龄居"农村邻里互助养老服务模式，动员了 167 名志愿者为 561 位失能及半失能老年人（鳏寡独家、卧床不起、残疾、高龄、特困等）提供上门服务。具体效果主要体现在以下五个方面。

- 老年人生活便利程度增强。以高龄、独居和身体行动不便的老人为重点服务对象，解决了老年人面临的生活困难。
- 老年人精神需求得到满足。志愿者的日常照料和陪伴更多的是给予老人精神上的慰藉，缓解了老年人精神空虚的情况。
- 志愿者队伍逐步稳定。建立了一支稳定、专业、热心的志愿者队伍，确保服务老人的任务保质保量完成。
- 老年人子女后顾之忧消除。志愿者定期帮助老年人与在外工作的子女联系，让子女能安心在外务工。
- 社区对老年人关注程度提高。项目带动了家庭与社区对老年人的关注，构建了更为和谐的家庭和社区关系。

挑战

农村老人的需求具有多样性、复杂性，其中，健康方面的需求尤为突出。项目目前所依托的志愿者均为社区内部的留守妇女或者低龄老人，在服务专业性和服务频次方面尚不足以全面满足老人的需求，有待进一步提升。

风险管理

山区地广人稀，老年人居住分散，志愿者上门提供服务过程中的安全问题是项目所关注的。为此，项目为志愿者提供一定的意外保险，一旦意外发生，尽可能将伤害降到最低。

发展规划

助老汇所探索的"好龄居"农村邻里互助养老服务模式的长远目标是希望推动政府政策改变，以让更多的弱势老年人在社区中能够平等获取照料、健康、社会参与等服务。同时，助老汇也在尝试通过不同的渠道为多个农村社区连接更多的资源和力量，探索和总结出更为成熟、有效的养老服务体系，以让更多的合作方可以用其来服务老年人。

2017年，助老汇被陕西省老龄办选定为陕西省基层老年协会孵化基地，将继续搭建老年工作网络、开展老年协会相关的培训与交流活动。"好龄居"农村邻里互助养老项目模式也已被收录于"中国好公益平台"。机构期待能与一众公益伙伴共同实现影响力规模化。

第四节　社区日间照顾

一　模式简介

20世纪50年代缘起于英国，社区照顾的概念几经演变至今，主要包括了三个层面的意涵：在社区内接受照顾，由社区照顾，对社区提供照顾（陈伟，2010）。在国际上，日间照料中心的服务模式主要分为社会模式和医疗（或称健康）模式两类，前者主要是满足老人的文化娱乐和社交需求，后者涉及为老人提供治疗、康复服务等，特别是服务于失智症患者或其他长期病患（National Adult Day Services Association，2018）。

日间照料主要依托日间照料中心开展。中心是指："为社区内自理老年人、半自理老年人提供膳食供应、个人照料、保健康复、精神文化、休闲娱乐、教育咨询等日间服务的养老服务设施。"（民政部，2016）部分省份在政府资金的支持下，已经在农村广泛建立起了日间照料中心。但调研发现，仅有部分中心可以聘请专人提供膳食服务，发挥了老年食堂的功能，大部分中心则并没有配备专门的服务人员，仅有场地和文娱设备可供老人使用。

供应膳食服务的中心，一般由村委会统筹运营，包括组织老年人，为厨师发放补贴等。餐费则一般由村集体经济和老年人共同支付。老年人支付的费用通常远低于餐食成本，并按年龄增长而递减。有些中心则规定只为高龄老年人提供服务。膳食供应的可持续性极大地依赖于村集体的经济情况。调研发现，老年食堂运行比较成功的，基本位于经济较发达的东部省份，村集体多因拆迁或经营产业等原因，经济实力较为雄厚。

保证膳食营养对于维护保持老年人的身体健康极为重要，但随着身体机能的减弱，做饭对于很多老人来说已经是难题，特别是对于高龄、独居老年人来说，更是难以负荷。老年食堂的存在，可以切实减轻老人的劳动负担，满足其健康需要，具有重要价值。但其运营模式如何更为可持续、可复制，尚需进一步探索。

第三章 讨论及建议

至此，基于名录问卷、访谈获取的信息，我们对社会组织农村老年人服务项目的概况进行了描述。以下，我们将对现状中的重要问题略作讨论，并尝试对社会组织服务模式的发展提出建议。

建议通常基于理想模型与现实状况的比较。在本研究中，前者主要指较早进入老龄化社会的发达国家和地区所探索出的较为有效的涉老服务模式。诚然，模式有效性与其产生的环境密切相关，境外的最佳实践移植到中国农村地区，一定会遭遇适用性的挑战。但老年群体的需求亦有一定的共性，我们相信，模式之中总有可借鉴之处。

域外经验不能一概而论。如想真正为己所用，需要开展有针对性的国家或地区间比较研究。囿于本研究的定位和报告篇幅，在本章中，我们并未针对某一地的最佳实践详加讨论，而是主要引用了联合国、世界卫生组织、国际助老会等国际机构发布的基于全球或区域性数据的研究成果，以期协助读者先建立对涉老服务领域的基础认知。

在境外，为更有针对性地满足老人的各项需求，涉老服务由不同专业人士共同提供，包括：社会工作者、医生、护士、职业治疗师、物理治疗师、家庭健康助理、家务助理等。相较之下，内地的农村涉老服务队伍以村民志愿者为主体，可谓从零起步构建整个系统。但也正因如此，我们同时避免了专业化极易导致的"只见病症而不见人"的问题，可以为农村老人提供更为人性化的服务。

换句话说，后发也有其优势。因为起步较晚，我们可以较为全面地吸收先行者的经验与教训。因为开始认识到老年人掌握生活自主权的重要——优于以保障安全的名义被过度保护，胜过以延长生命为理由被迫接受创伤性治疗，境外同行已开始重新反思机构照顾和医疗服务的安排，更加重视服务过程中技术操作之外的人文关怀，这些经验与反思可以直接为我们所借鉴，以形成更为合理的服务模式。

将服务对象当作独立的个体来对待，关心他（她）的身心和社会交往状况，这正是目前农村老人志愿服务中宝贵的部分，需要在认可其价值的基础上巩固发展。在此基础上，我们才可以更好地讨论在服务对象细分、服务内容深化、评估体系完善、权益倡导推进等方面，社会组织可以如何寻求专业精进。以人为本的理念和知识、技术平衡发展，才是更有益于农村老人的社会服务发展方式，也是我们应该并且可以为之努力的方向。

第一节　按照自理能力细分老人群体

老年人之所以能构成一个特定的群体，是因为他们拥有一些相似的特征，例如：生理老化、罹患慢性疾病和在社会中被边缘化的可能性增加等。但世界卫生组织（2016）指出：典型的老年人是不存在的。例如，有些高龄老人可能有年轻人的身心状况，而有些人则是刚进入老年期就丧失了自理能力。

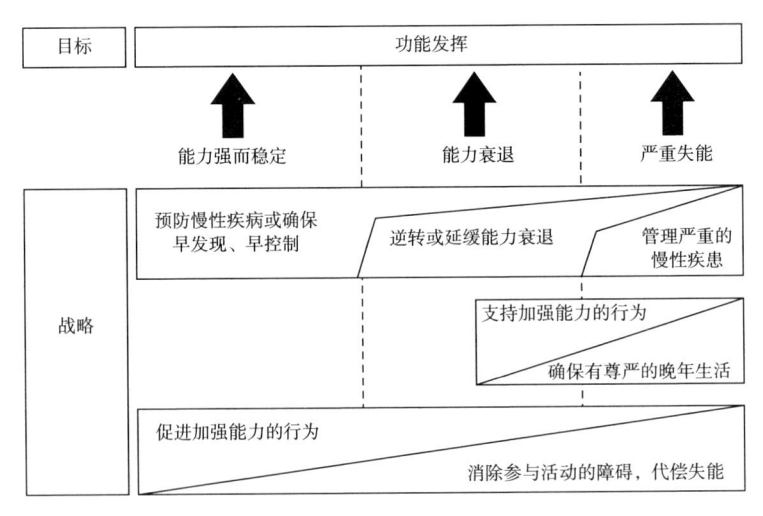

图 2-3-1　健康老龄化行动计划

资料来源：《关于老龄化与健康的全球战略与行动计划》（WHO，2016）。

对于社会服务组织而言，这样的理念转换意味着要对农村老人群体进行进一步细分，根据每个个体的情况提供有针对性的服务。此次调研发现，社会组织对此已经有所尝试，例如：会按照老人是否独居、是否有严重的身体障碍等标准来规划服务内容和频次。但整体而言，这些项目尚未有明确且详细的服务对象分类和评估标准，也缺乏与之匹配的干预目标。

世界卫生组织认为，对老年人来说，最重要的是维持其功能发挥，这取决于他们的内在能力与外部环境相互作用的情况。为此，我们应该按照老年人的能力状况将其划分为三类群体，在卫生保健、环境建设、长期照护方面进行有针对性的干预（WHO，2016）。这不仅涉及对老年人身心状况的干预，也涉及老年友好社区建设以及善终服务等问题。

细分服务对象，有助于我们将服务推向深入。而要满足老年人的多样化需求，有赖于包括社会工作者、老年护理员在内的多专业发展。"家庭照护者的类型及工作内容"展示了欧美及我国香港等地常见的老年人家庭照护者职业身份。虽然只是区域性经验，仍可为社会组织提供思考服务模式和服务人员职业发展路径的新视角。

需要指出的是，职业人才的培养并非某一家社会组织一力可以完成的，而是需要涉老社会组织的联合以及跨部门的协同，尤其需要政府在政策、资金等方面予以支持。

家庭照护者的类型及工作内容

家庭护理大致可以分为两类：技能型（Skilled Care）和个人型（Personal Care）。

技能型护理是由护士、物理治疗师、职业治疗师、语言治疗师或社工提供的护理服务。当医生觉得提供技能型护理有医疗上的必要性时，就会要求给患者提供这种服务。个人型护理是由家庭健康助理或被称为家庭看护、个人护理员或助理的工作人员提供的服务。第三种服务是陪伴和家庭管理服务，它提供非医疗方面的帮助。

护士（Nurses）

承担很多重要的医护工作。他们为刚接受手术的患者更换包扎绷带并清洗伤口。他们记录患者的血压和其他重要的生命指征，观察患者状况的变化，并检查患者的服药情况。他们还要制定一份护理方案。

物理治疗师（Physical therapists，PTs）

帮助患者变得更强壮。他们辅导患者做增强力量和身体灵活性的练习，会帮助决定患者是否需要特定的设备，比如扶手和护栏。他们也能安排设备的安装。

语言治疗师（Speech therapists）

帮助患者提高语言技能，例如帮助中风患者恢复用语言清晰交流的能力。

职业治疗师（Occupational therapists，OTs）

帮助人们重新学习吃饭、穿衣服等技能。他们教导体质虚弱或有残疾的患者如何自己起床并坐到椅子上。

社工（Social workers）

帮助患者申请福利并提供关于护理服务等方面的建议，例如成人日间护理或喘息服务（目的是让家庭照护者能抽出时间休息）。他们也可与患者家属讨论后者的忧虑和其他困难。

家庭健康助理（Home health aides）和个人护理员（Personal care attendants）

主要提供个人护理服务，包括帮助患者吃饭、洗澡、穿衣服、走路以及一些与在家生活相关的活动，如购物、做饭及洗衣服。他们可以测量患者的体温和血压，给患者更换伤口上的干燥的纱布（在没有出血或流脓的情况下），帮助患者活动手臂和腿，并且协助患者做关节活动范围练习，比如简单的伸展运动、活动腿脚和手臂等。

个人护理专员的工作和家庭健康助理的工作有很多相同之处。两者的区别取决于（美国）每个州对从业者的培训规定。很多人认为个人护理并不需要很多的技能。事实并非如此。有些任务可能是非常困难的，比如给认知障碍患者洗澡或者移动、转移体重很重的患者。

家庭管理员（Homemakers）

可以帮助患者的家庭成员做一些轻型的家务管理工作如洗衣服、到超市购买食物、准备食物等，以及其他能让患者家人留在家里的家务劳动。家庭管理员通常不提供个人护理，他们也不是仆人。较重的任务和全面的房间清扫工作通常也不能由家庭管理员承担。

出处：《家庭照护者指南》（United Hospital Fund，2014）略有改动。

第二节　优化老人个案及项目评估体系

能够实现服务对象细分的重要前提之一，是建立完善的评估体系。在开展项目前进行老人个案及村庄环境等方面的评估，才能提升项目设计的有效性，尽可能确保服务内容符合老人需要，服务方式切实可行。而除了设计阶段，监测和评估工作还应贯穿项目始终，以建立证据为本的学习体系，用以判断和提升服务方式的有效性。

简单来讲，上述评估工作至少涉及两个层次：老人个案的评估和项目层面的评估。对于机构照顾服务来说，还涉及对机构运营的评价。在个案评估层面，此次调研发现，社会组织服务项目大多为接受服务的老人建立了档案，记录了他们的基本信息特别是身心健康和家庭经济状况等。但记录的内容仍显简单，尚无法达到深化服务所需的评估要求。

在项目管理层面，社会组织带领村民志愿者建立了较为完善的痕迹管理制度，以活动记录表格、照片、工作月刊等形式记录了历次活动的情况。对于项目效果的监测和评估，以服务对象满意度调查、生命故事撰写等方式为主。满意度调查的结果主要与期望相关，对于项目效果的证明作用有限。生命故事虽然可以证明项目效果，但因其具有一定的特殊性，结论较难复制和推广。此外，项目尚缺乏对于服务效率的针对性评估。

换句话说，目前，社会组织的农村老人服务项目，在个案和项目评估方面都需要更为多元的方法和系统的机制设计。实际上，这两个层面的评估密切相关。从某种程度上说，个案管理中的评估所体现的老年人福祉变化，正是项目管理中成效评估的关键内容。而对于前者，在老年社会工作中已有相对成熟的工作方法可供借鉴。

老年社会工作的基本原则是维护老年人的尊严，协助他们按照自己的意愿实现自主生活。因此，在进行老年人的个案评估时，既需要关注老年人的身体、心理和精神状态及社会交往方面的需求，还要关注他们的能力与适应性。此外，在评估的过程中，还需要特别留意维护老年人，特别是失能、失智老人的尊严（梅陈玉婵、林一星和齐铱，2017）。

评估内容可包括：老年人医疗状况和其他需求，老年人被虐待问题，视力和听觉障碍，日常生活活动能力（Activities of Daily Living, ADLs），工具性日常生活活动能力（Instrumental Activities of Daily Living，IADLs），家居环境，认知功能、智力与认知障碍，抑郁，自杀倾向，社会支持系统等（梅陈玉婵、林一星和齐铱，2017）。

评估体系的建立，除了可以用于改善服务方式，提升老人福祉外，还可以回应各界对公益项目的问责，证明社会组织存在的价值。在涉老服务资源较为稀缺的当下，这样的论证是十分紧迫和重要的，需要实践者和研究者共同努力。

第三节　从权利角度倡导对老人的尊重

除了直接提供服务，改善老人福祉，社会组织还有另外一个重要的价值——移除主流观念中对老年人的偏见，构建一个老龄友好的公义社会。在当下的中国，占主导的观念是以个体可以创造的经济效益来看待其存在的价值。在这样的衡量标准下，老年群体——尤其是没有退休工资，主要依靠家庭提供经济保障的老年农民——往往被认为是家庭和社会的负担，甚至有相当一部分老年人自己都这样认为。社会组织的看法与此正相反，他们认为，农村老人非但不是负担，反而是农村社会的中流砥柱。

继男性劳动人口大量外流后，农村女性外出务工也成为普遍现象，农业老年化的现象突出。除了田间劳作，老人们往往还肩负着抚养孙子女的责任，这些都为其家庭和整个社会创造了不容忽视的价值。一方面，收获的农作物可以减少家庭的食物支出，降低生活成本，甚至换来一定的收入补贴家用；另一方面，老人对孙子女的照顾可以在一定程度上解放子女，使他们能够有更多时间外出务工，以此增加家庭的现金收入——这也在客观上增加了城市的劳动力供给。然而，上述价值很难以货币化的形式呈现，因此往往被主流社会所忽视。

更进一步来说，老年人应该得到公平而合理的对待，首先是因为他们是人，而不仅仅是因为他们曾经或现在所创造的经济价值。在全球范围内，相较于对于儿童、妇女、残障人士权利的重视，老年人的权益尚未得到同等的关注。很多国际组织正针对此问题采取措施，以期推动联合国《老年人权利公约》的出台（INPEA et al.，2010）。

从此次调研获取的信息来看，目前国内的涉老社会组织主要还是基于

"需求为本"的理念来开展工作，主要着力于为农村老人提供服务，满足其基本的生活需求。对于老年权益的关注主要蕴含于行动当中，较少以研究、倡导等形式显性体现。对于这一点，社会组织或可在未来尝试加强探索。

第四节 关注老人被虐待和社会性别问题

虐待老年人是指，在一段本应是相互信任的关系中，存在单次或多次的不当行为，或是不作为的情况，对老年人构成了伤害（AEA，1995）。施虐者是老年人的照顾者，或与老年人互相认识（香港社会福利署，2006）。对老人的虐待不仅是指身体方面，还包括精神虐待、疏忽照料、侵吞财产、性虐待等。有些定义还认为，其中还应包括老年人的自我忽视——老年人不愿意或不能照顾自己的基本生活（梅陈玉婵、林一星和齐铱，2017）。

研究指出，施虐者通常是负责照顾老年人的成年子女，或是儿媳、女婿。而老年人为了保护子女和家庭名誉，或是害怕遭到报复，往往不会向外界主动求助（香港社会福利署，2006）。在此次调研中，有社会组织表示，曾在服务中发现有老人受到虐待的情况，多为疏忽照料和侵占财产等。但作为只提供短期或是阶段性服务的第三方，在缺乏指引和资源的情况下，社会组织普遍担心贸然干预会为老人带去更大的危险。

值得注意的是，很多施虐行为源于照顾者自身的生存、照护压力过大且缺乏应对措施。因此，对于社会组织而言，承担照顾工作的老人家属也应是关注和帮助的对象（梅陈玉婵、林一星和齐铱，2017）。服务者可以通过提前介入，为照顾者提供支持，协助他们处理消极情绪，积极使用外部资源，以尽可能避免虐待老人的情况发生。

此次调研发现，社会组织的涉老服务项目普遍具有向弱势群体倾斜的属性，但其中的社会性别视角尚显不足。大部分项目的开展方式自觉或非自觉地延续了主流的社会性别角色分工——男性主要承担管理型工作，女性则主要负责提供直接服务。这样的分工容易被村庄大多数人所接受，有利于项目的快速启动和持续开展，具有一定的合理性。

但其局限亦十分突出。在现有分工框架下，女性参与公共事务管理的能力较难得到锻炼和提升。同时，女性决策者人数不足，也会让涉老服务项目的规划存在忽视女性群体需要的风险。此外，长远来看，延续现有分工亦会对年轻女性未来的养老保障构成挑战。通常情况下，女性外出务工可以比留守获得更多的现金收入，增加其购买养老保险、获得养老经济保障的可能。诚然，已经留守村庄的妇女选择成为涉老服务的志愿者具有重要的社会价值，其自主选择也应被尊重，但与此同时，社会组织亦有必要提供更多的信息，让妇女对于自己承担的角色和未来的养老保障有更加全面的认知，协助其更为审慎地做出选择。

参考文献

Action on Elder Abuse（AEA）.（1995）"What is Elder Abuse?"，https：//www.elderabuse.org.uk/Pages/Category/what-is-it，最后访问日期：2018年10月26日。

Help Age International.（2016）"Older People's Associations：A Briefing on Their Impact，Sustainability and Replicability"，http：//ageingasia.org/older-peoples-associations-a-briefing-on-their-impact-sustainability-and-replicability/，最后访问日期：2018年10月26日。

International Network for the Prevention of Elder Abuse（INPEA）et al.（2010）"Strengthening Older People's Rights：Towards a UN Convention，"http：//www.helpage.org/what-we-do/rights/towards-a-convention-on-the-rights-of-older-people/，最后访问日期：2018年10月26日。

National Adult Day Services Association（NADSA），"About Adult Day Services"，https：//www.nadsa.org/learn-more/about-adult-day-services/，最后访问日期：2018年10月26日。

United Hospital Fund：《家庭照护者指南（2014）》，https：//www.nextstepincare.org/next_step_in_care_guides/211/Home_Care/chinese，最后访问日期：2018年10月26日。

陈伟：《社区居家养老模式中日间照顾中心服务体系的构建》，《河海大学学报》（哲学社会科学版）2012年第1期。

德勤中国：《探索健康养老的"最后一公里"：中国医养结合趋势展望》，https：//www2.deloitte.com/cn/zh/pages/life-sciences-and-healthcare/articles/the-last-mile-of-senior-care.html，最后访问日期：2018年10月26日。

国务院：《"十三五"国家老龄事业发展和养老体系建设规划》，http：//www.gov.cn/zhengce/content/2017-03/06/content_5173930.htm，最后访问日期：2018年10月26日。

梅陈玉婵、林一星、齐铱：《老年社会工作：从理论到实践》（第二版），格致出版社、上海人民出版社，2017。

民政部：《老年社会工作服务指南》，http：//www.mca.gov.cn/article/xw/tzgg/201602/20160215880380.shtml，最后访问日期：2018年10月26日。

民政部：《关于农村留守儿童摸底排查工作基本情况的通报和"合力监护、相伴成长"关爱保护专项行动的说明》，http：//mzzt. mca. gov. cn/article/nxlsrtbjlxhy/zhbd/201611/20161100887430. shtml，最后访问日期：2018 年 10 月 26 日。

民政部：《民政部举行 2018 年第一季度例行新闻发布会：介绍民政部、公安部、司法部、全国老龄办等 9 部门联合印发的〈关于加强农村留守老年人关爱服务工作的意见〉有关情况，并回答记者问》，http：//www. gov. cn/xinwen/2018 - 02/24/content_5268870. htm，最后访问日期：2018 年 10 月 26 日。

全国老龄办：《〈全国老龄办、民政部关于进一步加强城乡社区老年协会建设的通知〉解读》，http：//www. cncaprc. gov. cn/contents/2/77737. html，最后访问日期：2018 年 10 月 26 日。

人力资源和社会保障部：《养老护理员国家职业标准》，http：//jnjd. mca. gov. cn/article/zyjd/ylhly/201003/20100300063434. shtml，最后访问日期：2018 年 10 月 26 日。

世界卫生组织（WHO）：《在线问答：人口老龄化》，http：//www. who. int/features/qa/72/zh/，最后访问日期：2018 年 10 月 26 日。

世界卫生组织（WHO）：《关于老龄化与健康的全球报告》，http：//www. who. int/ageing/publications/world-report-2015/zh/，最后访问日期：2018 年 10 月 26 日。

中共中央：《中共中央关于制定国民经济和社会发展第十三个五年规划的建议》，http：//www. gov. cn/xinwen/2015-11/03/content_2959432. htm，最后访问日期：2018 年 10 月 26 日。

香港社会福利署：《处理虐老个案程序指引》，https：//www. swd. gov. hk/tc/index/site_pubsvc/page_family/sub_listofserv/id_serabuseelder/，最后访问日期：2018 年 10 月 26 日。

附录二 中国农村空巢老人公益项目名录

东北

吉林（一）

项目名称	托起西边的太阳
如果项目是直接服务于空巢老人，主要的干预手法是	短期物资慰问、日常生活照料、失能失智者长期照护、心理辅导、临终关怀
如果项目是间接惠及空巢老人，主要的干预手法是	为照顾者提供喘息服务①（如短期代为照料老人、代为采买物资等）、儿童服务（如改善祖孙关系、减少老人照顾负担等）
项目的主要服务人群	没有得病的和已经得病的孤独空巢老人（子女外出务工、老伴去世或子女去世）
项目主要实施地点	吉林省白山市抚松县各个乡镇农村社区
项目目标	让失孤老人有尊严地生活，倡导社会都来关注关怀失孤老人
项目的开始、结束时间	每年的1月到12月
项目主要资源方类型及排序	1-企业　2-公众
机构名称	吉林省抚松县红心志愿者协会
机构注册类型	社会团体
机构开展过的主要项目	自创红心家园公益宣传屋项目 全国首例公益车项目 儿童阳光成长远离大病项目 关注支持抗战老兵项目 托起西边的太阳关怀失孤老人项目

---

① 喘息服务（Respite Care）是面向家庭照顾者的一种服务。在短期内，会有专人为长期病患或身心障碍者提供日常照料，让家庭照顾者能抽身一段时间，有机会放松身心，照顾自己的需要。详细可见：https：//www.webmd.com/cancer/what-is-respite-care#1。

续表

项目名称	托起西边的太阳
机构的主要合作伙伴	企业、爱心个人、政府
联系人姓名	张洪友　会长　总干事
联系人手机号码	18629757266　13894042766 微信
联系人邮箱	1337607842@qq.com
机构公众微信号	抚松县红心志愿者协会

吉林（二）

项目名称	夕阳红——末病关怀工程
如果项目是直接服务于空巢老人，主要的干预手法是	短期物资慰问、日常生活照料、失能失智者长期照护、心理辅导、临终关怀
如果项目是间接惠及空巢老人，主要的干预手法是	为照顾者提供喘息服务（如短期代为照料老人，代为采买物资等）
项目的主要服务人群	得病的失孤空巢老人（子女外出务工、老伴去世或子女去世）
项目主要实施地点	吉林省白山市抚松县抚松镇政府对面老百姓大药房二楼
项目目标	让老人有尊严地离开这个社会 唤起民众对空巢失孤老人的重视及关怀
项目的开始、结束时间	2018 年 1 月至 2020 年 1 月
项目主要资源方类型及排序	公众
机构名称	吉林省抚松县红心志愿者协会
机构注册类型	社会团体
机构开展过的主要项目	温暖包项目，资助困境儿童 抗战老兵项目，帮扶老兵 儿童服务站项目，帮扶困境儿童成长 红心家园公益宣传屋项目，公益宣传，公益倡导规范
机构的主要合作伙伴	企业、团体、政府
联系人姓名	张洪友
联系人手机号码	18629757266　13894042766 微信
联系人邮箱	1337607842@qq.com
机构公众微信号	抚松县红心志愿者协会

西部

重庆

项目名称	慈善超市木叶店
如果项目是直接服务于空巢老人，主要的干预手法是	短期物资慰问、心理辅导、节日活动陪伴
如果项目是间接惠及空巢老人，主要的干预手法是	为照顾者提供喘息服务（如短期代为照料老人，代为采买物资等）、协助照顾者返乡就业、乡村文化长廊建设、垃圾治理等环境改善、修桥建路引水等基础设施建设、儿童服务（如改善祖孙关系、减轻老人照顾负担等）、社区综合发展
项目的主要服务人群	农村居民
项目主要实施地点	重庆市酉阳土家族苗族自治县木叶乡干田村
项目目标	孵化村民志愿者队伍，帮助村民开展乡土文化创意产业电商和乡村旅游接待，实现村里返乡农民工可持续生计
项目的开始、结束时间	2015年5月开始
项目主要资源方类型及排序	1-基金会　2-公众　3-企业
机构名称	重庆市大渡口区山城社会工作服务中心
机构注册类型	民办非企业单位
机构开展过的主要项目	"梦想书架"乡村留守儿童阅读推广项目 "高雅艺术进乡村学校" "山城社工·急救小课堂"社区居家养老教育项目 "干田村志愿者增能计划""干田村慈善超市""助力干田村村游启航"精准扶贫项目
机构的主要合作伙伴	中国扶贫基金会 重庆市慈善总会 腾讯公益基金会 上海真爱梦想基金会 北京心和公益基金会 壹基金 百度公益基金会

续表

项目名称	慈善超市木叶店
联系人姓名	高雪
联系人手机号码	13618316777
联系人邮箱	778611051@qq.com
机构官方网站地址	http://www.mxsw.org/
机构公众微信号	梦想书架

四川（一）

项目名称	幸福乡龄
如果项目是直接服务于空巢老人，主要的干预手法是	短期物资慰问、日常生活照料、失能失智者长期照护、家庭矛盾调解、文体活动组织、老年协会建设、老年人互助
如果项目是间接惠及空巢老人，主要的干预手法是	为照顾者提供喘息服务（如短期代为照料老人，代为采买物资等）、协助照顾者返乡就业、乡村文化建设
项目的主要服务人群	农村老人、老年协会
项目主要实施地点	四川省成都市天府新区、雅安市芦山县
项目目标	1. 重建、优化（社区）老年协会（以下简称老协）的治理结构，提升其自治能力，了解简单项目管理的相关知识和方法； 2. 根据已有评估标准筛选出村（社区），为村老年自治组织（老协）提供生计项目种子资金支持，拓展老协可持续发展的途径； 3. 制定小额种子基金监督管理机制，监督收益资金的使用及分配机制； 4. 形成社区失能老人照护基金使用办法，提升特殊老人照护人员护理技能，满足村内失能贫困老人的照护需求
项目的开始、结束时间	2015年开始
项目主要资源方类型及排序	1-基金会　2-公众　3-政府
机构名称	成都益多公益服务中心
机构注册类型	民办非企业单位

续表

项目名称	幸福乡龄
机构开展过的主要项目	守望互助——芦溪助老基金建设项目 失能老人社区照护模式示范项目 "夕阳天使"培训项目 乡村老人圆梦之旅项目 微孝带来微改造项目 ……
机构的主要合作伙伴	中国扶贫基金会 友成企业家扶贫基金会 南都公益基金会 成都市慈善总会 中华社会救助基金会 锦江区街道办事处 天府新区社事局 英特尔 成都新视界眼科医院 ……
联系人姓名	王廷茂
联系人手机号码	13981473950
联系人邮箱	1028809363@qq.com
机构官方网站地址	www.idoo.org.cn
机构公众微信号	idoocd2012

四川（二）

项目名称	乡龄汇（中国乡村助老社会服务网络）
如果项目是直接服务于空巢老人，主要的干预手法是	老年协会建设
如果项目是间接惠及空巢老人，主要的干预手法是	为照顾者提供喘息服务（如短期代为照料老人，代为采买物资等）；其他：为全国在农村服务的组织提供技术支持，建立农村养老服务社会组织的公益互助联盟
项目的主要服务人群	各地关注农村养老、开展农村养老服务的社会组织；农村老人；该领域的研究专家；关注农村发展的优秀企业

续表

项目名称	乡龄汇（中国乡村助老社会服务网络）
项目主要实施地点	四川省、陕西省
项目目标	为了促使更多的人关注日益凸显的农村养老问题，本项目以中国乡村助老社会服务网络为平台，构建驻农村养老服务社会组织的公益互助联盟，该联盟以打造行者、助者、智者三者结合的资源体系，实现三者之间的资源整合、促进相互的交流分享、使农村社会组织能力得到提升，总结出优秀的服务项目及服务经验，从而提高农村服务在社会上的关注度和影响力
项目的开始、结束时间	2016年开始
项目主要资源方类型及排序	1-基金会　2-政府
机构名称	成都益多公益服务中心
机构注册类型	民办非企业单位
机构开展过的主要项目	守望互助——芦溪助老基金建设项目 失能老人社区照护模式示范项目 "夕阳天使"培训项目 乡村老人圆梦之旅项目 ……
机构的主要合作伙伴	中国扶贫基金会 友成企业家扶贫基金会 南都公益基金会 成都市慈善总会 中华社会救助基金会 锦江区街道办事处 天府新区社事局 英特尔 成都新视界眼科医院 ……
联系人姓名	王廷茂
联系人手机号码	13981473950
联系人邮箱	1028809363@qq.com
机构官方网站地址	www.idoo.org.cn
机构公众微信号	idoocd2012

四川（三）

项目名称	50 比 1
如果项目是直接服务于空巢老人，主要的干预手法是	医疗服务、适老设施建设
如果项目是间接惠及空巢老人，主要的干预手法是	社区综合发展
项目的主要服务人群	农村 60 岁以上的老人
项目主要实施地点	四川省雅安市名山区全区 20 个乡镇的 50 个村
项目目标	为 50 个村配居家养老服务包
项目的开始、结束时间	目前处于资金募集阶段
项目主要资源方类型及排序	1-公众　2-机构自有资金
机构名称	雅安市名山区仁爱社会工作综合服务中心
机构注册类型	民办非企业单位
机构开展过的主要项目	居家养老服务
机构的主要合作伙伴	雅安民政局
联系人姓名	郭浩
联系人手机号码	18608354321
联系人邮箱	444303338@qq.com
机构公众微信号	雅安仁爱社工

四川（四）

项目名称	名山区解放乡居家养老服务示范村
如果项目是直接服务于空巢老人，主要的干预手法是	日常生活照料、医疗服务、文体活动组织、适老设施建设、老年协会建设
如果项目是间接惠及空巢老人，主要的干预手法是	乡村文化建设、儿童服务（如改善祖孙关系、减轻老人照顾负担等）、社区综合发展
项目的主要服务人群	雅安市名山区解放乡居家养老长者
项目主要实施地点	四川省雅安市名山区解放乡银木村
项目目标	探索农村居家养老服务站点和设施建设，让农村老人的养老服务更加完善

续表

项目名称	名山区解放乡居家养老服务示范村
项目的开始、结束时间	2018年7月至2020年12月
项目主要资源方类型及排序	1-政府　2-机构自有资金
机构名称	雅安市名山区仁爱社会工作综合服务中心
机构注册类型	民办非企业单位
机构开展过的主要项目	名山区2016年居家养老服务 芦山县2016居家养老服务工作
机构的主要合作伙伴	名山区民政局、芦山县民政局、天全县民政局
联系人姓名	郭浩
联系人手机号码	18608354321
联系人邮箱	444303338@qq.com
机构公众微信号	雅安仁爱社工

四川（五）

项目名称	基于村医的农村老年人心理健康（抑郁）干预
如果项目是直接服务于空巢老人，主要的干预手法是	医疗服务、心理辅导
项目的主要服务人群	65岁以上农村老年人、乡村医生
项目主要实施地点	四川省德阳市绵竹市3个乡镇
项目目标	1. 基于经科学证实有效的心理干预方法——认知行为治疗，制定一套能被村医接受、对中国农村老人管用的本土化的老年抑郁心理干预方案 2. 培训乡村医生学会这套方案 3. 支持乡村医生基于此方案开展老年抑郁心理健康干预服务，促进老年人心理健康，提升生活质量
项目的开始、结束时间	2012年10月至2020年10月
项目主要资源方类型及排序	1-政府　2-基金会
机构名称	北京市浩瑞恩社会组织能力建设发展中心
机构注册类型	民办非企业单位

续表

项目名称	基于村医的农村老年人心理健康（抑郁）干预
机构开展过的主要项目	儿童心理创伤循证干预服务 家庭教育循证方法推广等
机构的主要合作伙伴	北京师范大学、億方公益基金会
联系人姓名	屈智勇
联系人手机号码	13911562029
联系人邮箱	qzy@bnu.edu.cn

贵州

项目名称	关爱贵州困境老人
如果项目是直接服务于空巢老人，主要的干预手法是	短期物资慰问、短期经济支持
如果项目是间接惠及空巢老人，主要的干预手法是	定期或不定期的物资、经济关怀
项目的主要服务人群	空巢老人、孤寡老人、贫困老人、残疾或重病老人等困境老人
项目主要实施地点	贵州省毕节市赫章县松林乡、财神乡等乡镇
项目目标	希望通过这个项目的实施，让更多人关爱农村困境老人及他们的生存环境
项目的开始、结束时间	2018年1月1日至2018年12月31日
项目主要资源方类型及排序	网络募捐
机构名称	赫章壹加壹爱心公益协会
机构注册类型	社会团体
机构开展过的主要项目	一对一助学、暖冬行动、图书室捐赠、关爱抗战老兵等
联系人姓名	姚建勇　秘书长
联系人手机号码	13985355723
联系人邮箱	464365745@qq.com
机构公众微信号	hz1jia1

云南（一）

项目名称	彩虹健康——关注农村留守老人
如果项目是直接服务于空巢老人，主要的干预手法是	医疗服务：扶持社区基层医疗，引进医疗高设备，提高医疗水平与管理等
如果项目是间接惠及空巢老人，主要的干预手法是	社区综合发展
项目的主要服务人群	农村留守老人
项目主要实施地点	云南省昆明市五华区、云南全省的农村
项目目标	使用医用红外热像仪对全省农村留守老人进行全身体检，做健康管理以及筛查重大疾病
项目的开始、结束时间	2019年开始
项目主要资源方类型及排序	1-企业　2-基金会　3-政府
机构名称	杭州远舟医疗科技有限公司
机构注册类型	企业
机构开展过的主要项目	重大疾病早期筛查 亚健康整体评估 中医适宜技术——医用红外热成像等
机构的主要合作伙伴	美年大健康体检 广医三院、湘雅三院 成都中医药大学、北京中医药大学等
联系人姓名	张雷
联系人手机号码	18268858920
联系人邮箱	zlei@ yz-yl.com
机构官方网站地址	www.chnyz.net
机构公众微信号	远舟红外、远舟医疗

云南（二）

项目名称	给空巢老人一份爱
如果项目是直接服务于空巢老人，主要的干预手法是	短期物资慰问、日常生活照料、心理辅导、法律援助、临终关怀、家庭矛盾调解、文体活动组织

续表

项目名称	给空巢老人一份爱
如果项目是间接惠及空巢老人，主要的干预手法是	为照顾者提供喘息服务（如短期代为照料老人、代为采买物资等）、乡村文化建设、儿童服务（如改善祖孙关系、减少老人照顾负担等）、社区综合发展
项目的主要服务人群	空巢老人
项目主要实施地点	云南省昭通市彝良县
项目目标	结合彝良县情况，每年为100名空巢老人提供关爱服务
项目的开始、结束时间	2017年开始
项目主要资源方类型及排序	1-企业　2-基金会　3-社会公众捐款
机构名称	彝良县益乐社会工作服务中心
机构注册类型	民办非企业单位
机构开展过的主要项目	给留守儿童一个家 给空巢老人一份爱 大型疾病募捐
机构的主要合作伙伴	深圳市社会公益基金会、东莞市企融投资信息咨询有限公司
联系人姓名	杨大勇
联系人手机号码	18103040595

云南（三）

项目名称	水富县居家养老服务
如果项目是直接服务于空巢老人，主要的干预手法是	短期物资慰问、日常生活照料、农业生产支持、失能失智者长期照护、医疗服务（卫生知识宣传、健康保健等）、心理辅导、精神慰藉、法律援助、家庭矛盾调解、文体活动组织、紧急救助
如果项目是间接惠及空巢老人，主要的干预手法是	为照顾者提供喘息服务（如短期代为照料老人、代为采买物资等）、乡村文化建设、垃圾治理等环境改善、修桥建路引水等基础设施建设、儿童服务（如改善祖孙关系、减少老人照顾负担等）、社区综合发展、高中生助学、支持其他NPO做儿童社区陪伴项目等
项目的主要服务人群	子女外出务工的60周岁以上留守老人
项目主要实施地点	云南省昭通市水富县太平镇、两碗镇、向家坝镇、云富街道办 云南省昭通市永善县团结乡、大兴镇、码口镇

续表

项目名称	水富县居家养老服务
项目目标	对接农村空巢老人与农村服务人员的需求，探索可推广、可持续发展的农村居家养老服务方式；培养农村服务人员队伍，培育协会组织，推动农村社会治理和社区教育；推动当地村民自助互助和开展社区活动，充实农村生活，营造互助关爱的社会氛围
项目的开始、结束时间	2018 年 1~12 月
项目主要资源方类型及排序	1-基金　2-政府
机构名称	施永青基金（香港）北京代表处
机构开展过的主要项目	基础设施建设项目 青霞助学项目 居家养老服务项目 尘肺病家庭子女助学项目 农村服务人员能力建设项目等
机构的主要合作伙伴	水富县民政局、地方政府、爱之行社会工作服务中心、永善县墨翰乡人民政府
联系人姓名	朱艺
联系人手机号码	15912579859
联系人邮箱	ztjulie@126.com
机构官方网站地址	http://www.shihwingchingfoundation.org/
机构公众微信号	gh_9b19222dabf4

云南（四）

项目名称	关怀深山独居老人
如果项目是直接服务于空巢老人，主要的干预手法是	短期物资慰问、日常生活照料、临终关怀、家庭矛盾调解、文体活动组织
如果项目是间接惠及空巢老人，主要的干预手法是	为照顾者提供喘息服务（如短期代为照料老人，代为采买物资等）、社区综合发展
项目的主要服务人群	山区空巢老人、孤寡老人及需要日常照顾的老人
项目主要实施地点	云南省保山市施甸县各乡镇

续表

项目名称	关怀深山独居老人
项目目标	培养当地陪伴人员就近服务空巢老人 探索山村居家养老模式 激发当地公益氛围 推动养老社区发展
项目的开始、结束时间	2017年4月开始
项目主要资源方类型及排序	公众
机构名称	上海市长益公益基金会（前身为中国社会福利基金会长江265公益计划）
机构注册类型	基金会
机构开展过的主要项目	关怀深山独居老人
机构的主要合作伙伴	施甸县民政局 中共施甸县委宣传部 中国社会福利基金会 新浪云南
联系人姓名	钟铁华
联系人手机号码	13786169558
联系人邮箱	572181999@qq.com

陕西（一）

项目名称	好龄居-农村邻里互助养老服务
如果项目是直接服务于空巢老人，主要的干预手法是	日常生活照料，医疗服务，心理辅导，家庭矛盾调解，文体活动组织，老年协会建设
如果项目是间接惠及空巢老人，主要的干预手法是	为照顾者提供喘息服务（如短期代为照料老人，代为采买物资等）
项目的主要服务人群	社区的失能及半失能老年人（孤寡独家、卧床不起、残疾、生活不能自理、高龄、特困等）

续表

项目名称	好龄居-农村邻里互助养老服务
项目主要实施地点	陕西省咸阳市泾阳县、渭南市蒲城县；甘肃省天水市麦积区和张家川县
项目目标	依托基层老年协会和志愿者服务，系统回应农村弱势老年人的基本养老服务需求，给予老人精神上的慰藉，并在社区内营造敬老、爱老、助老的社会氛围，同时也充实农村居家养老服务体系
项目的开始、结束时间	2016年开始
项目主要资助方类型及排序	1-基金会 2-政府
机构名称	陕西助老汇社会工作发展中心
机构注册类型	民办非企业单位
机构开展过的主要项目	泾阳养老服务试点项目、农村老年人健康养老试点项目、老年人社区照顾服务示范项目、以老年人为本的社区发展项目、西北农村老年工作网络项目等
机构的主要合作伙伴	陕西省老龄系统
联系人姓名	葛晓荣
联系人手机号码	15191887257
联系人邮箱	gexiaorong2011@163.com
机构官方网站地址	www.ageingchina.org
机构公众微信号	Yiheageing

陕西（二）

项目名称	关爱老人　邻里守望
如果项目是直接服务于空巢老人，主要的干预手法是	日常生活照料、文体活动组织、空巢老人突发遇险即时救助、预防性救助、生活按需帮扶/照料
项目的主要服务人群	空巢老人、孤寡老人、残疾老人
项目主要实施地点	陕西省安康市旬阳县城关镇
项目目标	丰富老人的娱乐方式，预防老人突发遇险
项目的开始、结束时间	2015~2018年（一期项目10个月）

续表

项目名称	关爱老人　邻里守望
项目主要资源方类型及排序	1-企业　2-政府
机构名称	旬阳县义工家园
机构注册类型	民办非企业单位
机构开展过的主要项目	2007年阿龙邀请贫困大学生一起过年 2009~2012年敬老院服务，贫困儿童服务 2013年贫困儿童晓心愿计划 2014~2016年贫困儿童4+1周末营养餐计划 2015~2018年关爱老人　邻里守望 2016~2018年一村一梦想　助力乡村发展社区营造：乡间有礼项目
机构的主要合作伙伴	民政部门、团委、社会力量
联系人姓名	阿龙（会长代云龙）
联系人手机号码	13399153459
联系人邮箱	905956070@qq.com
机构官方网站地址	www.yigongjiayuan.com
机构公众微信号	YG725700

甘肃

项目名称	留守老人的文化关怀
如果项目是直接服务于空巢老人，主要的干预手法是	给老人一份文化读物
如果项目是间接惠及空巢老人，主要的干预手法是	乡村文化建设
项目的主要服务人群	留守老人
项目主要实施地点	甘肃省临夏回族自治州和政县
项目目标	为留守老人制作一份文化读物
项目的开始、结束时间	2017年10月~2018年6月

续表

项目名称	留守老人的文化关怀
项目主要资源方类型及排序	公众
机构名称	兰州益而伊心理健康服务中心
机构注册类型	民办非企业单位
机构开展过的主要项目	留守女童自我保护 大学生防艾知识普及
机构的主要合作伙伴	基金会
联系人姓名	穆白
联系人手机号码	13893208505
联系人邮箱	651645890@qq.com
机构官方网站地址	www.121gy.com
机构公众微信号	gy1542912244

宁夏

项目名称	农村极困与孤寡老人养老帮扶
如果项目是直接服务于空巢老人，主要的干预手法是	日常生活照料、医疗服务、建设养老院（直接提供住宿与餐饮并计划性开展医疗等服务）、心理辅导
项目的主要服务人群	农村孤寡、极度贫困老人
项目主要实施地点	宁夏回族自治区固原市西吉县新营乡腰巴庄
项目目标	以合作经济支持农村极困与孤寡老人养老帮扶
项目的开始、结束时间	2015年开始
项目主要资源方类型及排序	1-基金会　2-公众/网络平台　3-政府购买
机构名称	西吉县清源和谐社区服务中心
机构注册类型	民办非企业单位
机构开展过的主要项目	农村社区服务与社区发展项目：和谐社区环境建设、农村妇女骨干培养计划、合作经济 社会企业项目：合作经济支持农村养老
机构的主要合作伙伴	中国扶贫基金会、澳门巴迪基金会、上海仁德基金会、英国使馆文教处、招商局慈善基金会、支付宝公益、腾讯公益、宁夏自治区民政厅

续表

项目名称	农村极困与孤寡老人养老帮扶
联系人姓名	张世盾
联系人手机号码	13995440435
联系人邮箱	zhangshidunxiji@163.com
机构官方网站地址	Xijiqingyuan.sxl.cn
机构公众微信号	xijiqingyuan

中部

安徽（一）

项目名称	安徽潜山县留守人群关爱行动
如果项目是直接服务于空巢老人，主要的干预手法是	短期物资慰问、法律援助、文体活动组织
如果项目是间接惠及空巢老人，主要的干预手法是	乡村文化建设、垃圾治理等环境改善、儿童服务（如改善祖孙关系、减少老人照顾负担等）、社区综合发展
项目的主要服务人群	国家级贫困县潜山县贫困山区留守老人、留守妇女及留守儿童
项目主要实施地点	安徽省安庆市潜山县天柱山镇
项目目标	为留守人群提供社工服务，缓解他们面临的各种困境
项目的开始、结束时间	2018年7月（5月开展前期调研）
项目主要资源方类型及排序	1-政府　2-公众　3-基金会
机构名称	南京市雨花台区友航社会服务发展中心
机构注册类型	民办非企业单位
机构开展过的主要项目	在南京市范围内承接了4家街道社区综合服务中心项目（南京市民政局政府购买项目）；承接十余项专业社工项目，服务对象涵盖青少年、女性群体、老年人群等
机构的主要合作伙伴	南京航空航天大学社会工作教育中心，南京市民政局，南京市新西善基金会
联系人姓名	鲁兴虎
联系人手机号码	18901584740

续表

项目名称	安徽潜山县留守人群关爱行动
联系人邮箱	172208407@qq.com
机构官方网站地址	www.youhang.org

安徽（二）

项目名称	安庆市大观区困难老人购买服务
如果项目是直接服务于空巢老人，主要的干预手法是	短期物资慰问、日常生活照料、医疗服务、心理辅导、家庭矛盾调解
如果项目是间接惠及空巢老人，主要的干预手法是	为照顾者提供喘息服务（如短期代为照料老人，代为采买物资等）
项目的主要服务人群	辖区城乡年满70岁以上重残困难老人、75岁以上困难老人和散居的五保老人
项目主要实施地点	安徽省安庆市大观区城乡各处六个街道、两个乡、一个镇
项目目标	为高龄老人提供各种服务，包括管道疏通、水电维修、电器维修、餐饮配送、物资运送、家庭保洁、个人护理、助医服务；运用专业的社工服务方法帮助老人提升生活品质，解决问题
项目的开始、结束时间	2015年11月开始
项目主要资源方类型及排序	政府
机构名称	安庆市经济技术开发区博仁社会工作服务中心
机构注册类型	民办非企业单位
机构开展过的主要项目	居家养老服务 留守儿童服务 四点半课堂项目 关爱留守老人服务 空巢老人探视服务
机构的主要合作伙伴	泰山慈善基金会 安庆市民政局 深圳麦田基金会
联系人姓名	高雪华
联系人手机号码	13905564027

续表

项目名称	安庆市大观区困难老人购买服务
联系人邮箱	573118004@qq.com
机构官方网站地址	http://www.aqbr.crg/
机构公众微信号	博仁社工

安徽（三）

项目名称	社工关怀农村空巢、独居、高龄老人服务
如果项目是直接服务于空巢老人，主要的干预手法是	短期物资慰问、心理辅导、家庭矛盾调解、文体活动组织
如果项目是间接惠及空巢老人，主要的干预手法是	乡村文化建设、儿童服务（如改善祖孙关系、减少老人照顾负担等）
项目的主要服务人群	农村空巢、独居、高龄老人
项目主要实施地点	安徽省阜阳市颍泉区中市街道坎河社区
项目目标	为40位老人开展400次以上的访视，针对老人具体需求，为老人提供生活照料、精神慰藉、家庭关系调适、居家安全隐患排查、危机介入等专业社工服务； 为10位老人在重阳节开展敬老孝亲高龄老人集体寿宴活动1次，倡导居民和社会大众关注困境老人生活状况； 评选5位好婆婆和5位好媳妇，组织坎河村民第二届村民文艺联欢会暨"好婆婆""好媳妇"评选表彰活动； 营造社区敬老爱老氛围
项目的开始、结束时间	2017年9月至2018年8月
项目主要资源方类型及排序	公众
机构名称	阜阳市益民社会工作服务中心
机构注册类型	民办非企业单位
机构开展过的主要项目	安徽省民政厅"共享阳光"社会工作介入社会救助示范项目
机构的主要合作伙伴	阜阳师范学院，颍泉区中市街道坎河社区
联系人姓名	李雪敏
联系人手机号码	13349108944
机构公众微信号	益民社工

安徽（四）

项目名称	稳恒者爱心敬老行
如果项目是直接服务于空巢老人，主要的干预手法是	短期物资慰问、聊天
项目的主要服务人群	单身的贫困老人（含留守老人）
项目主要实施地点	安徽省蚌埠市禹会区仁和村、蚌山区燕山乡
项目目标	慰问单身贫困老人，缓解老人经济压力
项目的开始、结束时间	2018年9月开始
项目主要资源方类型及排序	1-公众 2-企业
机构名称	蚌埠市稳恒者公益协会
机构注册类型	社会团体
机构开展过的主要项目	稳恒者大爱暖冬行 助残 助学 环保 关爱抗战老兵 黄手环行动 河流守望者等
机构的主要合作伙伴	河流守望者发展中心 中国人口福利基金会 合肥善水 安徽益和 安徽广善等
联系人姓名	周枫
联系人手机号码	15655210938
联系人邮箱	whz@bbaq.com
机构官方网站地址	www.bbaq.com
机构公众微信号	蚌埠市稳恒者公益协会

江西（一）

项目名称	"让爱回家"关爱农村孤寡老人
如果项目是直接服务于空巢老人，主要的干预手法是	短期物资慰问、日常生活照料、农业生产支持

项目名称	"让爱回家"关爱农村孤寡老人
如果项目是间接惠及空巢老人，主要的干预手法是	居家环境治理等环境改善行动
项目的主要服务人群	农村孤寡老人、留守老人
项目主要实施地点	江西省萍乡市各县区
项目目标	对农村孤寡老人、留守老人进行亲情陪护，改善老人的生活状态和精神状态
项目的开始、结束时间	2016年6月开始
项目主要资源方类型及排序	志愿者自筹资金为主
机构名称	萍乡市武功山志愿者协会
机构注册类型	社会团体
机构开展过的主要项目	"让爱回家"助老项目
机构的主要合作伙伴	萍乡市武功山管委会、湘东区麻山镇、芦溪县各乡镇
联系人姓名	邓国华
联系人手机号码	13879943833
联系人邮箱	534373007@qq.com
机构公众微信号	萍乡市武功山志愿者协会

江西（二）

项目名称	关爱乡村空巢、残障老人
如果项目是直接服务于空巢老人，主要的干预手法是	短期物资慰问、日常生活照料、医疗服务、文体活动组织
如果项目是间接惠及空巢老人，主要的干预手法是	为照顾者提供喘息服务（如短期代为照料老人、代为采买物资等）
项目的主要服务人群	乡村空巢老人
项目主要实施地点	江西省宜春市上高县范围内各乡镇乡村
项目目标	让全县各乡村空巢老人免费享受理发，吃上一顿饺子，享受上门义诊服务

续表

项目名称	关爱乡村空巢、残障老人
项目的开始、结束时间	2018年3月至2018年12月中旬
项目主要资源方类型及排序	公众
机构名称	上高县助残志愿者协会
机构注册类型	社会团体
机构开展过的主要项目	助残、助老、助学
机构的主要合作伙伴	南昌益心益意
联系人姓名	胥晓玲
联系人手机号码	18270598198
联系人邮箱	229343895@qq.com
机构公众微信号	上高县助残志愿者协会

江西（三）

项目名称	关爱乡村老人，我们在行动
如果项目是直接服务于空巢老人，主要的干预手法是	短期物资慰问、日常生活照料、医疗服务
如果项目是间接惠及空巢老人，主要的干预手法是	垃圾治理等环境改善
项目的主要服务人群	上高县全县各乡镇老人
项目主要实施地点	江西省宜春市上高县全县各乡镇
项目目标	让老人感受来自社会大家庭的爱
项目的开始、结束时间	2018年1月至2018年12月
项目主要资源方类型及排序	本组织爱心人士捐赠
机构名称	上高县助残志愿者协会
机构注册类型	社会团体
机构开展过的主要项目	助残、扶贫、助学
联系人姓名	胥晓玲
联系人手机号码	18270598198

续表

项目名称	关爱乡村老人，我们在行动
联系人邮箱	229343895@qq.com
机构公众微信号	上高县助残志愿者协会

江西（四）

项目名称	进深山送老花镜去
如果项目是直接服务于空巢老人，主要的干预手法是	短期物资慰问、文体活动组织、整合社会资源多元帮扶
如果项目是间接惠及空巢老人，主要的干预手法是	乡村文化建设、文化保护、社区综合发展
项目的主要服务人群	年龄65岁以上空巢老人
项目主要实施地点	江西省南昌市南昌县璜溪村
项目目标	光明进万家，为乡村留守老人配一副老花镜，让山区老人不再受老花眼的困扰
项目的开始、结束时间	2015年开始
项目主要资源方类型及排序	1-基金会　2-公众
机构名称	南昌市崛美公益发展中心
机构注册类型	民办非企业单位
机构开展过的主要项目	"老还童"关爱空巢老人项目、"一家一个救生圈"青少年防溺水项目、"名著小书包"留守儿童系统阅读经典项目、"老农万岁"为乡村空巢老人拍摄艺术照等十几个品牌性公益项目
机构的主要合作伙伴	中华社会救助基金会、中国扶贫基金会、中国社会福利基金会、江西省红十字基金会、中航信托等
联系人姓名	沈东京
联系人手机号码	18779160231
联系人邮箱	504767716@qq.com
机构官方网站地址	http://jmxd.org/
机构公众微信号	崛美公益

江西（五）

项目名称	为了农村老人的心愿
如果项目是直接服务于空巢老人，主要的干预手法是	短期物资慰问
如果项目是间接惠及空巢老人，主要的干预手法是	为照顾者提供喘息服务（如短期代为照料老人、代为采买物资等）
项目的主要服务人群	农村老人
项目主要实施地点	江西省赣州市石城县全县境内
项目目标	为100位以上的农村老人完成吃蛋糕的生日心愿，满足其生理和心理需求，为老人晚年生活带来快乐
项目的开始、结束时间	2017年11月~2018年11月
项目主要资源方类型及排序	1-公众　2-基金会　3-企业
机构名称	石城县志愿者协会
机构注册类型	社会团体
机构开展过的主要项目	壹基金温暖包、儿童服务站、壹乐园运动汇、爱德基金会的儿童五防项目、政府采购的全县未成年人保护服务、防灾减灾大家一起来、江西省慈善总会的暖床前等项目
机构的主要合作伙伴	爱德基金会儿童安全基金；深圳壹基金公益基金会；南昌市青少年发展基金会；南昌市益心益意公益发展中心等
联系人姓名	熊非
联系人手机号码	13970131280
联系人邮箱	1048594911@qq.com
机构公众微信号	石城县志愿者协会

湖北（一）

项目名称	来凤县关爱农村孤寡残疾老人和单亲留守儿童温暖行
如果项目是直接服务于空巢老人，主要的干预手法是	短期物资慰问、长期经济支持、日常生活照料、医疗服务、临终关怀

项目名称	来凤县关爱农村孤寡残疾老人和单亲留守儿童温暖行
如果项目是间接惠及空巢老人，主要的干预手法是	协助照顾者返乡就业、为家庭提供互助金融服务、乡村文化建设、垃圾治理等环境改善、修桥建路引水等基础设施建设、儿童服务（如改善祖孙关系、减少老人照顾负担等）
项目的主要服务人群	农村孤寡残疾留守老人和单亲留守儿童
项目主要实施地点	湖北省恩施土家族苗族自治州来凤县
项目的开始、结束时间	2018年8月~2018年12月
项目主要资源方类型及排序	1-公众 2-企业
机构名称	来凤县金太阳公益协会
机构注册类型	社会团体
机构开展过的主要项目	来凤温暖行 梦想起航·阳光助学
联系人姓名	任云华
联系人手机号码	18995922333
联系人邮箱	184695920@qq.com
机构公众微信号	金太阳义工

湖北（二）

项目名称	三关爱服务中心
如果项目是直接服务于空巢老人，主要的干预手法是	日常生活照料、文体活动组织
如果项目是间接惠及空巢老人，主要的干预手法是	为照顾者提供喘息服务（如短期代为照料老人、代为采买物资等）、儿童服务（如改善祖孙关系、减轻老人照顾负担等）、社区综合发展
项目的主要服务人群	留守老人、留守妇女、留守儿童
项目主要实施地点	湖北省随州市广水市李店镇黄金村
项目目标	持续关注农村养老服务，关爱留守妇女服务，关爱留守儿童服务

续表

项目名称	三关爱服务中心
项目的开始、结束时间	2012年3月开始
项目主要资源方类型及排序	广东省绿芽乡村妇女发展基金会 深圳建辉基金会
机构名称	李店镇黄金村敬老活动中心
机构注册类型	民办非企业单位
机构开展过的主要项目	农村养老，关爱三留守人员
机构的主要合作伙伴	广东省绿芽乡村妇女发展基金会
联系人姓名	叶星梅
联系人手机号码	18086260712
联系人邮箱	2426126838@qq.com

湖南

项目名称	关爱农村空巢老人
如果项目是直接服务于空巢老人，主要的干预手法是	短期物资慰问、日常生活照料、医疗服务、心理辅导、法律援助、文体活动组织、适老设施建设
如果项目是间接惠及空巢老人，主要的干预手法是	为照顾者提供喘息服务（如短期代为照料老人、代为采买物资等）、协助照顾者返乡就业、社区综合发展
项目的主要服务人群	农村空巢老人
项目主要实施地点	湖南省永州市冷水滩区上岭桥镇、普利桥镇、楚江圩镇、马坪镇
项目目标	为21户空巢老人主要给予精神上的陪伴，适当给予物质生活上的补充，引入医疗资源，解决突发事件
项目的开始、结束时间	2017年1月至2017年12月
项目主要资源方类型及排序	1-基金会　2-公众
机构名称	永州市义工协会
机构注册类型	社会团体

续表

项目名称	关爱农村空巢老人
机构开展过的主要项目	冷水滩城区三无人员项目 "三社联动员　城区空巢老人"项目 零陵区1~5级伤残军人项目 关怀离休抗战老干项目
机构的主要合作伙伴	永州市中心医院、三医院、名扬发艺、建设银行、农业银行、卓泰金水湾广场、药业公司
联系人姓名	蒋黎明
联系人手机号码	13574605503
联系人邮箱	108024256@qq.com
机构官方网站地址	www.yg0746.com

东部

北京（一）

项目名称	邻里守望，共享夕阳——农村空巢老人关爱
如果项目是直接服务于空巢老人，主要的干预手法是	健康知识讲座、休闲娱乐活动、个案服务
如果项目是间接惠及空巢老人，主要的干预手法是	社区综合发展
项目的主要服务人群	香屯村55周岁以上村民
项目主要实施地点	北京市昌平区兴寿镇香屯村
项目目标	关注农村空巢老人居家养老安全 构建农村居家养老朋辈支持体系 提高老年人生活质量和水平 提升老年人安全感、幸福感
项目的开始、结束时间	2018年5月~2019年3月
项目主要资源方类型及排序	政府

续表

项目名称	邻里守望，共享夕阳——农村空巢老人关爱
机构名称	北京市昌平区润德社会工作事务所
机构注册类型	民办非企业单位
机构开展过的主要项目	三社联动助力社区养老服务能力提升项目
机构的主要合作伙伴	北京市先河社会服务中心
联系人姓名	尹庆艳
联系人手机号码	13681579899
联系人邮箱	yinqingyan1994@163.com
机构公众微信号	rundeshg

北京（二）

项目名称	全国首家农村老年教育基地
如果项目是直接服务于空巢老人，主要的干预手法是	短期物资慰问、医疗服务、心理辅导、法律援助、家庭矛盾调解、文体活动组织、老年继续教育、手把手教农村老年人如何使用微信、如何上网，邀请公安局举办防传销、防诈骗、防邪教知识讲座 老年教育基地的学员多数为农村空巢老人，协会联系多家社会组织及企业采用老年继续教育+医疗+生活照料+心理慰藉+救助+游学等模式，为农村贫困老人进行精准服务
项目的主要服务人群	农村空巢、非空巢留守、孤寡、残疾、贫困、高龄及失能老年人
项目主要实施地点	北京市怀柔区　泉河街道、杨宋镇、北房镇、怀北镇、雁栖镇、桥梓镇等1个街道、5个镇乡
项目目标	让农村老年人掌握国画、摄影、歌唱、养生等多方面的知识和技巧，在精神上满足农村老年人的求知、求康、求乐、求友、求为等方面的需求，促进农村老年人享受快乐、增进健康、展示风采
项目的开始、结束时间	2014年11月至2018年5月
项目主要资源方类型及排序	1-政府　2-企业　3-基金会
机构名称	北京市怀柔区敬老志愿者协会
机构注册类型	社会团体

续表

项目名称	全国首家农村老年教育基地
机构开展过的主要项目	爱心寻呼项目，送健康、送欢乐、送温暖慰问退伍老军人项目，不能靠近你、让我温暖你项目，北京市老年心理关爱项目
机构的主要合作伙伴	政府机关、基金会、企业
联系人姓名	仝殷
联系人手机号码	13911909203
联系人邮箱	525110653@qq.com

北京（三）

项目名称	万山红遍——北京三社联动山区留守老人服务
如果项目是直接服务于空巢老人，主要的干预手法是	短期物资慰问、日常生活照料、心理辅导、家庭矛盾调解、文体活动组织
如果项目是间接惠及空巢老人，主要的干预手法是	乡村文化建设
项目的主要服务人群	北京怀柔山区留守老人
项目主要实施地点	北京市怀柔区长哨营乡东南沟村、七道河村
项目目标	实现山区留守老人日常生活正常化 化解留守老人家庭矛盾 心理介入，实现留守老人心理慰籍 建立山区老人日常社会支持网络
项目的开始、结束时间	2016年7月至2018年6月
项目主要资源方类型及排序	政府
机构名称	北京怀柔昊星社会工作事务所
机构注册类型	民办非企业单位
机构开展过的主要项目	北京市民政局三社联动、北京市民政局精准救助
机构的主要合作伙伴	中青网
联系人姓名	杨旭
联系人手机号码	15311805408
联系人邮箱	youngxuweb@163.com
机构公众微信号	北京怀柔昊星社会工作事务所

河北（一）

项目名称	河北荷花公益基金会妇老乡亲
如果项目是直接服务于空巢老人，主要的干预手法是	短期物资慰问、日常生活照料、老年协会建设
如果项目是间接惠及空巢老人，主要的干预手法是	为照顾者提供喘息服务（如短期代为照料老人、代为采买物资等）、为家庭提供互助金融服务 乡村文化建设、垃圾治理等环境改善、社区综合发展
项目的主要服务人群	农村空巢老人
项目主要实施地点	河北省石家庄市平山县温塘镇、西柏坡镇、小觉镇等
项目目标	丰富项目点空巢老人的精神生活，建立老年协会与妇女协会，对失能失智老人进行照料
项目的开始、结束时间	2018~2021 年
项目主要资源方类型及排序	1-基金会　2-企业　3-政府　4-公众　5-其他
机构名称	河北荷花公益基金会
机构注册类型	基金会
机构开展过的主要项目	妇老乡亲农村老人帮扶项目 中国农村养老高峰论坛（2017 年、2018 年已办两届）
机构的主要合作伙伴	保定善和社会工作事业发展中心 邯郸市永年区农村女读书协会 石家庄北极光社工服务中心 石家庄护航社会工作服务中心 石家庄报恩社会工作服务中心 邢台市春暖社工服务中心 石家庄恒爱家园社工服务中心 河北省老年事业发展基金会
联系人姓名	宋贺
联系人手机号码	15832116831
联系人邮箱	1193093909@qq.com
机构公众微信号	银发空巢

河北（二）

项目名称	"为爱守候"阜平县农村留守老人和留守儿童社会工作服务试点
如果项目是直接服务于空巢老人，主要的干预手法是	日常生活照料、心理辅导、家庭矛盾调解、老年协会建设
如果项目是间接惠及空巢老人，主要的干预手法是	乡村文化建设、儿童服务（如改善祖孙关系、减轻老人照顾负担等）、社区综合发展
项目的主要服务人群	留守老人、留守儿童
项目主要实施地点	河北省保定市阜平县龙泉关镇黑崖沟村
项目目标	利用社会工作专业方法，结合服务对象的需求，以社会工作"助人自助"和"社区增能"的理论为统领，以"三社联动"和社工+志愿者"两工协作"为工作机制，为留守老人提供形式多样、丰富多彩的文体康乐、人际互助、兴趣发展、社会参与、志愿服务等活动，帮助留守老人实现"老有所医、老有所乐、老有所为、老有所学"的晚年理想生活；从留守儿童个人和家庭、学校、社区等在内社会支持系统出发，整合各类社会资源，提供心理疏导、行为治疗、人际关系拓展、能力提升、兴趣培养、行为矫治、社会融入和家庭关系调适等方面的专业服务，并积极尝试以社会工作助力精准扶贫，最终探索具备本土化、可持续性的农村留守人员社会工作服务新模式
项目的开始、结束时间	2018年1月至2019年2月
项目主要资源方类型及排序	政府
机构名称	保定市善和社会工作事业发展中心
机构注册类型	民办非企业单位
机构开展过的主要项目	1. 保定市莲池区韩庄乡兴华苑社区社会工作综合服务示范项目（2014年10月至今，3期） 2. 石家庄平山县景家庄"12307"项目（2016年12月至今，2期） 3. "领航1+1"基层社区持证社工专业化服务试点项目（2016年12月至2017年11月） 4. "为爱守候"阜平县农村留守老人和留守儿童社会工作服务试点项目（2016年12月至今，2期） 5. 保定市曲阳县留守儿童社会工作服务试点项目（2017年11月至今） 6. "星火"专业社工服务岗位采购项目（2017年12月至今） 7. 保定市竞秀区民政局社会工作综合服务项目（2018年1月至今）

续表

项目名称	"为爱守候"阜平县农村留守老人和留守儿童社会工作服务试点
机构的主要合作伙伴	河北大学 邢台学院 保定学院 河北省荷花公益基金会
联系人姓名	穆炜
联系人手机号码	18931690883
联系人邮箱	shanhesg@163.com
机构官方网站地址	http://www.cnshan.org/Protal/agency_agency?id=499
机构公众微信号	保定市善和社会工作事业发展中心

河北（三）

项目名称	给老人早餐加个鸡蛋
如果项目是直接服务于空巢老人，主要的干预手法是	短期物资慰问、日常生活照料、临终关怀
项目的主要服务人群	生活困难、无人照料的老人
项目主要实施地点	河北省邢台市威县张庄、西中营、沧州献县、露德庄；石家庄周边；甘肃定西、武威、张掖部分地区
项目目标	给困难老人每天增加一个鸡蛋的营养
项目的开始、结束时间	2017年4月开始，目前有些点仍在进行
项目主要资源方类型及排序	公众
机构名称	河北进德公益基金会
机构注册类型	基金会
机构开展过的主要项目	赈灾、医疗、修女马拉松、助学、助残、防艾、农村发展、安老等
机构的主要合作伙伴	德国明爱、中国扶贫基金会、爱德基金会等
联系人姓名	冯立红
联系人手机号码	13463118891
联系人邮箱	mary_feng@jinde.org
机构官方网站地址	www.jinde.org
机构公众微信号	jindecharities

河北（四）

项目名称	善美张垣助老行动
如果项目是直接服务于空巢老人，主要的干预手法是	短期物资慰问、日常生活照料、医疗服务
如果项目是间接惠及空巢老人，主要的干预手法是	乡村文化建设、儿童服务（如改善祖孙关系、减轻老人照顾负担等）
项目的主要服务人群	农村留守老人、社区失独老人
项目主要实施地点	河北省张家口地区
项目目标	帮助农村留守老人解决生活困难 帮助社区失独老人安度晚年
项目的开始、结束时间	长期
项目主要资源方类型及排序	1-基金会　2-公众
机构名称	张家口张垣之心公益促进会
机构注册类型	社会团体
机构开展过的主要项目	关爱留守儿童项目 关爱老年人项目 环保项目
机构的主要合作伙伴	中国扶贫基金会 北京加速公益基金会 中华少年儿童慈善救助基金会 北京益动燕赵社会组织能力建设服务中心 河北孝行慈善基金会 北京志愿服务联合会
联系人姓名	李军
联系人手机号码	13331311282
联系人邮箱	zyzxpxzx@126.com
机构官方网站地址	http://zyzxgy.com/
机构公众微信号	zjkzyzx

江苏

项目名称	空巢老人救助行动
如果项目是直接服务于空巢老人，主要的干预手法是	短期物资慰问
如果项目是间接惠及空巢老人，主要的干预手法是	为照顾者提供喘息服务（如短期代为照料老人、代为采买物资等）
项目的主要服务人群	60周岁以上的，子女不在身边的/没有子女的/被子女遗弃的贫困老年人
项目主要实施地点	江苏省全境、河南、安徽、山东、山西等省
项目目标	为空巢老人提供物质和精神上的帮助
项目的开始、结束时间	2014年11月开始
项目主要资源方类型及排序	公众
机构名称	江苏省老龄事业发展基金会
机构注册类型	基金会
机构开展过的主要项目	空巢老人救助行动 一元早餐 你未长大我不敢老
联系人姓名	智云湘
联系人手机号码	18602588823
联系人邮箱	1692758969@qq.com
机构官方网站地址	http://www.jslljjh.com.cn/
机构公众微信号	jslnkf

山东（一）

项目名称	关爱孤寡及困境老人
如果项目是直接服务于空巢老人，主要的干预手法是	短期物资慰问、日常生活照料、医疗服务、法律援助、文体活动组织
如果项目是间接惠及空巢老人，主要的干预手法是	乡村文化建设、儿童服务（如改善祖孙关系、减轻老人照顾负担等）
项目的主要服务人群	孤寡老人、困境（贫困）老人、留守儿童、父母离异（去世）孩子由爷爷奶奶抚养的家庭、军属（主要针对子女在部队服役，父亲或者母亲一人在原籍生活的）
项目主要实施地点	山东省潍坊市昌乐县乔官镇
项目目标	关爱孤寡及困境老人
项目的开始、结束时间	2018年6月~2018年12月
项目主要资源方类型及排序	1-企业　2-公众
机构名称	昌乐县公益志愿者协会
机构注册类型	社会团体
机构开展过的主要项目	共青团山东省委：金晖助老活动
联系人姓名	刘玉华
联系人手机号码	15864566869
联系人邮箱	2388257868@qq.com
机构公众微信号	clxgyxh

山东（二）

项目名称	关爱留守老人
如果项目是直接服务于空巢老人，主要的干预手法是	短期物资慰问
如果项目是间接惠及空巢老人，主要的干预手法是	乡村文化建设、儿童服务（如改善祖孙关系、减少老人照顾负担等）、社区综合发展
项目的主要服务人群	孤寡老人、孤儿、敬老院老人
项目主要实施地点	山东省济宁市嘉祥县
项目目标	关爱公益　你我同行

续表

项目名称	关爱留守老人
项目的开始、结束时间	2014年~2018年8月
项目主要资源方类型及排序	公众
机构名称	嘉祥县祥龙义工服务中心
机构注册类型	社会团体
机构开展过的主要项目	慰问探望敬老院孤寡老人，留守儿童、老人关爱
机构的主要合作伙伴	嘉祥县民政局
联系人姓名	田玉忠
联系人手机号码	13173189169
联系人邮箱	13173189169@163.com

山东（三）

项目名称	潍坊春雨义工"高山爱心诊所"
如果项目是直接服务于空巢老人，主要的干预手法是	短期物资慰问、医疗服务、文体活动组织
项目的主要服务人群	山区空巢老人
项目主要实施地点	山东省潍坊市青州市庙子镇杨集安村
项目目标	为空巢老人解决看病难题
项目的开始、结束时间	2011年7月开始
项目主要资源方类型及排序	1-企业　2-基金会　3-政府　4-公众
机构名称	潍坊春雨社区义工公益服务中心
机构注册类型	民办非企业单位
机构开展过的主要项目	高山爱心诊所、春渔铺子、七彩乡村、金晖助老计量幸福、社区医生等
机构的主要合作伙伴	共青团潍坊市委
联系人姓名	孙在前
联系人手机号码	13606360010
联系人邮箱	554952938@qq.com
机构官方网站地址	www.sqyg.org
机构公众微信号	春雨社区义工

·第三部分·
需求辨析

笔者真正关注到农村空巢老人群体，始于 2017 年一次调研中遇见的一群留守老人①。那年 8 月，笔者到云南省某县一个乡镇民办幼儿园了解留守幼童情况，热情负责的园长不仅给我讲述了该园留守幼儿的状况，还帮我邀请了十几位留守儿童的监护人一起进行访谈。

这些监护人都是六七十岁的老人，是本乡几个村庄的村民，他们看上去都比自己介绍的年龄要老许多。叙谈之中话题重心很自然地就从孩子转到了他们自己的生活状况：他们在家种地、卖菜，给附近小农场打工，在（乡镇）街上打零工，或者做点小本买卖，一年到头就是辛苦干活、"找钱"，同时还要抚养子女的后代，每家一两个至四五个孩子不等，从幼儿园到中学的都有，最小的从孩子几个月时就开始带。

以前，笔者一直以为，有子女在外面打工挣钱，留在村里的老人和孩子在生活上肯定要好于当地其他人家，然而老人们的话语打破了笔者的想象。他们告诉笔者，子女文化都不高，外出打工找不到收入好的工作，还经常被拖欠工资甚至不给工资。所以他们要负责抚养孙子女，还要缴孙子女的托儿费、学杂费、课外班补课费，有的要为全家三代人缴纳新农保和新农合保险费，甚至有的还要卖掉自己种的口粮给子女外出打工凑路费。说到生活艰难处他们不能自已地伤心流泪，说到子女外出打工难、挣不到钱、生活不容易时忧心忡忡，说到自己一个人或者和老伴朝五晚九地起早贪黑干活，辛苦"找钱"，顾不上一身病痛，那么无奈，却又透出隐隐的自豪，说到自己或老伴生病住院，政府给报销一部分医药费，朴实的感激之情自然流露，然后就发愁还是有很多钱得自己掏，负担很重，经常是"不舒服？忍忍就过去了"；唯有说到孙子女听话、学习成绩好时，会情不自禁地露出宽慰满足的笑容。

最后，笔者问他们最大的心愿是什么。他们没有犹豫地抢着回答：自己还干得动的时候能把孙子女养大成人。他们担忧：孙子还小，自己已老，以后干不动了、病倒了怎么办？"还有什么心愿吗？"子女在外平安、身体好、能挣到钱、他们的日子能过得好一点。话语间流露出对一年或更长时间才能见一面的远方子女的那种牵挂，令人动容。"那，你们自己呢？你们都没想过自己的以后吗？""我们自己？就是别生病，躺倒了就不能干活了，

---

① 留守老人群体是农村空巢老人中的重要组成部分。

没法养家了，孩子就没人管了……"

访谈结束，目送他们匆匆离去——赶回家下地干活、去农场打工、去卖菜，去街上找找还有没有零活可做……其中一位60多岁的妇女推着一辆乡村常见的双人电动摩托车，告诉笔者，她家住在离乡镇十多里远的山上。每天凌晨到地里摘了菜，一早就骑车驮着三个孙子女和一大筐菜下山，送孩子到乡中心小学和幼儿园上学，然后去街上卖菜，傍晚卖完菜再挨个接了孩子们回家，晚上照顾好孩子、忙完家务再去地里干点活。看着那辆车，想象着祖孙四人和一个大菜筐挤在一起，风雨无阻、无论冬夏地每天早晚在山路上往来奔波；看着那张憨笑着使皱褶更深的黝黑沧桑的脸庞，得承受着多重的生活压力？即使已年过六旬，身体日衰，精神疲惫，仍不得不起早贪黑地努力劳作，养育子孙后代。

这些质朴的没有多少文化的老人孤独又坚韧地支撑着这种生活，每天，每年，日复一日，不变地日出而作日落而息。"我们农村人，不都是这么过来的嘛！"他们说。

在中西部平原和深山寂静的村庄里，还有一种生活景象也随处可见：经年老屋里老年夫妻二人长相厮守，或者孤身老人终日独守寂寞。他们翘首以待的只有每年春节，那时，常年在外的子女孙儿也许能回来，家人团聚几日，略享天伦。

十年前，中国农业大学叶敬忠教授曾这样描述："这些老人生活俭朴、拮据甚至贫困，从子女处获得的经济支持甚少，或者根本就分文皆无。他们一边要佝偻着身躯劳作于阡陌之间，一边还要拉扯着孙男孙女，再次经历抚养过程的劳累。他们在默默操劳的同时，内心还承受着对子女的思念与担忧、生活的各种压力以及孤独与寂寞的煎熬。出乎意料的是，老人们在说起这一切时竟都神态平静、淡然置之，语气中充满的是对外出子女的体恤和理解，极少有对现实生活的抱怨。只有当被问及自己卧病在床的照料情况、独守在家是否孤单时，这些面容沟壑纵横、布满沧桑的老人才会蓦然沉默、表情僵凝，背过身去，有的形单影只的女性老人已经在擦拭眼角。"

十年后，叶敬忠教授当年的诘问依然需要答案："试问，谁愿意自己辛劳一生，最终却落个'老无所养'？谁在残年没有对儿孙绕膝承欢的天伦之盼？而我国留守老人①群体所表现出的对现实生活的隐忍和挣扎，对子女的无私奉献和自我牺牲，虽努力掩饰却依旧从目光中流露出的苦涩与无奈，以及被家庭、社区、政府和社会忽略和遗忘的现实，让我们每一个人的内心深受震撼，心情因此而负重，也让我们每一个人都陷入了对父母、对家庭、对社会的责任的思考。"②

已有公开数据显示，中国农村空巢老人中的留守老人达5000万③或者1600万④（由于统计口径、统计方法或是群体界定范围不同，3年间农村留守老人统计数字从5000万骤降至1600万）。2017年末，我国60周岁及以上人口2.41亿，1600万留守老人占其中的7%以上⑤。农村空巢老人已然是一个数量规模庞大、已常态化存在多年并将继续长期存在的特殊群体，在中国日渐加速的老年化进程中，改善和解决这个群体的问题和需求不容忽视。

需求研究的目标：了解和识别农村空巢老人的真实需求，助力各方——政府、社会、企业、家庭和老人自身共同探求和实施有效的解决之道。

需求辨析的过程：导航团队历时4个多月进行实地调研，先后对中西部地区为主的13个省市的上百户农村空巢老人家庭、村干部和村志愿者等访问调查，尝试从老人们自己和周边人的实际生活状况和表达中，识别所呈现的共性问题；访问30余家从事农村老年人关爱与服务的相关社会组织和7所县、乡（镇）、村各级公办、民办福利院和养老院，从社会组织的立场和视角了解农村老人服务的干预方法和实践案例；访谈多年关注和参与农村发展、研究留守人口问题及对策的专家学者，听取他们的见解和观点；访谈民政官员，了解地方政府的政策和立场；综合多条路径所获信息，分

---

① 说明：在本部分需求辨析文中，参考文献多涉及留守老人，索引中仍保留原文中"留守老人"的称谓。
② 叶敬忠、贺聪志：《静寞夕阳——中国农村留守老人》，2008。
③ 2013年2月27日，中国社会科学院发布的《中国老龄事业发展报告（2013）》显示，2012年我国农村留守老人已达5000万人。
④ 2018年2月24日，民政部相关部门负责人公布中国农村留守老人的最新相关数据："根据2016年民政部的初步摸底排查结果，全国有1600万左右的农村留守老年人。"
⑤ 2018年2月26日全国老龄办召开的"人口老龄化国情教育新闻发布会"介绍：截至2017年底，我国60岁及以上老年人口有2.41亿人，占总人口的17.3%，其中2016年新增老年人口首次超过1000万。

析寻找所需的线索或答案。

同时，我们分别选取了三个方向进行文献研究：第一，联合国、世界卫生组织等多边国际组织针对全球老龄化的政策文献；第二，国内政府养老法律政策；第三，国内专家学者对农村留守老人的研究成果。搜集和选阅相关资料文献，筛选、梳理和分析归纳各方面信息、观点、政策及制度安排等，进行比较辨识，从而探询和了解各方对待老年人和农村老年人及其需求的不同视角与理念，以及由此形成的应对老龄化社会挑战的立场。

通过上述路径和方法，我们了解和认识的各相关方应对老龄人口需求的视角可概括如下。

国际组织的全球化视角：以权利和权益保障为原则基础，强调政府承担责任，老龄人口发展与积极、健康老龄化的战略和行动，以应对全球老龄化和老龄人口的需求——享有发展的权利、生活保障与防治贫困、健康与医疗保障、法律与权益保障。

我国法律与政策的视角：以"养老"为目标、以居家养老为基础、以"家庭养老"为主体的子女承担赡养责任的中国式养老制度安排，强调家庭和子女的责任，以应对中国老年化社会和农村老龄人口的需求——经济生活保障、医疗健康保障、养老服务、精神生活、社会参与、宜居环境、法律保障、养老产业和产品、养老资源保障等。

我国专家学者的研究成果，集中反映了中国农村空巢老人的需求是：经济、医疗健康、养老服务与照料、精神与情感等。

需求辨析结论要点：本研究将农村空巢老人实际需求的辨析结果归纳为：老有所养，病有所医，生有质量，逝有尊严。其中，老有所养和病有所医是我国农村空巢老人重中之重的根本性需求，也是其他农村老人的最基本需求，生有质量和逝有尊严的需求建立在该基础之上。

"需求辨析"包括两章：第一章尝试概括国际组织和我国政府应对老龄人口和老龄化社会的法律政策方向与路径，并从我国学界基于农村现实状况的相关调查研究成果，从不同背景和视角分析他们所关注的农村空巢（留守）老人的需求。第二章是需求研究的主干，即在各方面文献研究和实地调查基础之上，提出本研究所识别的农村空巢老人需求及应对建议。另外，本部分三个附录记录了本研究分别对多边国际组织的相关决议报告等文献进行的梳理和分析，帮助识别其应对和解决的老龄人口问题及其内含的需求，是需求辨析的基础[①]。

本部分内容呈现了我们从不同途径获取的信息和知识，并以社会公益领域实践者、行动者的立场，从多元视角分别梳理，综合分析和探索，辨识农村空巢老人的真实需求，以期探寻解决或改善问题的方法和行动方向的过程。

[①] 说明：本部分研究是沿着国际组织的政策文献、我国法律与政策、专家研究成果和实地调研的路径，由一般老年人的需求、中国农村老人的需求，进而聚焦农村空巢老人中留守老人群体的需求的逻辑。但是，为了突出重点——农村空巢老人的需求辨析，特将"基于国际组织全球视角的老龄人口需求分析"内容放到附录中。

第一章　国际、政府和学界所关注和应对的老龄人口与农村老人需求

2001年，我国进入老龄化社会，60岁及以上老龄人口占全国总人口的比例超过10%[①]。而在"20世纪60年代，几乎所有西方国家均进入了老龄化社会"[②]，且部分国家已经进入老龄社会，甚至高龄社会[③]。

但是，西方国家从老龄化社会到老龄社会、高龄社会的发展进程经历了几十年甚至上百年，日本自1970年开始分别历时25年和11年，而且这些国家进入老龄化社会时已是民众富裕、国家发达。中国自2001年进入老龄化社会，预计其向老龄、高龄的发展期分别是25年和10年[④]，将面临虽国家强盛，但整个社会迅速"变老"，民众更是面临"未富先老""未备而老"的困局。

自20世纪80年代，联合国开始探索应对人口老龄化和社会老龄化问题。在之后的三十多年中，其与世界卫生组织等主导制定了一系列重大政策决议，提出和倡导行动方向，持续推动全球范围内各个国家对老龄化社会和老龄人口的认识与关注，制定针对老年人的人权与权益保障及老年人发展的政策与制度，建立和改善社会保障与支持体系，共同应对全球老龄化的挑战。

21世纪初开始的中国快速老龄化的大趋势，促动我国政府出台了多个与养老相关的法律、政策和规划，推动建立和发展老年事业、产业，建设老年服务体系。

我们看到，联合国等多边国际组织和我国政府都清楚老龄化社会的严

[①] 《中国老龄健康报告》（2018）总报告：2001年联合国《世界人口老龄化报告（1950～2050年）》提出老龄化社会标准：国家或地区的60岁及以上老龄人口比例超过总人口的10%（或65岁及以上的老龄人口比例超过7%）。

[②] 《中国老龄健康报告》（2018）总报告。

[③] 《中国老龄健康报告》（2018）总报告：老龄化社会、老龄社会和高龄社会分别表现为在一个国家或地区65岁及以上老龄人口比例超过7%、14%和20%。

[④] 数据来源：《中国老龄健康报告》（2018）总报告。

峻挑战，对应老龄人口的需求和社会问题，从各自的视角和立场提出了相关原则和战略，或制定相关政策及做出相应制度安排，以有针对性、有效地应对和解决这些需求与问题。

在本部分研究中，我们将四十年来多边国际组织从全球发展的视角和立场出发制定的一系列政策原则与战略指导思想理念，视为需求辨析中遵循的价值基础，并作为规范性需求[1]。21世纪开始我国逐步推出养老相关法律政策，其所推动改善的，我们视为相对性需求，均在本章中进行了非常简要的概括。我们尝试从这些政策文件中的相关指向性条款了解其所针对的一般老年人和农村老年人的需求。同时，学界多年积累的研究成果和实地调研为我们打开了一扇扇直面现实的门窗，对多个途径得到的结果进行对照分析，帮助我们从中更清晰理性地认识农村空巢老人的问题与真实需求。

第一节 基于国际组织与我国政府的政策方向认识老年人和农村老人的需求

一 国际组织重点关注与解决的老年人需求简析[2]

全球视角：权利/权益保障与发展，积极、健康老年化。

老龄化问题是一个世界性世纪难题。从20世纪80年代开始，联合国等多边国际组织依据全球老龄化发展进程和趋势，不断深化对老龄人口问题和需求的认知，更新理念，为各国制定相关政策提出了指导原则、行动建议和政策框架，并就老龄化问题从价值、立场、原则、制度体系建设和措施等方面，进行了多次系统的阐释。

1982年，联合国第一次老龄问题世界大会，通过了包括62项建议在内的《老龄问题国际行动计划》，提出就业与收入保障、健康有营养、住房、教育和社会福利等多方面的行动建议。

---

[1] 转引自：中华社会福利联合劝募协会、郑怡世合著《成效导向的方案规划与评估》，2010。Brasshaw的四种需求类型：1. 规范性需求：与某种标准或常模比较之后，若未达既定的标准，则可判定此问题情境具有需求；2. 相对性需求：比较两个相似情境下的服务差距，来说明需求的存在；3. 感受型需求：由服务对象自己说出来、自己认为或体认到的需求；4. 表达性需求：服务对象透过实际行动来表达出对某些服务的需要。

[2] 比较详细的梳理分析内容参看本书附录三、附录四和附录五。

1991年，联合国大会通过了《联合国老年人原则》，从独立、参与、照顾、自我充实和尊严五个方面确立了关于老龄人口的普遍性指导原则，并鼓励各国政府尽可能将这些原则纳入本国国家方案。

2002年，联合国第二次老龄问题世界大会，总结20年来各国在老龄问题上的行动进展，指出："全球的人口变化已经在各个方面对个人、社区、国家和国际生活产生深刻的影响"，"人口老龄化是一种全球性力量，同全球化一样，足以改变未来"①。大会通过了《老龄化马德里政治宣言》和《老龄问题国际行动计划》。

同时，世界卫生组织提出了《积极老龄化政策框架》，推动将"积极老龄化观念"纳入各国发展框架。

2015年联合国峰会，参会的世界领导人正式批准《联合国2030年可持续发展议程》（《变革我们的世界——2030年可持续发展议程》），"共同通过了一整套旨在消除贫困、保护地球、确保所有人共享繁荣的全球性目标，标志着人类社会第一次就发展的概念达成了共识，具有划时代的意义"②。

上述每一部文献的内容都有明确的理念和原则，政策方向和行动建议的出发点和着力点都有具体的指向。通过对这些文献的梳理、分析③，从中探寻老龄人口的普遍需求，进行了如下非常概括性的归纳，并将此作为研究农村空巢老人需求辨析的价值基础和参照的规范性需求，详见表1。

表1 从联合国和世界卫生组织相关文献中概括的应对老龄人口的普遍性需求

需求	具体描述
1. 享有发展的权利	参与发展的权利及社会参与和社会融合的机会
	继续工作的权利与机会
	享有待遇公平、生活尊严和社会尊重的权利
	对农村老年人的支持与获得资源的平等权利与机会
	老年妇女发展权利与权益保障
	获取知识、教育和培训的机会，终身学习的权利
	代际团结与支持

---

① 《2002年马德里老龄问题国际行动计划》。
② 《联合国2030年可持续发展议程》。
③ 详细的梳理、分析内容参看本文附录三、附录四。

续表

需求	具体描述
2. 生活保障与防治贫困	消除贫困
	享有足够的社会保护/社会保障，保障收入，预防贫穷
	紧急情况下获得救助、保护与服务
3. 健康与医疗保障	毕生促进健康和福祉，获得身心健康照料服务和个人生活品质与权益的保障
	人人平等享有医疗保健服务
	提供艾滋病治疗，为老年人照料艾滋病人提供支持
	护理人员和保健专业人员的培训和质量
	老年人的心理健康
	对老年人与残疾人的适当特殊照顾服务
	在生命全程获得健康服务和保障
4. 法律与权益保障	权益保障，免受虐待和暴力

同时，我们也参考了一些国际机构的相关贡献。如2013年国际助老会[①]与联合国人口基金联合推出的《全球老人生活观察指数》，为衡量老龄人口的当前状况和促进发展老龄事业提供了一套衡量标准和方法。

这些国际机构应对全球老龄化的战略性思维和倡导推进的政策行动，目标是推动全世界不同种族、不同文化与思想、不同社会结构与制度、不同经济发展程度的国家和区域，共同行动，应对面临的严峻挑战。其三十年的逐步演进，为解决老龄社会与老龄人口问题提供了权利与权益保障、老年人参与发展和积极、健康老龄化的新理念，并提出对应的政策战略框架和行动建议，从而使我们对老龄社会中的老年人的需求及其应对之道的认识有所更新，也打开了更广阔的认知空间。

另外，从需求分析的过程中能够看到，尽管是站在全球角度，老龄人口基本的需求种类和架构没有本质的不同。实践当中，由于各国各地的社

---

① 国际助老会（Help Age International），国际NGO，Member of the Age Global Network。

会制度不同，社会发育、经济与文化发展的程度不同，其各类需求的程度产生很大差异，看待和应对老龄问题的视角和价值取向也会有所不同。但是，应对老龄化需求的政策、制度安排、解决问题的方法途径与行动等，应遵循以下的价值理念。

老年人权利与权益保障。老年人需求的应对和解决，从单纯以需求为基础转向以权利和平等为基础，即从"你需要，我给你"式的给予，向"这是你需要的，也是你应该得到的"——应享有的尊严和权利与权益保障转变，这是本质性的改变。

需求的出发点和落脚点都聚焦于发展——老年人与发展和老年人的发展，使"人年老时保持自主性和独立性"；承认老人仍然是宝贵的资源，而不是家庭和社会的负担，承认、尊重和发挥老年人的存在价值与对家庭、社会和经济的贡献。老年人基本的基础性需求，如消除贫困、足够的社会保护/保障、收入保障、医疗健康服务等，应纳入是否利于其发展，是否平等享受到发展成果的视角来考虑和衡量。

生命全程的观念。老年人的需求是由其生命全程决定的——每个人自生命开始与健康相关的一切，都决定了其将有什么样的老年。因而从婴幼童起一生的成长都需要有利于健康的干预。

以健康和预防为前提，而不需要对疾病治疗、因病伤残或病后康复付出昂贵代价，将极大地改变老龄人口的实际需求种类和程度，对相关政策、制度的制定和公共与社会服务体系的要求也会产生向有利方向的很大转变，减少大量人力和社会、经济资源的消耗。当人到老年时仍能保持独立性和自主性的良好生活质量，无论对个人还是对决策者都是一个关键目标[①]。

二　中国相关法律政策重点关注与解决的老年人需求简析

《中华人民共和国老年人权益保障法》开篇承诺："国家保障老年人依法享有的权益。老年人有从国家和社会获得物质帮助的权利，有享受社会服务和社会优待的权利，有参与社会发展和共享发展成果的权利。禁止歧视、侮辱、虐待或者遗弃老年人。"

---

① 世界卫生组织《积极老龄化政策框架》。

"积极应对人口老龄化是国家的一项长期战略任务"[1],"对于保障和改善民生,增强老年人参与感、获得感和幸福感,实现全面建成小康社会奋斗目标具有重要战略意义"。[2]

本节着重梳理和分析中国近些年有关老年人的相关法律法规、政府政策和制度安排,从中认知我国政府所应对的老龄化社会中老龄人口的需求。我们选择了以下几部与老年人口权益保障和养老需求关联最密切、距今最近或较近的法律和政策文件:

《中华人民共和国老年人权益保障法》(2015年修订版)

《关于进一步加强老年人优待工作的意见》(2013年全国老龄委等24部门联合发布)

《国务院关于加快发展养老服务业的若干意见》(2013年)

《"十三五"期间国家老龄事业发展和养老体系建设规划》(2017年)

另外,亚洲开发银行分别于2016年和2018年对中国老龄化问题提出政策建议[3],我们也做了梳理[4]。

上述这几部法律、政策和规划,是我国政府在中国特色的政治制度、体制结构和治理体系框架内,为应对"骤然而至"的中国老龄化社会和未富先老、未备先老形势下的中国老年人口的基本养老需求,做出的基础性、普遍性的制度和机制的安排。每部法律、政策都有各自的侧重点,但指导思想和原则基本一致,大部分内容具有共性,其中也包括了针对具体对象,如特困老人群体、农村老人、农村留守老人等的专门政策措施。

这几部法律、政策,一致将下述三个制度体系建设作为基础,以此为出发点,以应对和解决中国老龄人口在生活、医疗和社会服务等多方面的基本需求保障为目标。

第一,建立和完善多支柱的社会保障制度体系,包括社会保险(基本养老保险、基本医疗保险、长期护理保险)、社会福利和社会救助。

---

[1] 《中华人民共和国老年人权益保障法》。
[2] 《"十三五"国家老龄事业发展和养老体系建设规划》。
[3] 《亚洲开发银行对中国老龄化问题的分析与建议》(《中国财政》,2016)、亚洲开发银行《中国人口老龄化和对养老服务的启示》(2018年9月7日财经头条)。
[4] 详细内容参见本文附录四。

达到全覆盖、更加公平、更可持续，使老年人的基本生活、基本医疗、基本照护等需求得到切实保障。①

第二，建立以家庭养老与赡养责任为主体的政策体系：家庭子女履行赡养义务和承担照料责任。

支持成年子女与老年父母共同生活，履行对老年人经济上供养、生活上照料和精神上慰藉的义务，照顾老年人的特殊需要；使患病的老年人及时得到治疗和护理；对经济困难的老年人提供医疗费用；对生活不能自理的老年人承担照料责任②。

第三，建立多层次的养老服务体系：以居家为基础、以社区为依托、以机构为补充、医养相结合。

使养老服务供给能力大幅提高、质量明显改善、结构更加合理，多层次、多样化的养老服务更加方便可及。到2020年，这个养老服务体系功能完善、规模适度、覆盖城乡，生活照料、医疗护理、精神慰藉、紧急救援等养老服务覆盖所有居家老年人。符合标准的日间照料中心、老年人活动中心等服务设施覆盖所有城市社区，90%以上的乡镇和60%以上的农村社区建立包括养老服务在内的社区综合服务设施和站点。③。

通过以上述三大体系建设为基础建立健全的保障老年人权益的各项制度安排，实现"逐步改善保障老年人生活、健康、安全以及参与社会发展的条件，实现：老有所养、老有所医、老有所为、老有所学、老有所乐"④的目标。

我们将四部法律、政策之中具有一定针对性的具体规定、要求或措施进行分类归纳，从中梳理出政府期望应对和解决的中国老年人口的权益保障和养老需求的类别和内容，具体归纳为：经济生活保障、医疗健康保障、养老服务、精神生活、社会参与、宜居环境、法律保障、养老产业和产品、养老资源保障，共九大类。同时，对每一大类，根据不同的对象或规定要求进行了相应的细分，详见表2。

---

① 参见《"十三五"国家老龄事业发展和养老体系建设规划》。
② 参见《中华人民共和国老年人权益保障法》。
③ 《国务院关于加快发展养老服务业的若干意见》。
④ 参见《中华人民共和国老年人权益保障法》。

表 2 依据我国政府四部法律、政策归纳的中国老年人的养老需求

	需 求		需 求
一、经济生活保障	基本生活保障——政府	四、精神生活	老有所学
	主要赡养来源——家庭子女		文化娱乐活动
	特困生活救助——政府		各相关方应承担的责任
	住房保障——家庭子女	五、社会参与	老年人参与社会活动
	补充养老来源——农村集体收入		老年就业与劳动
二、医疗健康保障	基本医疗保障		发展老年社会组织
	医疗机构保障		其他社会力量的服务
	健康管理	六、养老资源保障	政府资源保障
	医疗与康复护理		其他来源的资源保障
	重大疾病医疗救助	七、宜居环境	家居环境
	特困医疗救助		公共服务设施环境
	医疗与健康、护理服务		社会风尚与优待
三、养老服务	机构养老服务	八、法律保障	各项权益的法律保障
	护理服务		法律援助
	特困服务救助	九、养老产业与产品	
	社区养老服务		
	社区养老机构与设施		
	农村养老服务		

我国法律与政策的视角，是以"养老"为目标、以居家养老为基础、以"家庭养老"为主体、家庭子女承担赡养责任的中国式养老制度安排，强调家庭和子女的责任，应对中国老龄化社会和农村老龄人口的需求。

我国重视并开始应对老龄化问题，起步较晚，相应的社会保障体系和服务体系，相关的制度、政策亟待加速制定和落实实施。至今，政府对中国老龄人口的需求的认识和解决/应对以"养"老的方向和路径为主，着眼点主要放在最基本的基础性阶段——建立基本社会保障制度、养老服务设施和服务体系建设方面。近年来，我国政府致力于积极开展应对人口老龄化行动，推动老龄事业全面协调可持续发展，建立健全养老体系，特别是

在基本保障体系建设方面,已经并正在产生一定的成效。

但是,正如《"十三五"国家老龄事业发展和养老规划》中明确指出的,我国老龄事业改革发展和养老体系建设存在明显短板,"涉老法规政策系统性、协调性、针对性、可操作性有待增强;城乡、区域老龄事业发展和养老体系建设不均衡问题突出;养老服务有效供给不足,质量效益不高,人才队伍短缺;老年用品市场供需矛盾比较突出;老龄工作体制机制不健全,社会参与不充分,基层基础比较薄弱"。

"当前中国老年人家庭结构带来的养老功能日益弱化的问题,必然进一步从家庭事务问题外化为社会问题,这就需要重新审视相关家庭公共政策体系,并做新的安排。"①

三 国际组织和我国政策所针对的农村老龄人口需求简析

尚处于城市化进程中的城乡差别与贫富差距巨大的国家,城市和乡村老年人的生活状况及其享有的养老保障的权益权利差距甚远,有时甚至天差地别。因此农村老龄人口相比城市老年人,具有更基础、更迫切、更符合农村现实的需求,在政策和制度安排上需要更多的倾斜。为此,我们将前面各项文献中有关农村老龄人口的部分也进行了择要梳理。

1.《国际行动计划》《积极老龄化政策框架》所针对的农村和偏远地区老年人需求摘要②

(1)采取适当的社会保护/社会保障措施,确保有稳定充足收入来源和营养足够的食物,确保能平等获得日常照料等基本社会服务,老年妇女有平等获得和掌握经济资源的权利。

(2)维持和发展农业生产所需的条件和机会,享有参与社会发展、创造收入、脱离贫困及获得与青年人同样支持的权利;根据个人的需要、喜好和能力,不受歧视地获得正式工作和就业的权利;包括平等获得资金、教育培训等各种支持和机会,改善生活条件,发展经济,提升能力,特别是老年妇女,避免被边缘化。

(3)平等而普遍地享有承担得起的保健服务、康复资源和长期照料服务;

---

① 《中国城乡老年人生活状况调查报告》(2018),党彦武:《中国老年人生活状况》。
② 详细内容参看本书附录五。

看得起病，负担得起基本药物和其他治疗措施，或者可以获得其他帮助。

（4）建立和提供一套终身保健的、贯穿于生命各阶段的体制——促进健康、预防疾病、合理治疗慢性疾病、平等的社区支持、有尊严的长期保健服务和临终关怀。

（5）为农村地区贫困、孤独生活的老人，提供社会安全网络，尤其是寿命较长但掌握经济资源较少的老年妇女；为他们提供便于使用和负担得起的交通服务，方便老人出行。

（6）老年迁徙者能够获得社会服务网络支持，持续获得经济和医疗保障，消除语言文化障碍，融入新社区和社会、文化、政治和经济生活；帮助有同住愿望的老年人与家人同居。

（7）支持和特别关注提供照料的人，给专业照料者充分的工作条件和报酬，对非专业照料者，特别是照顾家人的老年妇女，提供培训和家庭照料护理服务、资金补贴等。

2. 中国相关法律与政策对农村老年人的相关条款所应对和解决的需求

以下是依据《中华人民共和国老年人权益保障法》《关于进一步加强老年人优待工作的意见》《国务院关于加快发展养老服务业的若干意见》《"十三五"期间国家老龄事业发展和养老体系建设规划》的相关条款进行的归纳，详见表3。

表3 中国的相关法律与政府政策措施及对应解决的需求

需求		应对和解决需求的相关条款
经济生活保障	主要赡养来源	赡养人有义务负责老年人所承包田地的耕种、老年人的林木和牲畜照管（可委托他人耕种照管），收益归老年人所有。不得要求老年人承担力不能及的劳动
	特困生活救助	农村最低生活保障制度与扶贫开发政策有效衔接，确保现行扶贫标准下农村贫困老年人实现脱贫
		有老年人去世的城乡生活困难家庭，减免、补贴基本殡葬服务费用
	村集体提供帮助	农村集体收入补充养老：农村可以将未承包的集体所有的部分土地、山林、水面、滩涂等作为养老基地，收益供老年人养老
健康医疗支持	特困医疗救助	政府补贴低保老年人和低收入家庭的新型农村合作医疗和城镇居民基本医疗保险所需个人缴费部分，国家对经济困难的老年人给予医疗救助
	医疗与健康、护理服务	各级政府将老年医疗卫生服务纳入城乡医疗卫生服务规划，将老年人健康管理和常见病预防等纳入国家基本公共卫生服务项目

续表

需求		应对和解决需求的相关条款
养老服务	特困救助	农村计划生育家庭奖励扶助和特别扶助;
	社区养老服务	发展城乡社区养老服务,鼓励、扶持专业服务机构及其他组织和个人,为居家的老年人提供生活照料、紧急救援、医疗护理、精神慰藉、心理咨询等多种形式的服务
	社区养老机构与设施	发展城乡社区养老服务设施,与社区综合服务设施整合:社区日间照料中心等养老服务机构,依托社区综合服务设施和社区公共服务综合信息平台,提供服务; 政府购买服务,推动专业化居家社区养老机构发展
		地方政府等将养老服务设施纳入城乡社区配套设施建设规划,建立适应老年人需要的生活服务、文化体育活动、日间照料、疾病护理与康复等服务设施和网点,就近为老年人提供服务
		符合条件的养老机构内设医疗机构,申请纳入城镇职工(居民)基本医疗保险和新型农村合作医疗定点范围
	农村养老服务	推动农村特困人员供养服务机构服务设施和服务质量达标: 1. 集中养老服务:在保障农村特困人员集中供养需求的前提下,积极为低收入、高龄、独居、残疾、失能农村老年人提供养老服务; 2. 社区互助养老服务:通过邻里互助、亲友相助、志愿服务等模式和举办农村幸福院、养老大院等方式,大力发展农村互助养老服务。 3. 居家养老服务:农村基层党组织、村委会、老年协会等,积极培育为老服务社会组织,依托农村社区综合服务中心(站)、综合性文化服务中心、村卫生室、农家书屋、全民健身等设施,为留守、鳏寡、独居、贫困、残疾等老年人提供丰富多彩的关爱服务
		切实加强农村养老服务: 1. 健全服务网络。要完善农村养老服务托底的措施,将所有农村"三无"老人全部纳入五保供养范围,适时提高五保供养标准,健全农村五保供养机构功能,使农村五保老人老有所养。 2. 在满足农村五保对象集中供养需求的前提下,支持乡镇五保供养机构改善设施条件并向社会开放,提高运营效益,增强护理功能,使之成为区域性养老服务中心。 3. 依托行政村、较大自然村,充分利用农家大院等,建设日间照料中心、托老所、老年活动站等互助性养老服务设施。 4. 农村党建活动室、卫生室、农家书屋、学校等要支持农村养老服务工作,组织与老年人相关的活动

续表

需求		应对和解决需求的相关条款
精神生活	老有所学	1. 优先发展城乡社区老年教育，到2020年基本形成覆盖广泛、灵活多样、特色鲜明、规范有序的老年教育新格局。全国县级以上城市至少应有一所老年大学。 2. 安全知识教育、急救技能培训、突发事故防范等
		1. 老年活动场所、老年教育资源要对城乡老年人公平开放，公共教育资源应为老年人学习提供指导和帮助。 2. 贫困老年人进入老年大学（学校）学习的，给予学费减免
社会参与	老年人参与社会活动	充分发挥村民自治功能和老年协会作用，督促家庭成员承担赡养责任，组织开展邻里互助、志愿服务，解决周围老年人实际生活困难
	老年就业与劳动	1. 支持老年人才自主创业，帮助有意愿且身体状况允许的贫困老年人和其他老年人接受岗位技能培训或农业实用技术培训，通过劳动脱贫或致富。 2. 依法保障老年人在生产劳动过程中的合法收入、安全和健康权益
		农村老年人不承担兴办公益事业的筹劳义务
养老资源保障	资金保障	1. 鼓励城市资金、资产和资源投向农村养老服务。 2. 各级政府用于养老服务的财政性资金应重点向农村倾斜
	其他来源的资源保障	建立协作机制。1. 城市公办养老机构要与农村五保供养机构等建立长期稳定的对口支援和合作机制，采取人员培训、技术指导、设备支援等方式，帮助其提高服务能力。2. 建立跨地区养老服务协作机制，鼓励发达地区支援欠发达地区
宜居环境	家居环境	老年人共建共享绿色社区、传统村落、美丽宜居村庄和生态文明建设成果
法律保障	法律援助	重点做好农村和贫困、高龄、空巢、失能等特殊困难老年群体的法律服务、法律援助和司法救助。

农村养老体系及其服务体系的严重不足，使中国农村老年人的需求基本上覆盖了我们之前梳理出来的所有需求。问题及其需求的产生多数与年轻人离开农村后留下的老人及其生活和健康医疗状况紧密相关。相对于针对所有老年人的系统性需求，农村老年人，特别是空巢老人，处于更大的

劣势或困境之中，具有更强烈的基础保障性需求。为应对这种状况，我国政府需要着重在乡村构建针对所有农村老年人的养老及相关服务和救助的制度体系。

2017年12月，民政部、公安部、司法部、财政部、人力资源和社会保障部、文化部、卫生计生委、国务院扶贫办、全国老龄办九部委联合发布了《关于加强农村留守老年人关爱服务工作的意见》，明确指出了农村留守老年人问题的成因："是我国工业化、城镇化、市场化和经济社会发展的阶段性问题，是城乡发展不均衡、公共服务不均等、社会保障不完善等问题的深刻反映。"民政部相关负责人指出留守老人面临的问题："这些留守老年人由于子女长期不在身边，不少还承担着繁重的农务劳动或者抚育孙辈的义务，在不同程度存在着生活缺乏照料、安全缺乏保护、精神缺乏慰藉、失能缺乏护理等问题。"针对这些问题，该《意见》给予了五个方面的安排措施：家庭赡养主体责任、村委会权益保障、村为老组织及设施关爱养老服务、社会组织参与服务和政府支持保障。

2018年9月，中共中央、国务院印发《乡村振兴战略规划（2018—2022年）》，其中第四节以"提升农村养老服务能力"为题，进一步集中描绘了未来农村养老体系及其服务体系的架构：

适应农村人口老龄化加剧形势，加快建立以居家为基础、以社区为依托、以机构为补充的多层次农村养老服务体系。以乡镇为中心，建立具有综合服务功能、医养相结合的养老机构，与农村基本公共服务、农村特困供养服务、农村互助养老服务相互配合，形成农村基本养老服务网络。提高乡村卫生服务机构为老年人提供医疗保健服务的能力。支持主要面向失能、半失能老年人的农村养老服务设施建设，推进农村幸福院等互助型养老服务发展，建立健全农村留守老年人关爱服务体系。开发农村康养产业项目。鼓励村集体建设用地优先用于发展养老服务。

第二节　基于学界研究认识农村空巢（留守）老人的需求

21世纪初以来，我国越来越多的专家学者关注并研究农村空巢老人问题，进行长期、持续的调研，阐述问题，反映诉求，积极建言献策。本研究主要选取了我国学界对农村空巢老人中的留守老人群体十多年来的部分研究成果。

我国专家学者研究成果[①]所集中反映的中国农村留守老人的需求集中在经济、医疗健康、养老服务与照料、精神与情感等几大类。

从数据上看，政府对农村老人包括专门针对留守老人的关注并制定出台各项政策，与之明显相关。

一 学界对农村空巢老人的研究状况及其与政策的相关性

对农村空巢老人中的留守老人群体的关注与研究起步于 21 世纪初。截至 2018 年 9 月 25 日，在万方数据[②]中搜索到的主题包含"留守老人"的文献共有 3219 条中文结果。图 3-1-1 是万方数据生成的 1996~2018 年农村留守老人研究的趋势。

图 1 中显示，自 2004 年开始，农村留守老人的研究报告文献逐年增加，2010 年至 2012 年研究热度陡然提升。2013 年 3 月，中国社会科学院发表《中国老龄事业发展报告（2013）》，显示农村留守老人数量已近 5000 万；9 月国务院印发《关于加快发展养老服务业的若干意见》，发布时民政部相关负责人有针对性地表示，"农村留守老人数量已近 5000 万，农村养老服务仍存在着缺乏生活照料和精神慰藉、失能无靠等突出问题，农村老年人的养老问题日益严峻"。[③] 2015 年至 2016 年，关于留守老人的研究报告数量又一次呈现了疾速增长的势头，2016 年达近几年的最高峰。同年民政部对农村留守老人进行了摸底排查，2018 年 2 月发布九部委联合印发的《关于加强农村留守老年人关爱服务工作的意见》。

该统计结果显示，政府部门对农村留守老人群体的关注程度和政策制定出台，不排除学界针对农村留守老人的关注与研究热度、力度及其持续表达所产生的影响力。

[①] 本章第一节重点收集的专家文献资料以农村空巢老人中的留守老人为主要研究对象。因此，本节直接使用"留守老人"称谓。
[②] 万方数据包含的文献类型：期刊论文、学位论文、会议论文、专利、中外标准、科技成果、法律法规、科技报告、新方志。
[③] 中新社：《农村留守老人近 5000 万，失能无靠等问题突出》，2013 年 9 月 20 日。

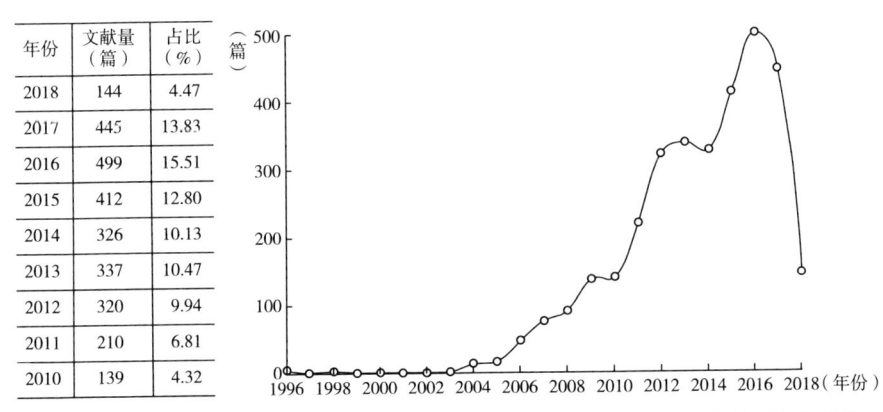

年份	文献量（篇）	占比（%）
2018	144	4.47
2017	445	13.83
2016	499	15.51
2015	412	12.80
2014	326	10.13
2013	337	10.47
2012	320	9.94
2011	210	6.81
2010	139	4.32

图1　1996~2018 年（截至 2018 年 9 月 25 日）专家学者关于农村留守老人研究的趋势

二　学界研究中呈现的农村留守老人问题与需求

以"农村留守老人"为主题关键词进行搜索，截至 2018 年 9 月 25 日，万方数据高级检索 3219 条中文结果，中国知网[①]上 1916 条中文结果，主要内容涉及老人生活状况、养老模式、养老政策、老年健康、子女外出务工影响、社会支持、社工介入等相关方面。

我们选择了一部分专家学者的报告文献，主要是十余年来在一省一地或多省多地的农村，运用多种研究方法进行实际调查得出的研究结果，覆盖面广泛，其中不乏进行多次调研、长期追踪的情况。根据对选阅内容进行梳理、筛选，显示出在专家学者的研究中，影响农村留守老人的关键因素（或者说是留守老人的需求）主要集中在经济状况（收入、供养、劳动负担）、生活照料和精神慰藉几个方面，也有少数扩展到医疗健康、外部环境和法律权益保障等方面。与中国农业大学教授叶敬忠等在 2008 年出版的《静寞夕阳——中国农村留守老人》一书里所指出的情况基本相同："从当前现状看，很多留守老人不仅基本的养老需求无法获得满足，而且需要承受沉重的劳动负担和教养孙辈所带来的各种压力，需要自己应对生产、生活中的各种困难，由此引发了留守老人经济贫困、生活无人照料、精神孤

[①] 中国知网包含以下文献类型：一般期刊、教育期刊、特色期刊、博士学位论文、硕士学位论文、国内会议论文、国际会议论文、报纸、年鉴、专利文件、专业标准、学术成果。

独、安全隐患大、劳动负担重等一系列的问题。"

还有学者从马斯洛关于人的需求层次理论进行解读，提出留守老人在尊严和自我实现层面上的需求。同时，留守老人的隔代抚养和教育的压力和负担问题，他们以及其他农村老人的生存状况与非正常死亡问题，也由学者的著述和媒体的报道而广为社会关注。

我们汇总了上述文献集中涉及的问题，结合我们实地调查了解的情况，筛选出并试用了一些主题性的关键词，在知网及万方数据上已搜索出"留守老人"关键词的中文文献结果中进行再次搜索，得到的数据如图2、图3所示。

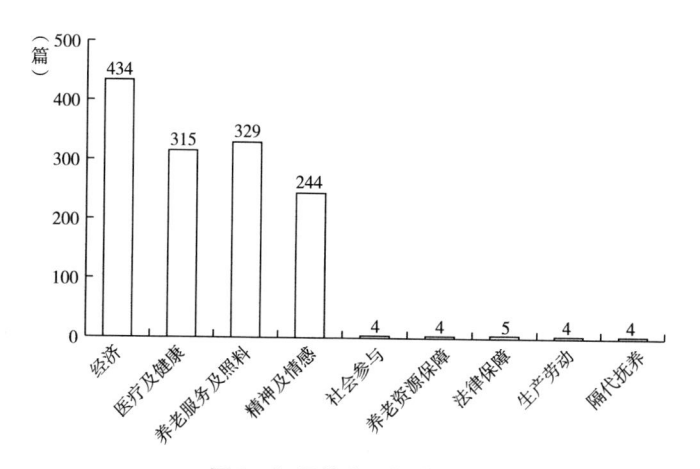

图2 知网的主题搜索结果

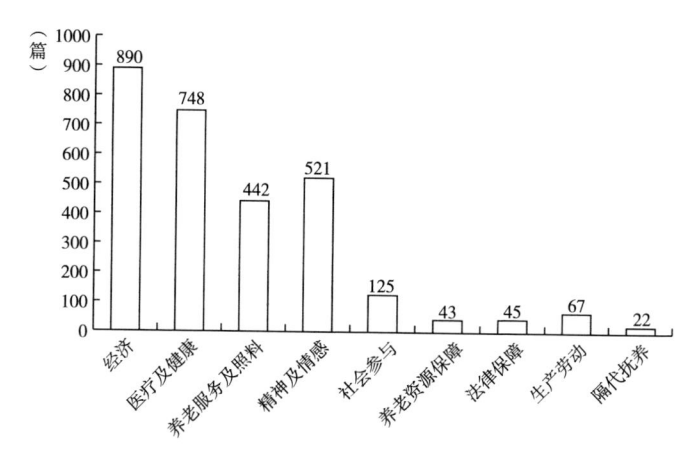

主题	篇数
经济	434
医疗及健康	315
养老服务及照料	329
精神及情感	244
社会参与	4
养老资源保障	4
法律保障	5
生产劳动	4
隔代抚养	4

图3 万方数据的主题搜索结果

主题	篇数
经济	890
医疗及健康	748
养老服务及照料	442
精神及情感	521
社会参与	125
养老资源保障	43
法律保障	45
生产劳动	67
隔代抚养	22

图 3-1-2、图 3-1-3 两组数据搜索结果均表明,绝大部分的文献中将经济、医疗及健康、养老服务及照料、精神及情感作为农村留守老人最需要关注和解决的问题,从中反映出这几类最基础的保障是农村留守老人的集中需求。

而我们访问的几位专家则强调,因长年与家人分离、孤独生活而产生的亲情渴求和精神寂寞,使精神慰藉和情感需求成为农村留守老人这个群体最需要的。

需要指出的是,有些学者特别关注到了两大问题并进行了详细调查和分析:一是农村老人必须以终生劳动自养为生,而不能像城镇老人一样在 50 岁到 60 岁退休,可以靠养老金维持一定质量甚至较好的生活。农村老人,特别是留守老人只能依靠自己种地或其他劳动方式获得的经济收入维系生活。二是农村老年人自杀率显著高于城市,且随着年龄的增长而增加,自杀最主要的原因是生存困难,其次是为了摆脱疾病痛苦,再次是由于精神寂寞。这类问题曾因学者刘燕舞的《农村自杀研究》一书而引起社会关注。

学者们针对所发现的问题与需求积极提供了解决思路或方法,主要包括:子女要承担起赡养和照料的责任、政府加强农村养老和服务体系建设,以及推动社会组织提供服务等。

第二章 公益导航研究对农村空巢老人需求的再认识

本部分研究选择联合国、世界卫生组织等机构应对全球老龄化的政策指导原则和战略方向，作为价值理念①，同时为契合中国国情和政策方向，选择宪法的相关规定为依据，以《中华人民共和国老年人权益保障法》中提出的"老有所养、老有所医、老有所为、老有所学、老有所乐"目标为切入口，结合专家学者的研究成果和现实调查，综合多个视角的探索，辨析和识别农村空巢老人的需求。

我们将所认识的农村空巢老人最缺乏和最需要的归纳总结为四个方面："老有所养，病有所医，生有质量，逝有尊严"，实质上也涵盖了农村老年人所共有的需求。我们认为这四方面需求应该包括：

老有所养，是指老年人的生活权益保障，即能够平等获得维护其有尊严的生活的基本保障。主要体现在：（1）稳定的足以维持有尊严生活的社会养老保障；（2）获得所需要的日常生活照料；（3）需要时能够获得困境支持。

病有所医，是指老年人的健康与医疗权益的保障。主要体现在：（1）能够得到所需的医疗和康复服务的基本保障；（2）卫生保健与疾病预防；（3）能够得到长期照护等服务。

生有质量，是以生命全程观念、积极老龄化原则和发展的理念，保障老年人的身心健康安全、社会参与和实现发展的权益。主要体现在：（1）具有安全感；（2）享有尊严；（3）获得精神慰藉和心灵健康；（4）享有家庭与社会的认同与尊重，有劳动与发展以及生活方式的选择权；（5）良性互动的社会关系与社会参与，有价值感。

---

① 详细内容请阅读本书第三部分第一章和附录三。

逝有尊严，是留守老年人最需要直面的需求：（1）能够按照自己的意愿度过生命的最后阶段并获得应有的关照；（2）生前有条件保持身心健康或有照料服务保障，减少病痛折磨；（3）善终——不会自杀或孤独去世多日而不被人知。

我们认为，在上述四类需求中，老有所养和病有所医是重中之重，是我国农村空巢老人迫切需要解决的根本性需求，生有质量和逝有尊严是建立在其基础之上的。

在本节中，我们将围绕下面几个基本要点对农村空巢老人的四方面需求进行探讨，重点放在老有所养和病有所医的需求方面。

1. 农村空巢老人需求产生的背景情况。

2. 家庭养老、子女赡养是我国应对养老的制度安排核心，但使农村空巢老人陷入不得不依靠"自养"的困境。

3. 农村健康医疗的低水平、高费用和照护体系缺失，使农村空巢老人最怕生病。

4. 足够的社会基本保障、健全的农村社会服务体系、对老年人的贡献和价值的认可与尊重，是老年人建立安全感和尊严的基础，是维护和提升老年人生存质量和生命质量的前提。

5. 农村空巢老人是为国家实现工业化、现代化做出贡献，乃至承担巨大代价和牺牲的群体，需要得到与城镇退休老人同样的社会认可和平等的社会保障权益。

6. 解决农村空巢老人和其他农村老人养老问题，社会组织和村自治组织是建立农村老年服务体系依托的主要力量，政府养老法律政策的改善和承担责任、投入足够资金等资源长效支持是基本前提和关键，而企业和社会组织与社会力量的参与也不可或缺，政府对社会组织、农村自组织的政策与资金扶持至关重要。

第一节　农村空巢老人需求辨析的背景简析

全球老龄化促使联合国等多边国际组织极力推动更多国家的政府，以积极老龄化、健康老龄化、老年人是社会经济发展的丰富资源等发展理念，建立具有底线的社会保障和法律政策制度基础，以积极应对老龄化社会的严峻挑战，并且推动各国政府前瞻老龄化社会的发展趋势与需求，进而积极主动地寻求法律政策和制度进一步的完善和改变。

我国的法律政策主要持养老的观念和立场，并确定家庭成员是老年人的赡养主体，以此为相关制度设计和安排的基础。由此，近年来出台的一系列法律、政策都明确规定：老年人养老以居家为基础，家庭子女是老年人的赡养主体，支持成年子女与老年父母共同生活，履行对老年人经济上供养、生活上照料和精神上慰藉的义务，照顾老年人的特殊需要等等[①]，规定了一系列家庭赡养责任义务，几乎覆盖老年人所有基本养老需求。

当今我国城市中已经基本实现了基本养老保险制度和社会福利、社会救助制度体系全覆盖，各级政府不断加大对城市中机构养老和社区居家养老服务体系的投入和建设力度，城市老人的基本生活有较好保障，空巢和特殊困境老人的照料服务方面也得到了特别关注和较大力度的政府购买社会服务。所以，实际上家庭子女作为赡养主体的养老政策制度更主要作用于农村社会和农民老年群体。2018年九部委联合发布的《关于加强农村留守老年人关爱服务工作的意见》也再一次强调，要"强化家庭在农村留守老年人赡养与关爱服务中的主体责任"。

这种政策与制度设计，可否看作中国几千年农耕社会家庭养老传统和文化在当今制度上的延续？有研究指出，"一直以来，农村老年人养老以子女照料与土地供养为主要模式。该模式以家庭养老为特点，子女负责老年人的物质支持、生活照料和精神慰藉等养老服务。农村居家养老模式建立在土地依赖的基础之上，而多人口的家庭结构则为居家养老提供人力和基本的经济支持。农耕社会中，农业种植是农民赖以生存与发展物质基础的主要来源。农民被束缚在土地之上，为农村老年人居家养老提供了时空便利。"[②]（唐钧《人口流动颠覆农村家庭养老》，2015年）

然而，中国早已跨入现代化工业和信息社会，传统农业社会、小农生产方式、农村社区包括传统大家庭关系都已随之基本解体，农村原有家庭

[①] 参看《中华人民共和国老年人权益保障法》《"十三五"国家老龄事业发展和养老体系建设规划》等本书第三部分第一章内容。
[②] 谷玉良：《农村人口外流与农村养老困境》，《华南农业大学学报》（社会科学版）2018年第1期。

生产和生活模式、人口结构和社会关系发生了翻天覆地的变化。如此，基于家庭子女赡养老人的政策和制度在广大农村能否实现？

另外，顺应现代国际社会的普遍制度规则和文明发展趋势，我国政府也制定并推动落实了农村社会养老保障制度，并努力数年基本实现了农村新农保和新农合政策全覆盖。各级政府承担着建立农村养老、农村医疗体系和社会服务体系的责任，除了补贴一部分社保资金，主要着重进行了硬件设施的投入和建设。根据中央政策的要求，有的地方政府在各行政村统一修建老年活动室、村文化广场、"老人幸福苑"，有的地方要求各村成立老年协会，有的地方购买社会组织服务，关爱和帮助农村特困老人，还有经济发展条件较好的地方，村集体在各行政村设立老年人食堂，按照规定的资格条件，给村里一部分老年人提供每天的午餐，由村集体补贴，老人或其子女适当交一部分钱。

所有这些政策、制度和措施是否对症？是否能够真正有效解决农村老人养老问题？农村空巢老人的需求到底是什么？可否得到改善或改变？以下分别从"老有所养，病有所医，生有质量，逝有尊严"四个角度进行探讨，着重在"老有所养"和"病有所医"两个方面。

第二节　老有所养，是农村空巢老人的根本需求

老有所养，是老年人的生存权益保障，是所有老年人应该得到满足的根本需求。概括为以下三个基本要求。

第一，经济供养保障：稳定的足以维持生活尊严的社会保障。人到了规定的退休年龄后，都应得到稳定充足的供养经济来源——不是必须依靠本人劳动所得或依赖于家庭子女及其他人的给予，也不论是否还具有劳动能力，达到：

1. 足够保障老年人维持一定质量的、不应低于当地平均生活标准的生活，能够不依赖他人自主生活；

2. 具有一定的经济能力，使之在必要时能够得到负担得起的基本生活照料、健康照护和其他社会服务。

第二，获得需要的日常生活照料。在下列情况时，老年人能够获得应有的、持续的日常生活照料，包括对本人及其生活环境的料理，而不论提

供照料者是家庭成员还是其他的社会服务机构：

1. 因年老身体机能衰退或因疾病而不愿或不能独立生活；
2. 失能、半失能或残疾。

第三，困境时能够获得需要的援助和支持，包括经济、生活和服务等方面，特别是缓解、改善隔代抚养的巨大生活压力。

这三个方面都是农村空巢老人难以得到的。在调研中，我们访问到的专家和地方社会组织、村干部，多数将精神慰藉列为农村空巢老人的最大需求，认为空巢老人中最多的留守老人群体，因为有子女在外挣钱，生活问题不大。而我们通过调研了解到，精神慰藉对他们的确非常重要，但能否老有所养，则是最关键的根源性需求，农村空巢老人的主要问题和多数需求正是由此而产生的。

首先，经济供养保障严重不足，使稳定充足的供养和收入成为农村空巢老人最根本性的也是最迫切需要解决的需求。

农村空巢老人的供养和收入来源主要有四种方式：基本社会保障——新农保；家庭赡养——子女给生活费；自养——自己种地和打工赚取收入；其他补充——土地流转的租赁费等。下面对四种方式分别进行的具体解析显示：由于社会保障水平过低和子女供养难以保证，农村空巢老人的养老模式、赡养责任已由"家庭养老""家庭赡养"变为"老人自养"为主。

其次，生活照料和困境支持是家庭赡养的另一核心内容，农村空巢老人的问题恰恰是儿女为了生计远离他们而去，不能给他们以所需的生活照料和精神慰藉，反而他们还经常需要为儿女抚养后代，或需要照料高龄、患病或失能的老人，极大地增加了劳动强度、生活负担和精神压力，因而也成为影响农村空巢老人老有所养的关键需求部分。

一 提供和保障基本的经济供养是最迫切需要解决的根本性需求

1. 从经济供养和收入状况了解农村空巢老人的需求。

"在当今农村社会，养老的核心内容乃是经济供养，其中既包括维持留守老人生活的日常开销，也包括延续留守老人生命的医疗支出。关于子女外出务工对留守老人供养的影响，国内外主要有两种观点：一种观点认为，子女外出务工提高了留守老人的物质生活水平，并对留守老人的供养产生明显的正效应。并且，务工子女能以汇款等形式为留守老人提供更多经济支持，从而改善了老人的福利状况（Kreager, 2006; Knodel and Saengtienchai, 2007）；另一种观点认为，外出务工子女的经济供养水平普遍比较低，留守老人的生活状况并未得到显著改善（叶敬忠、贺聪志，2009；王全胜，2007）。此外，随着留守老人年龄的增长，其劳动收入将呈现递减的趋势，健康程度也会每况愈下。一旦遇到重大疾病或灾难，留守老人的生活将陷入窘境（周祝平，2009）。"[1]

子女外出打工，理论上说可以挣到比留在农村务农高得多的收入，可以给父母更多的经济支援。空巢老人是不是因此比其他农村老年人情况好一些，可以在一定程度上弥补生活照料和精神慰藉的不足呢？我们通过对社会组织和农村的实地走访，发现实际情况更符合上述第二种观点，这是由老人们的实际经济收入状况所决定的。

据我们了解，农村老年人经济供养和收入主要有以下几个来源，但不一定同时都有：

一是经济供养来源，主要有两个：养老保险金（新农保）、子女给钱；

二是收入来源，主要有两个：本人务农或打工的收入、土地流转或租赁得到的租赁收入（如果有的话）。

三是特殊的政策规定补贴救助方式，有三个：（1）五保：无儿无女的老人，享受五保户政策，由国家的五保救助政策兜底，每月有数百元的生活补助；（2）低保：有重病人、残疾人或其他原因导致生活非常困难的家庭，经过规定程序认定，给予低保生活补助，各地政策规定的标准不一，每年数百元或更多一些，或重大节日送粮油物品；（3）精准扶贫：家庭年收入在国家或本省规定的贫困线标准以下，无新房、车、存款、大件电器等的家庭，经过规定程序认定，按贫困户建档立卡，给予扶贫救助。

农村低保和精准扶贫政策，覆盖面有限，限制条件多，申请手续复杂。空巢老人因有子女在外打工，被认为有经济收入来源，少有可能被列入救

---

[1] 高瑞琴、叶敬忠：《生命价值视角下农村留守老人的供养制度》，《人口研究》2017年第2期。该文对几种供养情况及留守老人的困境进行了比较详细的论述。

助的范围。

高瑞琴、叶敬忠 2017 年发表的《生命价值视角下农村留守老人的供养制度》一文指出，农村留守老人供养来源主要是：（1）以种植和养殖为基础的自我供养；（2）以晚辈支撑为基础的后代供养；（3）以福利支持为基础的社会供养——"对留守老人而言，最具有支持性的两种福利是农村养老保险和农村新型合作医疗"。

另一篇探索"城镇化进程中农村留守老人生存状况及社会援助"[①] 的文章指出："首先，其生活保障主要来源于自己的积蓄和劳动收入；其次，来源于子女供养和政府补贴。"

那么，看起来解决农村空巢老人的经济生活来源有好几种方式，何以使"老有所养"反而成为其迫切需求？下面逐项分析：

（1）养老保险金——以社会福利支持为基础的农村养老保险，有确定性，但保障水平过低，不足以使老人温饱。

从 2009 年起我国政府开展新型农村社会养老保险（以下简称新农保）试点[②]，确定基础养老金最低标准为每人每月 55 元。2015 年 1 月，经国务院批准，从 2014 年 7 月 1 日起，基础养老金最低标准提高至每人每月 70 元，即在原每人每月 55 元的基础上增加 15 元，提高幅度为 27.3%。[③]

农民在缴纳新农保够一定年限后，从 60 岁开始领取基础养老金。新农保制度实施时已年满 60 周岁的农村老人不用缴费，可以按月领取基础养老金，但要求其符合参保条件的子女参保缴费。2013 年《中华人民共和国老年人权益保障法》"鼓励地方建立八十周岁以上低收入老年人高龄津贴制度"[④]，很多地方给 80 岁以上老人增加 50 元/月，到 90 岁再增加 50 元/月。也有在 60 岁前缴费档次高一些的，则每月可以领取到 90 多元到 100 元不等。

简单计算一下，每月 70~100 元养老金，平均每天才 3 元左右，难以维

---

① 王蕾奇、战薔：《城镇化进程中农村留守老人生存状况及社会援助探索》，《经济师》2018 年第 2 期。
② 《国务院关于新农村社会养老保险试点的指导意见》（国发〔2009〕32 号），2009 年 12 月 25 日。
③ 《首次统一提高城乡居民基础养老金》，《人民日报》，2015 年 1 月 16 日。
④ 《中华人民共和国老年人权益保障法》第三章第三十三条。

系温饱,"因此,这些老人如果完全依靠现有的养老金,事实上完全无法满足其基本生活需求"。① 孙鹃娟（2006）认为,农村劳动力外流对宏观社会经济的贡献,有助于社会为老年人建构照料网络。然而,在现实中,农村留守老人可获得的政府支持十分有限,留守老人的福利保障仍处于被边缘化的地位（李春艳、贺聪志,2010）。叶敬忠等（2014）对农村老人社会保障体系的研究结果表明,在留守老人最主要的生活来源结构中,国家物质或现金支持仅占 1.3%,而社会养老保险金仅占 0.3%。这意味着,农村留守老人所获的社会保障资源十分有限。②

我们访问的多数地方的老人普遍反映这个政策好,因为"政府不收税了,还给我们发钱"。但继续追问可以对生活起多大作用,答案通常是:"这个养老金在实际生活当中的作用极其有限,必须加上老人自己种地、养殖收入,才能维持日常用度";"农村依然是一个人情社会,红白喜事份子钱是一大负担,每年都要几千";"养老金不够平常买药的钱"。

学者对具体地区情况的调查研究资料也显示了类似的结论:"在蚌埠市,大多数农村留守老人没有退休金,他们能享受的是来自于国家提供的基本养老金,而目前我国农村的养老保险更加注重的是覆盖率,基本养老金的保障标准低,保障能力不强,来自基本养老金的经济支持十分有限。留守老人的经济供养能力低,积蓄少,一旦发生意外情况诸如大病、重病等,他们的处境将会更加艰难。"③

（2）子女负责经济供养,是我国养老法律和政策明确规定的赡养主体责任,是以家庭为基础的养老政策和制度安排的核心部分。而在现实中,这部分供养是不确定、难以保障的。

其影响因素主要有:①没有强制法律措施保证子女及时地提供足够的赡养费用。②客观上也不可能确保子女有赡养老人的经济能力。子女外出打工工资低、不稳定,甚至被欠薪等,父母反过来还需要补贴有困难的子女,这种情况相当常见。据《中国城乡老年人生活状况调查报告》中统计的数据,农村中"有 35.3%的子女有经济困难,26.6%的老年人为困难子女提供

---

① 高瑞琴、叶敬忠:《生命价值视角下农村留守老人的供养制度》,《人口研究》2017 年第 2 期。
② 高瑞琴、叶敬忠:《生命价值视角下农村留守老人的供养制度》,《人口研究》2017 年第 2 期。
③ 朱莲玉:《农村空巢老人养老现状分析——以蚌埠市为例》,《现代商贸工业》2018 年第 13 期。

经济帮助，70.5%的老年人为子女提供生活帮助"。③留在农村的子女中少数有自己的事业，更多情况是留下来的往往是"能力较差的"（我们调查时多个村干部和社会组织的人所言），很少能具备条件供养老人。④外出打工子女及其家庭省吃俭用积攒的钱，主要用途是养育子女和在老家盖房，以及高额的人情往来费用等。

我们实地调研的情况与学者研究结果一致。

一是子女用于供养老人的资源稀少，"养儿难再防老"。

"男性青壮年劳动力流动到城市后，通常承担着供养新生家庭的义务，他们所赚取的资源大部分用于城市，真正用于供养留守老人的资源非常稀少。因此，'养儿难再防老'正逐渐成为当今留守老人不得不面对的真实境遇。而由于传统观念中认为'嫁出去的女儿泼出门的水'，女儿一般不便长期承担老人的照料责任。"①

"子女外出务工一方面增强了其经济供养能力，另一方面却增加了留守老人的日常支出和人情负担，因而没有明显改善留守老人的经济状况"②；"甚至少数农村留守老人子女外出务工的收入不高，致使他们经济负担过重，再加上传统孝敬老人的观念淡化，甚至可能导致老人的经济状况恶化"③。

例1 在山东某村，我们遇到一位老妇人坐在路边，衣衫破旧，头发凌乱，旁边是一小捆细碎的树枝。问及，老人激动起来，同行的人告诉我们，她的儿子一家在省城，不管母亲，很少回来。她每天在村周边拾点树枝当柴火，对付着生活。老人流着眼泪嚷嚷着：他们（指儿子儿媳）不给我钱，还说某某家（同村另一开小卖铺的家境较好的老人）孙子结婚给了两万，让我也得给孙子两万。

---

① 高瑞琴、叶敬忠：《生命价值视角下农村留守老人的供养制度》，《人口研究》2017年第2期。
② 贺聪志、安苗：《发展话语下我国农村留守老人的福利之"痛"》，《中国农业大学学报》（社会科学版）2011年第3期；张福明、郭斌：《发达省份农村留守与非空巢老人养老之比较——基于山东省聊城市386位农村老人家庭调查数据的分析》，《聊城大学学报》（社会科学版）2013年第4期。
③ 银平均、黄文琳：《农村留守老人问题研究的现状及其趋势》，《江西社会科学》2011年第2期。

笔者在云南调研留守儿童时访问到的老人们，绝大多数不能得到子女的供养（本部分开篇所述案例）。

二是子女因老人帮助照顾第三代而给予的经济支持，更多用在第三代身上。

"子女供给是留守老人通过抚养自己的第三代而获得，绝大多数农村留守老人会在自己力所能及的范围内帮助子女照顾下一代，子女则会在经济上给予老人更多的支持。"①

> 例2 2016年调研留守儿童状况时，在湖南某乡镇，奶奶带着3个孙子女在乡中心小学附近租房居住，7岁的大孙子和6岁的孙女在中心小学上学，老人怀里抱着1岁多的小孙子。房中一张约1.5米宽的大床，一个关不上门的大衣柜，一个方凳，两个小木凳，两个孩子正在昏暗的灯下挤在那个方凳上写作业。孩子们的母亲一年前离家出走，父亲必须外出打工挣钱供养几个孩子的生活和上学。每月收入不稳定，2000元左右，自己吃住用花销留1000元，给母亲寄1000元作四个人的生活费等。学校有营养早餐，午餐需要交钱，所以孩子午、晚餐在家吃，一个月全家吃10块钱的肉，鸡蛋不一定有，给小孙子会吃得好一些。孩子的爷爷在山上的家里，有严重哮喘病不能干活，还有一个儿子在家，"干不好活"（老人不愿多说）。家里种了几亩橘子树（当地特产橘子），奶奶有时需要把小孙子托付给邻居，赶回家去做农活，一年正常情况能收入1万元，"还不够给老伴看病的钱"。

三是外出务工子女收入低，负担重，在收入用途分配中赡养老人难得其位。

"在对养老的未来规划和态度上，当被问及'当年龄更大，失去劳动能力后，养老怎么办？'时，老年人对自己未来养老普遍缺乏明确规划，且相当一部分老年人满足于当前生活现状。主要原因在于'子女家庭条件还不够好，不想给他们增加额外负担'。这在尚有能力独立生活、自我供养的老年人中表现得尤为普遍。……而从外出务工子女的角度来看，绝大部分外

---

① 朱畅、丁仁船：《农村留守老人生存状况研究》，《巢湖学院学报》2017年第19卷第2期。

出务工子女对自己父母的养老问题有自己的规划，但仅限未来父母失去劳动能力和生活自理能力阶段。"①

从实地调研和研究资料中了解到，外出务工人员给家里父母寄钱汇款的用途一般有几类，第一类是自己的子女留守在家由父母照看，支付子女所需的生活、教育（包括课外补习等）的必要费用；第二类是由于农村学校撤点并校，许多家长——学生的母亲、祖父母到孩子上学的乡镇或县城租房陪读，不仅家里少了劳动力和劳动收入，还需要另外支付数额不小的房租和生活费等费用；第三类是父母大病且无力支付时会给付医药费。一般情况下，外出务工的子女只是每年过春节回家时给父母孝敬几百元到上千元钱，也有越来越多的人用实物礼物替代现金。

我们在广州访问了十多位进城务工人员。他们大多数由于文化水平低、没有技能等多种限制，较难找到收入高的工作机会。有的人在一家企业工作近20年，每月5000~7000元（包括加班费）算是好的收入水平；年轻一些工龄短的，或企业效益一般的，每月薪酬2000~3000元；还有很多在各地流动靠打零工的，没有稳定的工作和收入。打工者的收入主要用于自己或同居的家人生活，如缴纳房租、交通费、子女学费、日常生活消费等。即使用在农村老家，也多是用于建房、留守子女教育、人情往来支出以及为子孙辈娶亲做储蓄等方面。当问到他们是否给家里老人寄钱，他们说如果老人需要，他们会寄钱。但他们往往会补充说，老人身体好，闲不住，在家种地也有收入；在农村自己家种菜，吃菜不花钱，一般生活都够了。他们说每年回去也会给钱，几百元、上千元的都有。他们强调，每次回去，人情费用就得几千元。

在调查中还了解到，近些年，由于城镇化风潮，农民也被竭力鼓励和吸引到县城或乡镇买房，特别是外出务工人员，挣了些钱除了在老家修房子外，也兴起在乡镇和县城买商品房。现在农村娶亲除了十几万元、二十多万元不等的彩礼，在县城（至少在乡镇）有房子、有汽车成了必备条件，否则就很难有结婚的可能（导致农村30~40岁未婚男青年数量明显增长）。我们所到之处几乎都能听到这种情况。这些不断增大的沉重经济压力和负

---

① 谷玉良：《农村人口外流与农村养老困境》，《华南农业大学学报》（社会科学版）2018年第1期。

担,更加降低了农村家庭对老人提供经济供养的可能性。

四是农民工进城务工难以获得基本的社会保障,使养老无着。

还有一个特别重要的影响不能不提:前三十多年中很少企业给农民工上社保,或少量以最低标准上社保。即使有点社保,由于农民工流动性强,政策限制社保不能随人转移,农民工只能放弃。因此,当年的农民工现在进入老年,回到农村,却享受不到本应得到的社会养老保障。而在外务工子女除了各种必需的支出外,也需要尽可能积攒自己的养老本钱,工作不稳定的情况下积累更难。凡此种种都使在家的老人难有依靠。

访问进城务工人员时听到,近两年有社会组织帮助农民工合法维护自己的权益,争取企业补缴社会保险,农民工自己也得补缴个人应缴的部分。从长远看,对他们是非常有利的事情,但眼前还是需要拿出一笔数额不小的钱。

以上的以及我们可能还没关注到的种种因素,都在挤压外出务工子女本就不多的收入和积蓄,也销蚀着他们对父母的传统孝道观念和责任感。所以在父母虽已年迈,但还有剩余劳动力,尚能自食其力时,对父母的经济供养很难列入子女的支出计划。

五是现代家庭关系的变化,一些约定俗成的家庭供养方式造成老人空巢和赡养困境。

在各地农村的调查中,我们了解到在农村家庭养老中,如果一家有两个以上的儿子,有四种比较普遍的约定俗成的供养方式:第一种方式是几个儿子达成协议,由一个儿子负责赡养父母,父母的财产(主要是承包的土地)归其所有;第二种方式是几个儿子(儿媳)之间协商各出一部分生活费给老人,老人独立生活,自我照顾;第三种方式是各家轮流照顾老人,老人按约定周期定时被接到轮值的儿子家生活;第四种方式是几家协商,父母两人各被一个儿子认养,这种情况下,共同生活几十年的老年夫妻就要"劳燕分飞",分别住到两个儿子家,跟负责赡养自己的儿子一起生活。关键是,采取第一种或第四种方式赡养父母的儿子因外出打工、去世、生活困难等情况,不能或不给老人经济供养和生活照料,其他儿子也不再负责,靠其他儿子供养的另一方老人也很难伸手相助,任凭这个老人孤苦无依地生活,而他/她又由于还有其他儿子,也不能得到政策规定的或其他救助。

例3　在河北一家民办养老院，机构负责人谈起刚发生的事情：一位半失能的老人使劲拉住护理人员，不愿跟随来接她的儿子离开。老人有三个儿子，轮流赡养，每家一个月，其中一个儿子在外打工，轮到这个儿子时，就将老人送来养老院，轮到其他儿子时，说没有经济能力缴费，又要把她接走。这一天就是轮值的儿子来接，她不愿意去，说去了儿媳不给饭吃，老饿着她。而养老院不能干涉，每次也只能看着老人很痛苦地离开。

例4　我们在另一个村子遇到一位独自生活的老人，儿子外出打工，主要靠自己种地为生。我们以为他的老伴已经去世，结果听说他的老伴被分在同村另一个儿子家，帮助带孙子，与这位老人基本没有什么往来。我们到其他地方询问是否也有这种情况，发现这是一个获得村民甚至村干部普遍认可的子女赡养老人的方式，理由是："没有得到父母的财产，当然就没有赡养的责任啊！"

（3）老年人自己劳动的收入，是养老的主要来源。

这种方式被学者称为"以种植和养殖为基础的自我供养"，简称"自养"[1]，也有学者称之为"土地供养"[2]，是"以个人终身劳动为基础的自我保障"[3]。

在国家经济已经发展到全球第二大经济体水平的条件下，对于农村老年人来说，农业劳作应该成为他们在自己尚有能力，特别是有意愿时自由选择的生活方式，并获得相应收入作为补充，以获得更好的生活质量和独立自主的生活能力，或对家庭和儿女有更多的帮助和贡献，增强价值感。但在现实中，却成为他们必需的选择，是谋生的主要来源，否则生活就会难以为继。

"在当今农村，60岁及以上的留守老人大多沿袭着传统的农业生存方式，将种植或养殖视为主要谋生手段。并且，在他们的意识中并不存在城市意义上的'退休'。""调研数据显示，有84.7%的低龄空巢老人（年龄

---

[1] 高瑞琴、叶敬忠：《生命价值视角下农村留守老人的供养制度》，《人口研究》2017年第2期。
[2] 谷玉良：《农村人口外流与农村养老困境》，《华南农业大学学报》（社会科学版）2018年第1期。
[3] 宋健：《老年丧偶妇女的养老问题及其前瞻》，《人口研究》2001年第4期。

在60～69周岁）仍在从事农业活动，其比例显著高于中龄空巢老人（年龄在70～79周岁），而80周岁以上高龄空巢老人从事农业生产的比例下降为23.8%，他们的劳动能力显著衰退"①，这也是我们在各地调研时耳闻目睹的情况。大多数农村老年人包括空巢老人必须从事农业生产劳动，如种植或养殖，或给别人打工，这是能够维持生活的主要收入来源。只要自觉身体没大毛病或是有病但还能支撑，就会坚持劳动，一般都是干到年龄太大、身体不行或生病失去劳动能力为止。当然，少数家庭境况比较好的老人，干不干活可以自由选择。

2015年《半月谈》杂志一篇题为《直击农村"养老断层"：高龄老人被迫务农自养》的文章中也写道："子女外出务工无法承担赡养责任，'老而自养'高龄务农的人目前不少。""在重庆，一些农村高龄留守老人，受子女外出务工、家庭收入拮据等影响，年老反而需要自养，高龄仍干着沉重的农活，'老无所养'问题突出。随着农村'空心化'加剧，传统的'养儿防老'、农村互助养老受到冲击，而新兴市场化养老方式，由于成本高、农民养老观念转变难等问题，尚未被留守老人接受，农村出现'养老断层'。"②

"这么大年龄还要去干农活？"每当我们提出这个问题，我们访问的几乎所有人，包括老人、村干部、在外务工的子女，都会说：农村人，干惯了，闲不住；不让干还不习惯呢；身体还好呢，能干动；老人干干活，也当锻炼身体，如果闲着，反倒会生病了。

这种众口一词听上去颇有道理。而当我们接着从另一个角度提问，"如果你干不动了怎么办？孩子会给你们钱吗？能靠孩子养活吗？"老人们一般都不直接回答"能"或"不能"，也不会告诉我们子女会不会管他们，而是婉转地说：不干不行啊；什么时候干不动了再说吧；能干一天就得干一天呐；不干吃什么啊。也有老人口气有些犹疑：（孩子）得管吧？！

事实是，不干不行！

---

① 高瑞琴、叶敬忠：《生命价值视角下农村留守老人的供养制度》，《人口研究》2017年第2期。
② 李松：《直击农村"养老断层"：高龄老人被迫务农自养》，"半月谈"网，2015年10月21日。

例5 河北某村,一对空巢老人,男性老人74岁,妻子60多岁,自述身体都好。老人在本村一土地承包大户打工,和另一位老人负责几十亩地的浇水等工作,劳动强度大,每天工作10小时以上,一年没有假期,一直干到大年三十,每天工钱50~60元,有事请假扣工钱。妻子每天早晚接送孙子上幼儿园,白天在本村另一家种植花卉的公司打工,一天工作6小时,40元,忙时加班给加班费。

例6 云南某山村一位空巢老人,60多岁,显得像70多岁的人,丈夫已去世。我们去时她穿着满是泥土的胶鞋正准备去地里干活。有一个丈夫与前妻的儿子,从来不回来。家里地里只有她一人,没有其他生活来源。

例7 陕西省某村,一位60多岁老人,独身,住在老旧房子中,他说以后由侄子管他。侄子外出打工,他在家务农。他曾经在外打工多年,问他是不是有些积蓄用来养老,他说前几年因父亲病重回家,挣的钱都给父亲治病花掉了,现在只能靠种地有些收入维持生活。

《直击农村"养老断层":高龄老人被迫务农自养》一文中的案例:① "在石柱县三星乡,半月谈记者见到69岁的老农兰其中时,他正费力挥动锄头修整田坎,由于患有严重的冠心病和腰椎间盘突出症,老兰隔几分钟就要停下来休息一下。2014年独子车祸过世后,本该颐养天年的兰其中,承担起养活一家人的重担,他一人捡了7户农民的土地来种,一年辛苦下来仅1万多元收入。'一大把年纪还在种地,也是没办法,不种地就没收入。自己辛苦点还可以为孙女负担学费、生活费,剩下的钱用来买药、治病。我和老伴每月有160元养老金,只有不住院,生活才能勉强维持。'兰其中说。"

在云南一家研究会访谈时,参会的研究人员说:80岁以下的老人基本上都在从事着农业生产活动,即便行动不便,也还是在家里自留地种蔬菜;80岁以上的、做不动的,完全靠子女供养。

绝大多数老人的唯一选择,是终年劳作,否则就没有能够维持眼前基

---

① 李松:《直击农村"养老断层":高龄老人被迫务农自养》,"半月谈"网,2015年10月21日。

本生活的收入。访问中一位村干部说,这才是名副其实的"居家养老"——住在家里,自己养自己的老。

但是,靠劳动自养的收入实际上也具有很大的不确定性,没有切实保障。或者说,土地不是必然可靠的稳定供养保障。种植养殖都需要生产成本支出,并付出繁重的体力劳动。如遇天灾,则可能损失殆尽。正常年景,老人们也无力对接市场,经常因无人收购或收购价低而亏本,甚至血本无归。因此,老年农民种植养殖并不必然就能获得足够收入保障自我供养,而不具有土地所有权,则使他们没有机会获得财产性收益。

我们调研时,几个省的农户都反映 2018 年玉米收购价低,每斤才 9 角钱,而种玉米(的成本)要 1 元多,算下来要赔钱了。种得少的可以不卖留下自己吃,投的钱一点都收不回来,只能是省了下一年买粮食的钱,而种得多的不卖不行,可越卖赔得越多。

高瑞琴、叶敬忠的研究对此阐释得很清晰:"尽管留守老人没有真正意义上的'退休',其基于农业生产的自我供养能力依然会受自身因素和外部因素的影响。一方面,留守老人的农业生产能力会因年岁的增加而下降,……由于长期承担繁重的农业劳动、生活缺乏照料以及饮食营养不全等原因,导致他们的健康状况不容乐观。……另一方面,留守老人所从事的农业活动还会受到天气因素、地理状况、土地政策等外部因素的影响,从而导致其自我供养能力具有一定的不稳定性。农业生产本身具有'靠天吃饭'的特质,根据唐国平等人(2000)的一项研究,未来气候变化将对土地生产潜力产生不利影响。并且,中国丘陵和山地较多的地貌特征也使得空巢老人无法借助机械完成耕作,从而使生产活动倍加艰难,而自然环境的日益恶化则进一步降低了他们的自我供养能力。"[1]

在本研究过程中,我们还关注到一种农村老人竭力"自养"的情形:进城打工。

近两年,在城市的大小公园、马路上、小区里,老年农民工比比皆是。由于农业收入不高且不确定,或者土地流转、失地等原因,大量 60 岁以上的农村老人进入城市打工,其中绝大多数从事园林、环卫、道路修缮等行业,替代了青壮年农民工。

---

[1] 高瑞琴、叶敬忠:《生命价值视角下农村留守老人的供养制度》,《人口研究》2017 年第 2 期。

例8 北京一所小型公园,有十多位环卫工,都是60多岁来自多省的农民。与其中一位来自河北的老人交流,他的儿子在贵州打工,从事房屋装修,儿媳在老家带孩子,也在村附近的企业打零工。他本人以前在江苏打工多年,前年来到北京在公园做清扫工作。每月2000元工资,多干一年每月长100元,比在家种地的收入多。问及以前打工没有上社保吗?答曰,没人给上社保,只有公司里的人才有,人家是国家的人,咱们不能比。与每天默默清扫十个小时的他们形成强烈对比的是,公园里,从早到晚都挤满了莺歌燕舞、打拳、练操、走路锻炼的闲适的城市中老年人。

更进一步,农村空巢老人不仅要养活自己,还有几百万的留守儿童要依靠这些老人抚养,其中很多不仅需要生活上的照料,还有经济上的负担。"最弱势的就是农村老人,子女给城市做贡献,自己还要承担经济成本,比如隔代养育",接受我们的访问时,河北大学吕红平教授如是说。甚至还有不少外出务工子女需要父母的帮助和接济。

例9 本文开头提到的笔者2017年在云南调研时访问的十余位空巢老人,都是靠自己务农、打工、卖菜等各种方式,想方设法维持自己夫妻和代养的孙子女的基本生活,接济外出遇到困难的子女。他们还是离乡镇较近的村民,活路还多一点。他们说,更偏远的大山里面还有更多像他们一样甚至比他们更艰辛的空巢老人。

例10 宁夏某村,一对空巢老人。两个儿子,都在城里打工,已各自成家,在城里租房,两个儿子的孩子都在城里上学/幼儿园,母亲需要经常前去帮助带小孩子或把孩子带回家来照看,父亲在家种地。两个儿子工作都不稳定,两家人的粮食都要依靠父亲种地打粮供给。

相关研究表明,现在的农村,老年人是农村劳动力的主要部分。从城乡差距来看,农村老年人口的在业率最为突出,远高于城市老年人口。这种差异由城乡社会二元结构和社会保障制度多轨制所致,农村老年人参加新型农村养老保险,所得保险金仅是城市退休养老金的零头。"相当多的农村老年人为了获得更多经济收入而选择继续工作即参加农业经济活动。"①

（4）其他收入，一是农民手中仅有的资源——土地通过流转得到租赁收入，二是通过寻找各种能够打工的机会，增加"自养"的收入，成为农村老年人和空巢老人生活需求的有限的补充渠道。

"农耕社会中，农业种植是农民赖以生存与发展物质基础的主要来源"，"农村居家养老模式建立在土地依赖的基础之上"②。而农业集约规模化经营，提高农业升级和效益，近年来已成为各地政府实现乡村振兴的重要目标之一，促进土地流转势在必行。"据土流网统计，近几年我国土地流转面积明显增加，2016年全国土地流转面积4.7亿亩，占家庭承包耕地面积的34.5%。"③

土地流转减弱了农民对土地的依赖性，但对于依靠以种植或养殖收入为主要养老方式的农村老年人来说，影响是不一样的，这是他们唯一拥有的、所有权并不属于他们的生存资源。很多低龄、身体较好的老年人不愿意把土地转包出去，仍然自己耕种。也有老年人随着年龄增长，体力迅速衰减，劳动能力衰退，承担不了全家人的承包土地种植的时候，会转包/租出去一部分或全部（有时不是完全自愿的），每年可以增加一定收入。

调研中得知，土地流转的情况有很大的地域差别。如河北平原地区，土地转包或租赁费用高一些，每亩一年120~130元；有的中西部省份，离乡镇、县城较近的农村，土地相对容易流转，价格在每亩90~100元；较偏远一点的地方，每亩50元；但是那些山高沟深路远的地方，"种地赔钱，想流转都没人要，倒贴钱也没人来"，只有老年人根据自己的能力和需要耕种一部分地，有很多地撂荒。

土地流转出去后，失去种地收入的老年人需要另外获得收入的机会，一部分身体较好的到本地或周边土地转包/租赁者的农场、茶场、果园、养殖场等处打工，或者本地的小加工作坊做工，或离家进城打工，而高龄、

---

① 彭青云：《中国城乡老年人生活状况调查报告2018》《中国城乡老年人在业状况及其变化趋势》。
② 谷玉良：《农村人口外流与农村养老困境》，《华南农业大学学报》（社会科学版）2018年第1期。
③ 《2018年我国种植业土地确权、流转政策及现状分析》，中国报告网，2018年1月16日。

身体状况不好的老人势必需要子女提供更多的供养，或者由于收入水平大大降低而更加生活困窘。

由于我国农村普遍人多（农业户口）地少，有的地方全家人的承包地加起来也只有几亩。所以土地流转给老年人增加的收入相当有限。而如果转包方经营失败或者发生欺骗的情况，这部分收入就会打了水漂。

综上，随着经济、社会现代化发展和文明进步，国家的法律、制度和社会保障体系应该能够给老年人群体带来福祉并不断提升幸福指数，基本生活权益保障和好一些的生活质量本不应该再成为我国农村老年人、农村空巢老人的需求，但在现实中却成为最紧要的需求，必须老年人自己去面对和解决。这个事实曾给辨析农村空巢老人的真实需求带来极大的困扰。

二 生活照料是关键需求之一，应在居家和社区养老体系中得到保障

生活照料是老年人的重要需求，更是农村空巢老人的关键需求之一，但在现实中尚得不到实现的保障。

"留守老人子女长期在外务工，每年仅回家1~2次，与父母相处时间每年平均在10天左右"[1]，老人只能夫妻相依为命或一人孤单生活，难以得到子女对他们的生活照料和精神慰藉，反而还可能要为儿女抚养后代，分担生活负担，还有低龄空巢老人要照料高龄空巢老人，更多的是健康或身体状况相对好一些的空巢老人要照料患病的甚至失能半失能的空巢老人，极大地增加了劳动强度、生活压力和精神负担，由此也同样严重影响或说大大降低了空巢老人的生存与生活质量以及健康水平。正因如此，这个老年群体比其他老年人更需要解决日常生活照料和困境帮助的难题，以及满足与此相关的各种需求。

我们去河北省某县访问时，一位致力于帮助农村失能孤寡老人的社会组织负责人带我们去访问他们的长期定点扶助对象，都是经过多次调查筛选出来的特困老人家庭。走访了四户，其中三户是空巢老人家庭。

---

[1] 王蕾奇、战蕾：《城镇化进程中农村留守老人生存状况及社会援助探索》，《经济师》2018年第2期。

例 11　河北省某山村，失能老人，70 岁，早年离婚，依靠同居的 68 岁单身弟弟照顾。我们去时，弟弟下地干活，老人被反锁家中。村里人把弟弟从地里找回来，问他人都瘫在床上了，为何还要锁上门？弟弟说他会想法从床上滚下来，再自己爬出屋，甚至爬到院子外面去（院子很小）。暗黑的小屋里空荡荡的只有一铺炕，味道很难闻，老人在炕上已经躺了三年。他说话时神志清楚：有一个女儿，在石家庄工作，忙，不常回来，会给寄来看病买药的钱。他说爬出去是想晒太阳，小屋里太阴，不见阳光。弟弟因为是单身（家里穷，没有能力让兄弟俩都能娶亲），享受农村低保待遇，兄弟俩主要靠弟弟的低保补贴和种地的一点收入。交流中弟弟几次抱怨说被哥哥拴在家里不能出去干活挣钱。

例 12　同村另一家，女主人患小脑萎缩，病得越来越厉害，已丧失劳动能力，全靠丈夫照顾生活。我们去时男主人没在，邻居说可能是去地里干活了。儿子在城市工作，已成家，有时会回来看看。

例 13　另一个村庄，我们去吃午饭的一家，丈夫因车祸双腿严重致残，失去劳动能力，以前一直在家的妻子半年前外出到保定打工。母亲在家，照顾上中学的孙子。我们正好碰到那位丈夫，架着双拐，从院门到屋门走得非常艰难。屋里院里物什非常简单，收拾得整洁干净。老人给我们做好饭后，就带着孙子去外村参加周末的教会活动。

我们走访其他省，也有很多类似的情况：

例 14　陕西某村，当地村里的志愿者带我们访问一位有严重心脏病、行动非常吃力的老人，独自住在老旧房子里，小院子茅草丛生。一个儿子就在县城，每周托人给父亲送来面条和烙饼还有药品，有时也自己过来，放下东西就赶着离开。我们看到左边的条案上摆着发了霉的面条和饼，右边的椅子凳子上放着前一天刚送来的面条和烙饼，地上一小把蔫了的青菜。老人平时基本卧床，勉强能动时自己煮点面条充饥。老人说，如果做饭时犯病，只能自己挣扎着爬回床边。幸得村里自组织的志愿者经常来看望，帮助做饭、打扫卫生、理发。

例15 山东某村，路遇一位明显有偏瘫后遗症的老妇人，非常费力地用还能动的右手在自家院外小片菜地摘了点青菜，然后拄着棍子拖着半边残疾的身体吃力地挪向家门。她说她准备点菜，等下地干活的老伴回来做午饭。孩子在外打工，老伴也一身病痛，两人互相依靠。

例16 安徽某村，当地社会组织帮助的一户空巢家庭，空荡荡的房子里一直独自住着一位背已经弯成90度的高龄老人。我们去之前几天，其60多岁的儿媳带着还在怀中的孙子刚回到家中。此前她多年随丈夫和儿子在江苏开包子铺，帮助儿子带孩子，打下手。因为高龄婆婆身体不好，很难生活自理了，才带着孙子回来，一边照看刚会走路的孙子，同时照顾婆婆，成为婆媳两代空巢老人。

对我们的提问："你如果年龄大了，干不动了，或生病了，是不是孩子就会回来？"老人们通常答非所问："不用，我们现在还能干呢，不用他们回来。"明显地感觉到他们一点不想麻烦拖累子女。而旁边的村干部经常会爽快地说：他们孩子当然得回来啦，孩子不管谁管！半月谈网《直击农村"养老断层"：高龄老人被迫务农自养》："在开县临江镇齐圣村，村党支部书记熊尚兵说，村里老人本应靠子女供养，但子女们又要抚养下一代，经济负担非常重。而且年轻人大多在外打工，对老人日常生活根本没法照料。辛劳一辈子的留守老人遭遇着'养儿难防老'的尴尬。"

我们在访问城市务工的人员中也感受到外出务工者普遍具有的情感与现实之间无法两全的矛盾心理：当问到家中老人如果生病或年龄大了需要照顾会怎么办时，有的表示会自己（不是全家）返乡照顾老人；有的表示老人重病可以回去，待好转后再出来；有的表示要兄弟妯娌几人商量怎么办，可以出钱也可以出力，但每个人都得分担。他们共同的苦衷是，家中还有孩子上学，子女教育和生活都需要用钱，以后孩子结婚也需要大笔的钱，回家就没有收入了，会给家庭生活造成很多困难。

学者的研究表明，"持续不断的城乡人口流动极大动摇了农村家庭养老的社会基础，给农村老年人家庭养老带来极大冲击。……同时，大量农村劳动力外出，也极大破坏了传统农村联合家庭结构"，"增加了农村老人养老困境，也弱化了家庭养老的功能，加剧了农村人口老龄化程度"，"农村老年人面临着日益严峻的养老问题"①。

2010年一项"以实地调查资料为基础"的研究发现②，作为赡养主体的农村青壮年劳动力的大量外出，特别是原本在家庭中承担照料责任的女性成员也大量外出，使农村留守老人的居住方式呈现出明显的空巢化和隔代化趋势，引起家庭照料结构的调整，减少了老人能够获得的照料资源。而外出子女对空巢老人的经济支持十分有限，无法弥补对老人生活照料的缺失。

该研究还显示，留守老人的照料资源有四方面来源，但主要来自家庭。在那些需要获得持续性照料的方面，通常还是只能依靠自己、配偶或其他未外出子女等家庭成员，可同时加重了提供照料者的劳动负担和压力，影响其提供照料的能力及照料的实际质量。其中主体型照料供给者，是老人自己及配偶；一些补充性的辅助型照料提供者，是未外出子女、其他亲属等家庭网络成员；还有十分有限的补充性与应急性照料：邻居、同辈群体等社区成员。但在实际当中，留守老人在日常生活起居、疾病照料方面获得社区成员支持的比例极低，除非是在老人突发疾病、意外受伤或生活自理能力缺失等特殊情况下。而且这些帮助往往具有一定的社会交换性质。由于农村社会保障体系很不完善，村集体和政府在留守老人生活照料方面的作用很少，老年人的生活照料方面存在很多问题。此外，由于老年人的性别差异，女性老年人残疾、丧偶和独居的可能性更大，生活照料方面存在更多的困难。

该研究指出，"在孝道文化日益衰落的今天，由于脱离了村落环境，传统控制机制对外出者的约束同样受到削弱，增加了子女逃避赡养义务的空间，加剧了留守老人的照料风险"。

河北大学人口研究所所长吕红平长期支持青年社工组织在农村发展老年协会工作。他在与我们访谈时提到："农村孩子不管老人的情况很普遍。现在很多家庭的代际关系是靠钱来维系——'老人没给我创造什么好的条件，我为什么管他？'子女不管，也没什么别的办法，只能说服。"

---

① 谷玉良：《农村人口外流与农村养老困境》，《华南农业大学学报》（社会科学版）2018年第1期。
② 贺聪志、叶敬忠：《农村劳动力外出务工对留守老人生活照料的影响研究》，《农业经济问题》2010年第3期。

"缺少子女关爱的农村留守老人不在少数，而且这种现象已成为村里长期普遍现象，这些老人或由于长期独自生活，又或由于与留守孙辈存在代沟，多数呈现为寡言少语，语言沟通不畅，对生活提不起兴趣的状态。农村留守老人在经济压力和心理压力的双重压迫下，往往呈现出强烈的孤独感和抑郁倾向。"[1]

农村老年人抑郁症和老年痴呆的患病率非常高。"根据我们的统计，在农村，老年人达到抑郁症症状的接近40%。年轻人离开农村后，老年人承担了大量的传统农活，最关键的是平时几乎没人跟他们说话。现在村里已经几乎没有小学了，不少小学都搬到了镇上。在子女都外出的情况下，一个星期只能等孙子孙女回到家才能跟他们说上几句话。孤独感是农村老人最大的心理障碍。同时随着年龄的增大，他们的健康问题也会越来越多，经济与精神的压力都不断增大。"（中国科学院心理研究所所长助理刘正奎）[2]

为了解决留守儿童问题，现在多地政策鼓励外出打工的夫妇回去一人，政府要求学校给外出的家长做工作。但是不要以为这样做就能够解决空巢老人的问题。原因有三：一是由于教育部门前些年的撤点并校政策，将绝大多数中小学生集中到乡镇或县城上学，离家很远，所以即使留守儿童父母中有一人（通常是母亲）回乡，也会搬到乡镇或县城租房陪读，并不常住村里家中；二是即便母亲回农村家中，也一般是孩子年幼，需要照看，同时还要一人承担生产劳动和家务劳动等，生活负担很重，夫妻长期分离造成的精神压力也很大；三是现在传统的农村家庭结构趋向于解体，子女与老人多选择分开居住，即使有儿子同住一村，也各住各家，各过各的。加之现在婆媳关系早已颠覆千年传统，更少有人愿意顾及家中老人。

例17　2017年笔者调研留守儿童状况时，在甘肃一个乡镇走访。一座简易二层楼房里，都是妇女们带着孩子长期租住，白天孩子在中心学校上学，有的母亲还要照看更小的孩子，有的母亲在附近找点零活、打工。她们说除了农忙、过节，很少回村里。

---

[1] 王蕾奇、战蕾：《城镇化进程中农村留守老人生存状况及社会援助探索》，《经济师》2018年第2期。
[2] 苏娅、陈尚营、郭强等：《农村"心病"悄然来袭，三大主体人群须关注》，半月谈网，2015年10月13日。

例 18　河北某村，一位脑中风后遗症老人独自靠在墙根下晒太阳，旁边放着破旧的拐杖。据驻村的社工和村老年协会的人介绍，她独自一人生活，小儿子外出打工，50多岁的大儿子一家在村中另行居住，每天过来给老人送一顿饭，儿媳从来不过来看老人。

近些年来，城镇化深刻影响农村家庭。青壮年农民，只要有条件的都到城镇买房，特别是农村青年结婚的条件已发展到要求男方家在县城有房、有车，这种潮流使更多的农民必须外出打工挣钱，回乡后的中青年家庭也大多住在城镇。还有一种情况，教育部门的撤点并校政策虽然在2010年被终止，但是后遗症仍延续甚至扩大，低龄祖父母一方或者返乡的母亲需要陪孩子在城镇读书，照顾孩子生活。据民政部数据，2018年的留守儿童数量从2017年公布的920万人迅速下降到600多万人，但是农村空巢老人很难成为受益对象。

也有部分老人进城，多数是为照看孙子女，给子女帮忙。但是他们大多数很难适应城市生活，更难被城市所接纳。最终不管是主动还是被动的选择，他们还是要回到农村老家，而子女及后代更有可能留在城镇上学、工作和生活。很多高龄老人不愿离开家乡进城，患病老人没有经济支撑，也难以长期留住在城市子女家治病养老，低龄老人如果不进城去尽祖父母的责任，也要在家承担农业劳作，并照顾家里的高龄老人和患病老人。我们看到的实际情况和专家访问，还有多位专家学者的研究，都显示这种状况比较普遍。在当前精准扶贫工程中，有的地方将建档立卡的贫困户举家迁到县城，当地政府为他们新建了住房，解决一部分就业岗位。但是这些家庭中，有高龄因生活习惯不愿离开老家的，但更主要的是考虑城市生活成本的负担，老年人没有能够维持生活的能力，只得留在村里，而由于生活压力，更多中青年人必须出外打工。

如上述的种种政策和制度安排的直接或间接后果，均不利于农村空巢老人获得家庭子女后代的照料，遑论天伦之乐。同时，基本生活和健康医疗等社会保障欠缺，生活照料和护理服务体系尚未建立，使空巢老人缺乏社会安全网的保护，很容易遭遇身体疾病和精神损害。

另外，子女与父母普遍分居使家庭照料功能被进一步弱化。"在现代化进程中，农村联合家庭本身就不断解体，成年子女结婚后普遍与父母分家居住，农村家庭结构已经逐渐核心化。但人口流动进一步加剧了农村家庭的小型化与核心化进程与程度。"①

我们走访的村庄里，屡见不鲜的是：儿子家盖的新房，二三层小楼，大门紧锁——全家外出打工，父母二人或单独一人住在旁边的低矮老屋中。对此老人几乎都是相同说法：和子女的生活习惯不一样，愿意自己生活；在老房里住惯了，再旧也是自己的；不习惯住新房。

"我们城市的退休老人，有一份稳定的养老金，基本的生活保障可能不是一个太大问题。但是对于一些边远的农村，特别是我们留守的一些老人，一些孤寡老人，失独的老人，还有可能特别需要我们关注的所谓两老一残的老人——两个老人自己虽然有个孩子，但这个孩子是残疾的孩子。他们的一些生活保障怎么办？对这样的一些问题，在今后老有所养的制度的建立、社会政策环境的打造当中，可能是一个重点需要我们关注的人群。"②

在不可能复归传统的农村家庭结构和生活方式剧变的大趋势下，如何改善空巢老人和其他农村老人的生活照料状况，"如何保障这一群体晚年的生活照料质量，不仅关系到老人自身福祉，而且已经成为一个影响新农村建设以及和谐社会构建的重大社会问题"。③

第三节 病有所医，健康与医疗基本权益保障是农村空巢老人的最重要需求

我们所理解的病有所医，包括医疗、疾病预防、卫生保健、病后康复和长照服务等更宽泛但也很基本的内容，概括为以下三个方面。

1. 能够得到所需的医疗和康复服务的基本保障。一是负担得起的医疗与康复治疗，不致因病致贫、返贫，也不会因缺乏支付能力而放弃治疗或者小病不治拖成大病、慢病导致残疾等；二是有质量的医疗；三是不因为

---

① 谷玉良：《农村人口外流与农村养老困境》，《华南农业大学学报》（社会科学版）2018年第1期。
② 刘远立：《老有所医，给老人更幸福的晚年生活》，央视网，2018年10月17日。
③ 贺聪志、叶敬忠：《农村劳动力外出务工对空巢老人生活照料的影响研究》，《农业经济问题》2010年第3期。

子女不在身边而耽误治疗。

2. 卫生保健与疾病预防。一是适合农村老人的切实到位的身体检查、疾病筛查、疾病预防、健康指导、相关知识普及；二是定期或不定期的保健服务。

3. 能够得到长期照护等服务。处于病后恢复期、失能、半失能、残疾的老年人能够得到自己或家庭子女负担得起的、保持尊严的长期护理和康复服务，不应导致在外的子女因为需要承担护理责任必须放弃有经济收入的工作，而使整个家庭生活陷于困难或导致家庭关系紧张，使老年人承受精神压力甚至可能遭受虐待。

"在法律层面，生命健康权是每位公民享有的根本的人身权利，老年人也享有'可获得范围内最高标准的健康'这一基本人权。"[1] "农村、女性和中西部的高龄老年人口更有可能在健康方面处于劣势地位。在制订健康促进计划时，决策者应特别关注这些弱势群体，尤其是具有多种不利因素的亚群体。应更加关注为中西部地区或农村的空巢老年人提供医疗卫生服务。"[2]

自 2003 年开始，从中央到地方各级政府在农村试点新型农村合作医疗（简称新农合）制度，2010 年在全国范围内展开实施。同时，在农村也逐步建立起村、乡、县三级医疗卫生体系——村卫生所、乡镇卫生院和县级医院，配合以补充医疗保险、重特大疾病医疗救助、特困免缴新农合费用、65岁以上老人每年免费体检等措施，为农民构建起农村基本医疗保障制度体系。

但是，"子女——农村老人的主要赡养者的缺位使留守老人面临着一系列经济、精神、健康、日常照顾方面的缺失：首先，经济水平较低且不稳定。……其次，身体健康及生活照料状况不佳。随着年龄的增长，农村留守老人的身体健康状况总体上不容乐观。而且由于子女常年在外，留守老人的日常生活照料匮乏，尤其是身患疾病的老人，生活显得更为艰难。"[3]

---

[1] 胡宏伟、袁水苹、郑翩翩：《中国城乡老年人健康及医疗卫生状况分析》，《中国城乡老年人生活状况调查报告（2018）》，社会科学文献出版社，2018。
[2] 杜鹏等：《联合国人口基金：老年公平在中国》，社会科学文献出版社，2016。
[3] 林芳璐：《老年社会工作在解决农村"留守老人"养老问题中的应用》，《社科纵横》2010 年第 6 期，总第 25 卷。

由于多方面的原因，对于农村空巢老人，包括其他农村老人，病有所医仍然是他们现实生活中遇到的最大问题，解决这些问题也成为他们最重要的需求。

一 空巢老人对病有所医的需求是其健康和生活质量的权益保障，亟须重视和改善

《中国城乡老年人生活状况调查报告（2018）》指出，医疗保健支出是老年人支出的重要组成部分。社会医疗保险几乎覆盖到所有老年人，享受了社会医疗保险的老年人高达99%，其中有近55%是农村老人享受了新农合医疗。

同时该文分析了城乡老年人健康及医疗卫生状况：与人口老龄化密切相关的慢性（非传染性）疾病所累积人口的绝对数量持续增加。近八成的老年人患有慢性病，如骨关节病、高血压、心脑血管疾病等，并随着年龄增长，老年人患病比例增加；近六成老人常有疼痛感，农村老年人体现得尤为突出。过去一年，老人医疗自费比例占总医疗费用的一半，相当一部分由子女负担。而农村老年人的自费比例要高于城市老年人；在就医时，农村老年人更容易遇到无障碍设施不健全、不能及时住院和收费太高等问题；农村30%多的男性老年人自认健康好和较好，女性老人只有20%多；农村有一半老人参加过体检，超过一半的老年人主要到基层医疗机构就医。

我们在实地调查中了解的一部分情况如上述报告，但多数情况更差，使我们特别关注到农村空巢老人这个方面的需求及其后面起作用的影响因素。

1. 医疗费用是农村老年人最大的支出之一，空巢老人最怕的是自己和家人生病

"由于老年人经济能力的限制及传统孝文化的影响，我国老年人的医疗花费相当一部分是由子女负担"[1]，导致农村老年人及其家庭的沉重经济负担。

农村患有慢性疾病的老人很多。"由于长期承担繁重的农业劳动、生活

---

[1] 胡宏伟、袁水苹、郑翩翩：《中国城乡老年人健康及医疗卫生状况分析》，党俊武主编《中国城乡老年人生活状况调查报告（2018）》，社会科学文献出版社，2018。

缺乏照料以及饮食营养不全等原因，导致他们的健康状况不容乐观。根据陈凌玉等人（2011）的研究，有超过半数的留守老人患有高血压、脑血栓、糖尿病等慢性疾病。"[1]

很多老人有病不看、小病忍着，拖成大病。而对于需要抚养孙子女和补贴外出打工子女的空巢老人，每年缴纳新农合的费用也是很大的经济负担。

对于我们的提问"您对自己和家里人最担心的事情是什么？"，不仅空巢老人，几乎所有的老人，包括村干部的答案都是：最担心的事情就是生病。问："一般家里每年最大的支出是什么"？答：看病买药、人情（支出）。

例19 我们在河北某村访问，听村干部说村里老人得高血压、糖尿病比较普遍，得脑中风的也多起来，而且不只是老年人。到另一个村里，询问村老年协会的人，村里老人的身体情况怎么样？得病的多吗？老协的人说，都挺好的。然而当我们进村入户访问，近中午时分在村里竟然看到几位拄着拐杖明显脑中风后遗症的老人。再问老协的人，他说，这都是能走路的，也不是躺着不能动，这算是身体挺好的了。如果说血压高、糖尿病，那就多了。这位自认为身体很好的老年人认为，失能卧床的老人才是病人。另一位老协负责人告诉我们，他心脏不好，2018年住过院，现在靠吃药，都是自费，每年上万元药钱，因为他以前在外面有在职工作，经济条件比较好，才能吃得起药，"要不活不到现在"。

例20 在云南某乡镇参加当地志愿者组织的端午节包饺子活动，到场的都是周边至几十里地外走山路徒步前来的农村老人，有近百位。我们随机访问了几位，都是空巢老人，分别自述患有关节炎、风湿病、腰椎病、高血压、糖尿病、浑身痛等，且一人兼患两三种病。其中一位的老伴已不在世，独自生活；一人的老伴身体更不好，基本不能自理。他们的孩子在外打工，一年都不一定能回来一次。有的寄点钱来，有的不给钱。实在难受了才吃点药，扛过去。还有一位老人，患过脑

---

[1] 高瑞琴、叶敬忠：《生命价值视角下农村留守老人的供养制度》，《人口研究》2017年第2期。

中风，在外工作的女儿将其接到所在的城市治病，病好了送回家，独自生活。

调查中询问过几个地方的老人是否做过体检。有的说做过，就是量量血压、测测血糖，还有的老人说从来不去体检，万一体检查出病来，治病还得花钱。问她/他们是不是身体好，有没有感觉不舒服的时候，回答说，我们农村人，这儿疼、那儿疼是经常的事，忍忍就过去了。

在一些村庄访问老人关于看病医药费报销的情况，有的老人说自己吃的药，村、乡卫生院所都没有，只能到药店自费购买；还有的老人说不去村卫生室开药，因为卫生室的药比药店的还贵。访问的半数以上患慢病老人一个月至少需要几十、上百元甚至更多的药费，如果一家两个老人，药费加倍。

关于新农合的医、药费报销政策情况，我们在各地方听到的不很相同。有的地方在村卫生所、乡卫生院门诊，一年最多可以报销40元，有的地方门诊一分不报，只有大病住院才按照比例给报销一部分。如果需要住院的话，一般会选择去县级及以上的医院。住院费用中，因为很多检查项目、药品不属于报销范围，要扣去这部分费用后，其余部分才能按规定比例报销，县级医院报销比例在50%，省级的报销比例更低。这样总算起来自费部分大大增加（例如一次住院就医总花费1000元，其中检查、医药需要自费300元，不计每年医疗费起付线的话，其余700元按50%比例可以报销350元，则所有需自费部分共650元）。①

因大病住过医院并报销了一部分医药费的老人，对这个政策表示比较满意，毕竟比全自费时节省了不少钱。另外，有的地方政府配套了补充医疗保险、重特大疾病医疗救助，也能起到雪中送炭、降低因病致贫可能性的作用。

---

① 《2018年新农合缴费标准是多少》（法律快车网，2018年7月25日）：如果是在乡级医院就诊，医疗费用超过800元的部分，报销比例高达90%。其他情况的报销比例如下：门诊补偿：村卫生室就诊报销60%，而医院级别越高报销比例越低。住院补偿：镇卫生院报销60%，三级医院报销30%；大病补偿：一级医疗机构住院费用在400元以下，则不设起付线。而省三级医院补助比例提高到了55%，肺癌等近12种疾病，新农合补助最高达到70%。

在云南某村召开的空巢老人座谈会上，在场的一位村委副主任详细介绍了本地政府实施的医疗保障体系：第一步，新农合大病住院按比例报销；第二步，新农合报销后的自费部分，由当地政府的补充医疗保险再报 50%；第三步，如果补充医疗保险报销后，自费部分数额还是比较大的话，可以申请重特大疾病医疗救助。当然这项救助不是所有申请人都可以享受到的，需要进行家庭经济情况等条件的审查，对特别困难的家庭给予救助。村副主任说，这几道保障政策是实施精准扶贫工程，为了彻底解决农村因病致贫和返贫的问题。

但是，农村老年人中慢性病患者居多，如血压高、关节炎、糖尿病、中风后遗症等，一般需要在家长期持续服药。如此一来，很多农村老年人一年的医药费负担很重，甚至比基本生活费还高。而且如果不是大病、住院，一般老年人会选择自己承担医药费，不给子女增加负担，这一点从接受访问的老人给我们估算每年的支出时可以看出来，子女会在老人实在没有经济能力负担的情况下给一部分钱支付医疗费用，这在前面"老有所养"部分也曾提到过。这种状况直接的结果是带来长期存在的难以缓解的经济压力，降低了农村老年人改善生活、提升生活质量的可能性，使其产生更大的精神压力，更不利于健康。

"受益于医药卫生制度改革，中国老年人口的医疗保险覆盖率已经接近 100%。但是，由于存在报销比例差异和收入不平等等问题，城镇无业老年人口和农村老年人口的医疗服务可及性仍然偏低。""我们的医疗保障主要是低水平广覆盖，然后保大病。但是对于老年特殊群体的长期的慢性病，非住院的一些医疗费用，怎么能够有新的制度性的安排，对于我们老年群体非常重要。"[1]"应将健康的概念引入到所有国家和地方政策的主流之中。这些措施应包括但不局限于：提高城镇居民基本医疗保险和新型农村合作医疗保险的报销比例，特别要覆盖门诊医疗服务"[2]。

在分析病有所医的需求中，也涉及新农合缴纳费用政策。不同于城镇职工在工作之后、60 岁之前缴纳社保，退休之后不再继续缴费且仍然享受医疗费用报销，农村户口的人自出生起需要每年缴纳新农合保险，中央和

---

[1] 杜鹏等：《联合国人口基金：老年公平在中国》，社会科学文献出版社，2016。
[2] 刘远立：《老有所医，给老人更幸福的晚年生活》，央视网，2018 年 10 月 17 日。

地方财政给予一定的补贴，老年人要缴至 80 岁。

2017 年，各级财政对新农合的人均补助标准达到 450 元，其中：中央财政对新增部分按照西部地区 80%、中部地区 60% 的比例进行补助，对东部地区各省份分别按一定比例补助；而农民个人缴费标准原则上全国平均达到 180 元左右。2018 年，缴费 150 元的地区上涨到 180 元，缴费 180 元的地区上涨到 240 元。农村五保户、低保户、建档立卡的贫困户和 80 岁以上的老人可以免缴。

2018 年 1 月 31 日《经济日报》："2017 年农村居民人均可支配收入达到 13432 元，城乡收入倍差缩小至 2.71∶1。"这个数据实际上将外出务工的农民工的收入也平均了进去。然而，在农村，特别是中西部的山区、边远地区，农户全年收入远远达不到这个水平。对于农村空巢老人及其家庭，每人全年才 840~1200 元（70~100 元/月）的社会养老保险金，两人的话不过 1700~2400 元。如果老人尚有劳动能力，顺利情况下每年加上农业收入也不过几千元，多了不过万元，如果能有打工的机会，收入或许会高一些。而他们每年的支出包括基本生活、医药、生产成本、缴纳新农合（180 元/人·年或更高）和人情往来等几项刚性支出。如果还要抚养孙子女，如果老人劳动能力衰弱，如果还要补贴子女生活，对这样的老人来说，再要缴纳自己甚至全家二代、三代新农合和新农保的费用，会非常吃力。

> 例 21 在本部分开始所述案例中，2017 年缴纳费用最多的一位老人，两个儿子儿媳（分别在两地）在外打工，勉强维持自己的生活，没有能力抚养子女。她一年要负责缴全家三代十口人的新农合费，共 1800 元，相对于她家收入和生活负担来说数额很高。她说，送孙子女上幼儿园也要交不少的费用，不送她就不能去干活，就没有收入。新农合不缴也不行，害怕万一有家人生病，也承受不了。

现在的农村老人在此前的 60 年中对中国经济、工业和城市发展付出巨大——前三十年除基本口粮外的全部农业收成都交了公粮，后三十年缴纳高额农业税费，进城打工是低成本、无保障的人口红利。老了，是否应该有资格享受与城镇退休职工相同的社会医疗保险待遇？

2. 提升农村卫生医疗体系的水平和服务能力，是空巢老人及农村所有老人的基本需求

"农村里诊所小、医疗水平低、医疗设施缺乏，不能满足老人们的医疗需求。"[1] 而身边没有子女，是影响空巢老人去条件更好一些的县医院就医的一个重要因素。

农村的村卫生室是以公建民营、政府补助等方式，支持其房屋建设、设备购置和正常运营。其主要功能是承担所在行政村的健康教育、预防保健等公共卫生服务，并提供基本医疗服务[2]，要求配备执业医师、乡村医生和护士。由于国家管理规定和农村基础条件限制，卫生室只能做疾病初步诊查和常见病、多发病、慢病的基本诊疗，开一些允许经销的常见药。一般一个行政村有一个卫生室，只有一名乡村医生。实际当中，村卫生室人员、设施配备水平如何，主要看当地政府或村集体能够提供的条件。北方平原地区一个村庄很大，居住集中，有的村庄还会有一两个私人诊所。

例22　在云南某山村行政村所在地，一间很简陋的光线昏暗的小平房里，五六位老人围坐在一张旧木桌旁的条凳上，每人的一条胳膊伸到桌上，仔细看原来都在挂瓶打点滴。屋里的陈设看不出这是一间卫生室，屋里屋外的人群中也看不出哪位是医生。据说新的村卫生室正在修建。

我们也看到有条件好一些的村医务室。在云南另一个地区某村，卫生室有两名医生、一名地区护校毕业的护士，都穿着白大褂。两间较大的房间中，隔出医生诊疗、护士操作的单独小间和药房。一位村民正在注射，

---

[1] 林芳璐：《老年社会工作在解决农村"留守老人"养老问题中的应用》，《社科纵横》2016年6月，第25卷。
[2]《关于印发〈村卫生室管理办法（试行）〉的通知》（国卫基层发〔2014〕33号）第二章第八条：村卫生室承担行政村的健康教育、预防保健等公共卫生服务，主要包括：（一）承担、参与或协助开展基本公共卫生服务；（二）参与或协助专业公共卫生机构落实重大公共卫生服务；（三）县级以上卫生计生行政部门布置的其他公共卫生任务。第九条：村卫生室提供的基本医疗服务，主要包括：（一）疾病的初步检查和常见病、多发病的基本诊疗以及康复指导、护理服务；（二）危急重症病人的初步现场急救和转诊服务；（三）传染病和疑似传染病人的转诊；（四）县级以上卫生计生行政部门规定的其他基本医疗服务，及为挽救患者生命而实施的急救性外科止血、小伤口处置。

他告诉我们看个小毛病打针拿药很方便。经了解得知该村有矿，虽然已经停止开采，但村里有积累，经济条件相对较好，还开办了老人食堂。

在山区，特别是深山区，农户居住非常分散，常见一家一户散落山中。从行政村到其下辖的几个自然村远近不一，远的十多公里需要走半天时间，这些自然条件对需要医病的老人非常不利。

另外，除了小病和常见慢性病，老年人就医需要到乡镇或更远的县城医院。没有子女在身边，村里青壮年多数外出打工，很少在家可以帮忙，空巢老人生病就医会遇到很多困难和不便。

3. 在农村社区建立健全有效的疾病预防、健康指导和卫生保健体系，需求极大

在农村尚未建立健全有效的适合农村需求的医疗服务体系，更缺乏有效的疾病预防、健康指导、康复服务和卫生保健制度的干预。

如前所述，农村老年人得慢性病和因病致残的比例较大，这在很大程度上降低或丧失了生活自理能力和从事劳动获得收入的能力，增大了家庭负担，严重影响其本人和家庭的生活质量。亟须建立和落实有效、及时的疾病预防、健康指导和卫生保健服务体系。

按照《关于印发〈村卫生室管理办法（试行）〉的通知》（国卫基层发〔2014〕33号）的相关规定，村卫生室承担行政村的健康教育、预防保健等公共卫生服务，主要包括：（1）承担、参与或协助开展基本公共卫生服务；（2）参与或协助专业公共卫生机构落实重大公共卫生服务；（3）县级以上卫生计生行政部门布置的其他公共卫生任务。

政府从制度安排上将农村基层卫生医疗服务和健康教育、预防保健等公共卫生服务的重大责任落实完全下沉到村卫生室，压到一两名乡村医生身上。而村卫生室和乡村医生，从时间、精力、能力等方面来说，都很难同时担负起这么多重的职责，结果可想而知。

当然，乡卫生院也有一定任务，但人力、能力严重不足，难以避免走过场的形式主义，也难以产生有用的、持久的效果。

例23 在云南某乡，当地志愿者组织召集了他们平日帮助的一部分村组老人到乡上参加端午节活动。活动开始之前，志愿者招呼老人们到活动场地旁边的一间会议室，乡卫生院领导和医务人员给老人们

培训如何预防血压高等常见慢性病的知识。原来是乡卫生院每年有任务指标，但很难实施，正好借这次活动机会，集中讲一次。让老人们都在登记表上填了名字，测了一下血压登记下来，到会议室听讲半个小时，算是完成了一次体检和培训任务。

按照生命全过程理论，对一个人的健康管理和干预应该从婴幼期、青少年、青壮年、老年期的全程进行，老年时的状况与其之前的健康状态直接相关。在我国农村，按行政体系一个行政村下辖几个自然村组，上百至千人不等，村落家居聚散形式不一，距离远近差别大。实现生命全过程管理和干预，对现实的医疗卫生及服务体系的制度安排、建设程度、覆盖范围、专业能力，对所需的政府各方面投入和支持力度，如政策、财政、人力落实等的要求，确是巨大的挑战。

4. 在农村建立社区长期护理与康复体系，对老年人是迫切需求

在农村没有社区长期护理与康复体系，老人、病人完全依靠无护理常识的家人照料，增大了子女和家庭的压力负担。对空巢老人家庭，则是进一步加重了提供照料的老人的劳动强度和生活困难。"应制定相关政策，满足老年人口越来越高的医疗和长期照护需求。"[①]

按照现行福利制度，政府在每个县城至少建有一家老人福利院，很多地方在乡镇也建有敬老院，有规定的建筑标准和基础设施设备的配备，但一般只限于接收当地无儿无女的五保户老人，其中也有只接收能自理老人的情况。除了少数民办性质的敬老机构不设限制，能够接收其他想进入养老院的老人外，绝大多数高龄、病弱、失智、失能半失能的农村老人只能在家中，由老伴、子女或亲戚等家人照料。这也是由家庭成员作为老人赡养主体的家庭养老制度的安排。

问题在于，对于农村空巢老人，第一，如果两个老人都在，通常是状况好一些的老人照料有病的另一方，这种关系照料相对比较好，但是对于老年的照料提供者，则极大地增加了其精神压力和劳动强度，有损于其健康，更易导致疾病和增加生活困难程度；第二，如果不具备第一种条件，子女等亲属至少一人需要放弃外出工作的机会和收入，留在家中照料，这

---

① 杜鹏等：《联合国人口基金：老年公平在中国》，社会科学文献出版社，2016。

对一个中西部地区农村家庭的经济状况将产生很大影响；第三，护理照料的人通常不具备相关的知识和技能训练，当老人病后需要进行护理和康复训练时，易导致恢复不利甚至因病致残的情况；第四，照护老人所带来的生活、经济、精神等多方面的压力，以及家庭伦理文化的缺失等，易导致家庭关系紧张、虐待老人的情况；第五，如果子女不负责任，对老人放任不管，村集体也很难处理。

例24　河北某村，一位70多岁老人，自述有严重高血压、心血管病，家里家外什么活儿都不能干了，妻子68岁，要照顾丈夫，还要在村里做街道清扫工（该村很大，这份工作每月可以有两三百元收入），整日不得空闲。孩子在外都指望不上。

例25　江西一个村子的志愿者提到以前本村发生的情况，婆婆得了老年痴呆，儿媳将老人锁在小屋中，吃喝拉撒都在屋里。送饭时从一个小洞中递进去，吃不吃不管，也不按时按顿送，老人经常挨饿，时常听到老人哭叫。同村的人也管不了。

不只是空巢老人，进不了或不愿进养老机构的孤寡老人也有同样的需要。在调查中，还了解到另一种状况，不止一个地方的村干部和有经验的志愿者、社会组织的人反映，现在有几个儿子还不如只有一个儿子，一个儿子不能不管父母，有几个儿子通常会互相扯皮，反而没人管老人了。

在江西、安徽、四川、云南等地，我们访问了当地社会组织、志愿者组织、村志愿者和老年协会等自组织，他们培训本村中年妇女或低龄老年妇女做护理员或志愿者，在农村老人及其家庭的健康管理、慢性病监测、老年护理等方面进行了一些有效的探索。

农村老龄化迅速超过城镇，且生活、医疗服务水平远低于城镇，照料护理体系基本没有，但老人的困境与需求远远大于城镇。亟须建立和实施农村的长期照护体系，进行相应的制度安排并具有有效保障，包括推动和组织社会力量和村自组织参与服务，同时，对家庭中的照料者的工作予以激励。"推进碎片化的医疗服务和长期照护服务的整合；向老年人的家人和所在社区提供培训和奖励措施，鼓励他们为老年人口提供照护。"[1]

---

[1] 杜鹏等：《联合国人口基金：老年公平在中国》，社会科学文献出版社，2016。

5. 对因务工缺少劳动保护而罹患重病和致残的老人，需要有效地提供治疗和救助途径，对现在仍在务工的农民群体应有相应的安全与健康的社会保障

很多已成为老人或未及老年的返乡农民工由于外出打工而不同程度地罹患职业病或致残，缺少有效地提供治疗和救助途径，没有可靠的社会保障，本人和家庭都陷入极大的困境。

现在很多农村空巢老人当年都曾外出打工，他们和现在返乡的未及老年的农民工中，有相当数量曾从事高粉尘、高污染行业，身体严重受损，患有尘肺等职业病，也有因工伤意外致残者，在企业务工时没有劳动保障和社会保险，得不到务工企业、当地政府和社会的保护和救助，返乡后得不到有效的治疗（或者没有有效的治疗康复办法），丧失部分或全部劳动能力，本人和全家的生活陷于艰难困苦。而其子女继续外出打工，有的竟重蹈覆辙。

例26　河南某村，一位40多岁因在矿山打工患有二级尘肺病的病人，妻子离婚另嫁，家中一老母，因病卧床不起，家庭贫困。村里安排他负责清扫村街道，可以有一份收入，另按贫困户待遇领到村太阳能项目的补贴，维持生活。

例27　河南另一个村，一位三级尘肺病人，说话已经很费力气，还要努力种点地维持生活。儿子儿媳外出打工，孙子留在家中。儿子之前出去打工，因为没有技能，又到父亲曾经打工的矿山，结果也得了轻微程度的尘肺病，后离开矿山到江苏，因为体检有尘肺病找工作也不顺利。由于这家农户几年前用打工挣的钱盖了新房，因而不符合低保和贫困户的标准，享受不到任何救助，只能一边费力地喘息一边坚持着靠种地维生。

例28　据云南一家社会组织介绍，某地区一村庄原是矿区，现在采空了，年轻人都外出打工另寻出路，留下村里老人很多是尘肺病人，生活艰难。该机构非常希望培训当地的妇女学习护理技术，使老人能够得到比较专业有效的照料护理，但是筹资并不顺利。

在调查中，我们也看到了有的地方政府和社会公益组织在采取行动。

河南某县，外出务工的农民工多集中在矿山，因而尘肺病人比较多。县政府专门出台医疗救助政策，三级尘肺病人每年可补贴医药费600元，二级400元，一级200元，并支持社会公益机构到当地医院合作实施培训项目，帮助尘肺病人学习一些技能，引导他们及家人积极生活。

这部分农村空巢老人和未老等老已无劳动能力的农民以及他们的父母，对医疗救助、照护和康复服务的需求也是迫在眉睫的。同时，对农民工的健康保护、工作环保、社会保险和医疗救助的制度建设与监督实施，也是降低未来的农村老人、空巢老人健康和疾病风险的必不可少的有效防范举措。

以上所罗列的空巢老人和其他农村老人遭遇"病有所医"困境和需求只是管中窥豹，但从中充分反映出农村健康和医疗及相关服务体系和制度中亟待解决的严重问题。

二　改善具体的政策措施，应对和解决"病有所医"的紧迫需求

"老年人口的健康状况对于我国经济社会的可持续发展具有多方面的影响。一方面，低健康水平和高疾病风险会对老年人的养老生活产生影响，可能给家庭和整个社会带来巨大的照料负担和医疗费用支出；但另一方面，若是老年人身体机能良好，则可继续成为正式或非正式的劳动资源，为家庭和社会发展做出贡献。"[1] 空巢老人不仅是农村、农业生产的主要力量，而且通过替代抚养孙子女，给予在城市务工的子女以最大支持，为城镇化建设也做出了最大的牺牲，称得上最难得的、成本最低的人力资源财富。

病有所医，是每个人都应享有的权益。农村老年人，特别是空巢老人，生存环境和条件远远差于城镇老人，劳动强度和生活压力又远远大于城镇老人。相对于他们对国家的贡献，应该享有同等的权益，得到所需的医疗和病后康复服务的基本保障，包括得到负担得起的有质量的医疗与康复治疗；得到卫生保健与疾病预防等良好有效的服务；高龄、失能、半失能、残疾的老年人能够得到自己或家庭子女负担得起的、本人

---

[1] 胡宏伟、袁水苹、郑翩翩：《中国城乡老年人健康及医疗卫生状况分析》，党俊武主编《中国城乡老年人生活状况调查报告（2018）》，社会科学文献出版社，2018。

能够保持尊严的长期护理和康复服务，等等。解决这些需求的有效措施包括：

1. 改善和提升村、乡卫生医疗水平，包括设施建设和医疗人员能力提升；提高在县医院就医报销比例，使农村老年人可以获得更好一些的医疗条件等。

2. 降低医疗费用，减轻就医经济负担，享受可以负担得起的医疗服务。还包括：减轻缴纳新农合费用负担——降低免缴年龄或扩充免缴条件，增加新农合可报销的医疗及药品种类，提高报销比例，慢病治疗门诊可以报销或有补贴（有地方有此政策）等。

3. 建立和完善医疗服务制度，并采取有效措施真正落实，包括疾病预防和卫生保健制度，年度体检、健康知识普及、医疗服务人员提供健康指导、管理和保健服务，帮助老人获得更适当、较好的医疗条件和健康服务，减缓身体机能衰退，降低疾病、慢病发生率。

4. 建立长期护理与康复体系，培训和配备农村基层护理力量，为高龄、重病、失能半失能和残疾老人提供长期照顾、护理和康复的服务。并对家庭长期护理提供者给予激励，认同和尊重他/她们的付出劳动，如对志愿服务采取鼓励措施、给家庭护理者一定报酬等。

5. 罹患职业病或因工致残、失去劳动能力的返乡农民工，获得长期有效的医疗和经济救助。包括提供预防、防治服务，以及对导致职业病高发的劳动场所和企业进行环境和防护措施监控，定期体检，及时提供治疗等。

上述这些政策措施，首先需要政府在制度安排、医疗服务体系建设和资源支持等方面的大力加强和完善，特别是有效落实到位，政府起着决定性的作用。我们在调研中也看到，在建立健康、长护、康复等社会服务体系和实施方面，社会力量是可以提供适应需求的服务的最佳有生力量。政府应制定政策，并投入必需的资源进行持续支持，进一步推动社会组织和社会力量（包括商业力量）进入农村，参与和提供疾病预防、健康管理、日常照料和长照护理等服务，开展制度创新，将有非常大的发展空间，有利于为农村老人包括空巢老人建立一个社会安全网，有效提升他们的生活与生命质量。

第四节　生有质量，是满足空巢老人的安全感、尊严、社会尊重和价值实现的需求

我们所理解的生有质量，是老年人在老有所养、病有所医的基本权益得到保障的同时，还应以生命全程观念、积极与健康老龄化原则和发展的理念，保障老年人的身心健康安全、社会参与和实现发展的权益，使他们老有所为、所学、所乐，提升老年人的生命质量，概括为以下几点。

1. 具有安全感。包含两方面：一是实现老有所养、病有所医，在经济收入、身体健康、生活照料、医疗与疾病护理、人身财产等方面能够得到基本保障而获得心理安全，这是维护老年人有质量生活，保持身体、精神和心理健康的最重要的基础；二是在隔代抚养孙子女的生活、身体健康、安全保障和教育责任等方面能够得到帮助和支持，这是承担孙子女养育责任的几百万空巢老人最大的心理压力和最重的精神负担。

2. 享有尊严。有经济独立和生活自主的权利和制度保障，不会因生活困窘向子女或其他人伸手要钱，不会因贫困、疾病、子女不孝等原因而受虐待，不致因生病或失能、半失能、残疾等情况所带来的经济和精神负担拖累家人子女，甚至导致贫困，这是老年人在家庭和社会中最容易受到伤害、丧失尊严的事情，也是影响和维系家庭关系的一个关键因素。

3. 获得精神慰藉和健康心灵。与远离家乡的家庭成员及子女之间有良好的沟通交流和较密切的联系，保持良好的能够互帮互助的邻里关系，生活、劳动、隔代抚养教育、疾病照料等各方面能够得到家人或其他方面的关心、理解与所需要的帮助。

4. 享有家庭与社会的认同与尊重，有价值感。一是其以前通过几十年的工作或劳动，对家庭和社会所做出的贡献、创造的价值，能够得到尊重与承认；二是现在若有意愿且有能力继续工作或参加生产劳动并能获得收入，或为在外工作的子女照顾后代，以及负责照料家中病人或其上一代高龄老人，仍然在为家庭和社会贡献力量，其价值与贡献亦应得到认同和尊重，这也是缓解老人精神和心理压力、满足老年人价值需求和精神健康的最有效方式。

5. 发展机会、良性互动的社会关系与社会参与。实现积极老龄化和老

年发展,需要被提供更多的机会和支持,包括可以参与社区活动、邻里互助,有意愿并有能力运用积累的丰富经验,为他人、社区提供力所能及的帮助、服务等,对与自己和老人相关的社区建设的决策有发言权,能够有所贡献,等等。

一 农村空巢老人的生有质量需求简要分析

1. 安全感与尊严,是满足空巢老人的心理和精神需求的基础

安全感与尊严,是人的最基本的心理和精神需求,在现代文明社会已不仅仅是在温饱之后才产生的需求。而经济独立、身体健康、有能力自主生活、不依赖他人,甚至还能够对社会和家庭有所贡献,遇到困难能够得到积极回应和帮助,这是老年人能够在内心获得安全感和保持尊严的最可靠、最有效的方法。

从前面的内容可以得知,由于养老保险金的不足,农村空巢老人或者出于自尊心,或者出于不愿或不忍给子女增加负担的心理而不向子女伸手,主要依靠自己的劳动养活自己和其他需要抚养的家人。同时,由于健康医疗和护理照料体系的不健全,空巢老人在缴纳医疗保险费用后还需要依赖不多的收入自费支付价格不菲的医药费,生病或年龄大了没有照料护理的保障,只有老年夫妻互相照顾,或者自己凑合,以致老人们最担心的就是生病,甚至不愿参加体检怕查出病来。

在承受生活压力和精神压力、从事高强度体力劳动、严重缺乏安全感的情况下,老人们竭力保持自己的尊严,希望尽量少给子女添麻烦。但是长期这样生活又会不断产生和充满更多压力,心理和精神难以舒畅,产生更多不利健康的影响,循环往复,不断降低生活质量。

外部对困难和困境的主动支持也是农村空巢老人的重要需求。如在隔代抚养问题上,研究留守儿童问题的报告通常会提到祖父母文化水平低、观念陈旧、不懂教育等,对孙子女教育不利;也听到有公益机构在开展针对隔代抚养人的培训项目时,感到非常费时、费力,效果不好。然而,如果从空巢老人的角度看,在沉重的生活压力和劳动强度下,照料孙子女的日常生活,解决孙子女的生活和相关费用是他们的主要任务,他们需求的是学校和社区、社会外界能够在教育、安全、健康保护等其他方面给予支持和帮助,而不是将所有责任和负担都压在老人的身上,更增加他们的心

理负担和不安全感。

在调查中，有一家社会组织人员提到之前该地发生的一起留守儿童安全事故时，深有感触地说，孩子出事是很令人痛心，赶回家的父母和其他所有人的心思和时间都集中在孩子身上，却没有人稍微分神关注一下被吓坏了的极度紧张悲痛的老人。老人既心疼孙子，更害怕子女、儿媳怨恨，内心一定是充满了愧疚、悔恨和恐惧。但是没有人关心他们、安慰他们。

在湖南、云南等地村庄、学校的调查中，多次听到另一种状况：农村年轻母亲因嫌家贫而抛家弃子出走或另嫁，或父母一方因故离世，这种单亲家庭的家长通常将孩子留给祖父母，自己外出打工，这种情况无疑都给空巢老人增加了非常大的压力和负担。

"农村青壮年劳动力外出，导致从事农业劳动的人口老龄化，劳动负担从青壮年人口向老年人口转移。这些处于养老年龄的农村老年人，普遍表示压力较大，身体和心理都承受了严重考验。同时，部分留守老人还承担了对孙辈的看护和照顾任务。不过，'也正是由于隔代抚养容易导致留守儿童产生心理、行为、情感等偏差问题'[1]。因此，外出务工子女与老年父母之间的关系也容易出现紧张化与矛盾冲突。"[2] 这种状况，在留守儿童研究中是最重点问题之一。而社会普遍更关注儿童的倾向，使空巢老人在此所遇到的问题和需求被忽视。

2. 空巢老人应该享有家庭与社会的认同与尊重，有价值感是其重要的精神和心理需求

享有家庭与社会的认同与尊重，具有价值感，这也是人的最重要的心理和精神需求，同时也是一个人获得安全感与尊严的重要基础。

有一位我们访问的专家说，一个家庭中，如果孩子生大病需要大笔费用，即使卖房倾家荡产，全家人包括老人都不会有异议，但如果是老人重病，就不会考虑花那么大的代价，而且老年人自己也不会同意，宁愿放弃治疗等死。因为大家包括老人自己都认为人老了已经没有价值，不值得再

---

[1] 宋卫芳：《隔代抚养对幼儿社会化的影响及应对策略》，《人民论坛》2014年第8期。
[2] 谷玉良：《农村人口外流与农村养老困境》，《华南农业大学学报》（社会科学版）2018年第1期。

为自己花钱了。

在老有所养需求的分析中曾经提到，现在的农村空巢老人，是对社会、对国家、对经济高速超越式发展付出过高成本、高代价的一代人，国家和社会都应该对他们前大半生的贡献和创造的价值予以承认和回馈，而不应该视为政府、社会和家庭在养他们的老，是纯粹的成本支出。现在各方面都非常强调传统文化、孝道文化，期望以此促使子女尽孝，实现家庭养老。究其实还是视老年人为过去时、已经失去价值甚至是累赘的观念作祟，推诿养老责任。

从人道主义、从社会伦理、从人人平等享有应得的权益的现代文明角度出发，农村老人、空巢老人应该与城镇老人及其他老人一样，享有相同的社会尊重和认同，以及平等的社会福利待遇。然而，现实中却有人认为农村空巢老人将会随着空心凋敝的村庄自生自灭，这可能是少数人的看法，但也反映了农村老年人、农村空巢老人在获得政府、家庭与社会的认同与尊重、获得价值感的需求方面受到严重忽视。

3. 良性互动的社会关系与社会参与，社会组织和社会力量可为空巢老人提供精神慰藉与心灵健康的环境和服务

精神慰藉与心灵健康、良性互动的社会关系与社会参与，这是作为人的自然天性和社会融入的需求，在远离家乡的子女不能给予老人心理和精神慰藉时，后者也是一种替代性的需求。

积极老龄化倡导鼓励老年人根据能力许可再就业，继续参与社会经济发展。对于我国农村空巢老人，无论是否主动选择，是否能力许可，都要继续劳动。对生活环境相对闭塞的农村老年人来说，更需要提供社区活动、互助服务，良好的邻里关系，人际交流等条件和机会，帮助他们从中获得安全感、参与感、社会认同感等，以满足情感、精神方面的需求，生活的质量也可随之有所提升。

在农村调查中，常看到一些村里的老年人，三五成群（男女分开）分别坐在一起，默默地，很少有人说话，干坐着晒太阳或是做点编草辫子（做草帽）的手工活。对这些老人来说，这是他们每天生活的一部分，是日常的需要，即使不说话，也有一种默契和交流，用这种方式维系在村里的人际交往。

农村每家每户最大的一笔开支是人情费，根据关系远近金额不等，每

年每家需要支出数千甚至上万元,给农村家庭造成很大的经济负担,但也反映出农村维护社会关系的强烈需求。

另一方面,在调查中,我们也看到了基金会、慈善公益机构、地方社会组织、志愿者组织、村老年协会、志愿者等自组织在积极行动。尽管机构不多,力量极其微小,很多还要靠个人自己掏钱或想办法四处募资,但仍然在努力发挥作用,在生活上尽量给特困老人(基本是空巢老人)提供帮助,哪怕只是隔三岔五去看望一下,收拾一下房间,理个发,做顿饭,聊聊天,隔几个月去送点生活用品,端午、中秋、重阳等节日组织本村和周边的老人吃顿饺子,组织些活动。种种举措,都给老人们带去了温暖,成为老人们寂寞生活中的期盼。

我们在河北访问了一家村级老年协会,其由一家基金会资助社工组织进行支持。老年协会由本村有威信的几位老人主持,他们去看望生病的老人,给高龄老人送生日蛋糕,还建了一个外出务工子女的微信群,办了一份"小报",及时与在外的子女通报信息,"对不尽义务的子女在小报上进行批评,使他们感受到压力,另外开展评比好儿媳、好婆婆活动,主要是通过促进婆媳关系实现子女对老人尽到责任"。

还有云南某乡镇老协、广东省民政部门推动社工驻村、公益机构在云南支持社会组织培育村志愿者自组织等。这些组织深入或根植农村,能够激发村庄活力,吸引和促使老年人走出家门,参与社区活动,甚至参加为他人提供服务的志愿活动,至少增加了老人见面交流的机会。

例29 在河北某村,老年协会在端午、中秋和重阳节会组织全村老年人吃饺子宴。"一年这么几次活动,隔这么长时间搞一次饺子宴,对老人能有什么作用?"我们提出问题。老协的人说,别看就是一顿饺子,老人跟过节似的,平时没有可能全村人聚到一起,有的村东头和村西头的老人一年都见不到一次,在这儿遇见,很兴奋。其实吃饭不重要,是创造机会让老人们聚一聚,也感受到对他们的关爱,吃一次饺子,他们能高兴好多天。

在云南某乡端午节包饺子活动,很多老人从十几、二十里外的山上走半天,也会赶过来参加活动。问他/她们为什么那么远还要来,他们说平时家中只有一两人,居住非常分散,每家都离得挺远,说话的人都没有。所以有这个机会愿意来凑热闹，还能吃到平时吃不到的饺子。而且不是每个人都能被邀请，老人们对有机会参加这种活动感觉很好。

例30　江西、云南等地，我们跟随村志愿者走访农户，老人们看到志愿者都很亲近，志愿者定期或不定期来帮他们打扫屋子、院落，陪他们聊天，之间很熟悉热络。这种帮助和交流使孤寂的老人有了一种期盼，生活上也有了一些照应，获得了比较有效的精神慰藉和一些生活帮助。

例31　还有的地方在公益机构的帮助下，建立了志愿者自组织，动员组织本村中老年妇女开展活动，比如跳广场舞，改变了她们的生活状态。河北一个很大的村庄，每天晚上在村里四个不同场地都各自有一个妇女群体跳广场舞。

云南某乡里组织活动，各村妇女去表演舞蹈节目，其中不少老年妇女。有一位我们前一天曾去她家访问，已经70岁了，独自在老屋生活，让人感觉很凄凉，但第二天竟然在表演的队伍中看到她，像换了一个人。她说她喜欢跳舞，平时经常参加村里组织的广场舞活动，精神好了，身体也好。

例32　在江西某县，一个开始由几个村民自发组织起来的志愿者组织扩展到全县包括城镇上百人，分片帮扶本地农村的困境老人。其中有的志愿者也是留守人员，还有为了照顾留守在家的高龄父母的返乡农民工。该组织在当地很活跃，并已经正式注册，还时常为地方政府组织的活动提供志愿服务。他们不仅使本村和周边的老人得到帮助，本人也在志愿活动中交了很多朋友，得到精神上的满足和能力上的提升。

二　空巢老人提升生活和生命质量需要政策环境和社会力量的支持

安全感和尊严，对老年人是非常重要的，是保证良好生活的基础。对他们的历史贡献的承认和价值的尊重，支持他们积极地参与社会活动，建立良好的社会关系和社区环境，是提升他们生活质量的基本途径。农村空巢老人有权享受良好质量的老年生活。

调查清楚地显示，社会力量、社区力量介入干预，服务很得民心，但是力量微薄，与需求相比不及沧海一粟，原因是得不到支持。例如，有些省份要求每个行政村都要成立老年协会，但是不给注册、不给经费，所以没有多少家老年协会真正存在；有些省份要求在每个行政村都建立老年活动中心，政府只给建房子的钱，没有运营和人力费用，结果这些房子挂着老年活动中心的牌子，或者空着，或者被村委会部分或全部占用。某村老协说，如果一年给6000元到1万元，就能较好地组织村里老人活动起来了。但是一分钱也没有，只能靠村民交一点会费。我们问村集体有没有能力支持，老协的人说，村里太穷，村长、村支书都出去打工了。

总之，能够使农村空巢老人生有质量，首先，需要通过建立比较充足的制度性的保障，真正解决老有所养和病有所医的基本权益保障，从根源上解决空巢老人的需求及其相关问题，也是对他们毕生贡献的应有回馈。

其次，需要通过政策改善和宣传倡导，转变政府、社会和家庭子女的观念，认识和认同老人们曾经和现在仍然具有的价值，尊重老年人，并给予应有的关爱。

再次，制度创新，建立和改善农村社区环境，有政策特别是有资金长期、持续地支持社会力量进入农村，打开农村社区发展的空间，培育农村社区自组织，建立农村养老社会服务体系，在开展农村社会服务、照料服务、健康服务、通过培训的专业护理服务等多方面发挥积极有效的作用。

第五节 逝有尊严，空巢老人生命的最后阶段需要尊严和安宁

这是研究农村空巢老人的报告资料中较少触及的问题，但也是这个老年群体最需要直面的需求。我们在这里提出来，一是确实有现实需求，二是希望未雨绸缪，促进更完善的制度、政策和社会力量的干预、服务。

我们所提出的"逝有尊严"，是包括了与老年人去世前后相关的过程中的需求，尽可能帮助空巢老人安宁有尊严地走向人生终点。

1. 能够按照自己的意愿度过生命的最后阶段，得到所需的照料、医疗、

家人亲情陪伴或临终关怀；

2. 生前尽可能长时间保持身心健康，得到"死得痛快"的结局，避免或减少、减轻生前最后的疾病折磨；

3. 不会因贫困、疾病痛苦、子女不孝、无人照料、孤独困苦等原因而自杀；

4. 不会孤独去世多日而不被人知。

关于农村老人不堪虐待、病痛、经济贫困等原因而自杀的情况已经有不少报道，甚至有学者专门为此出书呼号，而关于农村独居、患病老人死亡多日才被发现的报道也时有耳闻。这不应该是一个经济高速发展的文明社会能够容忍的现象。

2014年，多家媒体先后报道了武汉大学社会学系讲师，同时也是国家社会科学基金项目——《农村老年人自杀的社会学研究》项目主持人刘燕舞的调查报告，这是他历时6年在湖北、山东、江苏、山西、河南、贵州等11个省份的40多个村庄对农村老人自杀状况的调查。他发现，农村老人的自杀现象"已经严重到触目惊心的地步"。"事实上，多数自杀身亡的老年人，其实是不想死的。"据刘燕舞统计，农村老人自杀最主要的原因是生存困难，其次是摆脱疾病的痛苦，两者合计占直接死因的60%，之后是情感问题。"换句话说，要减少老年人非正常死亡，就要解决三个问题：不饿死，不病死，不寂寞死"。

不少人跟刘燕舞讲过给老人治病的账：假如花3万元治好病，老人能活10年，一年做农活收入3000元，那治病就是划算的；要是活个七八年，就也不太亏本；但要是治好病也活不了几年，就不值得去治。

如何能够促使子女愿意并有条件照料老人，而不是靠实际当中较难制约的赡养责任或者靠消失殆尽的孝道文化的影响？如何能够得到子女或社区的照料、护理服务，而不是让老年人孤独、痛苦地忍受病痛等的折磨，甚至采用非常手段结束自己的生命？首先，老人需要有能够自主支配的、足够其生活和健康医疗的经济上的保障；同时，建有老年人支付得起的、比较专业的农村社区长期照护服务体系，给他们以支持。这样即使子女不能负起相应责任，也有制度安排和社会服务体系保障农村空巢老人能够有尊严地活着，有尊严地离开人世。

总结：尝试探究需求产生的影响因素及其可能的应对解决路径

农村空巢老人及其他农村老人养老是重大社会问题，需要社会公共政策的重新安排，同时也需要多方面的社会力量的支持、参与和投入。

中国四十年的经济发展、社会转型和城市化进程中，几乎全部的资源——公共资源、社会资源、经济资源、自然资源，包括农村的各类资源，尤其是相对优质的劳动力资源都流向城市，集中置于工业与城市的建设及发展，这种趋势仍将继续。而中国农村老人几乎是其中唯一的无法转型的群体——其年龄和不能转换的身份、其能力难以适应信息时代和市场、其身体机能状态不可逆转的弱化、其缺少青壮年劳力和活力的生存环境、农村普遍的资源（非自然资源）稀缺、很不完善的基本社会保障体系和设施、紧缺的社会服务，等等，各种叠加的积困致弱因素，致使他们成为"社会人口中的一个弱势群体，而相比之下，农村留守老人则由于中国社会转型过程所造成的结构性断裂变得更加弱势"①，既进不了城，不能平等享受城市老年人享有的社会福利，又不可能让子女放弃工作和收入回家帮助和照料自己，长期得不到家庭子女的生活与情感支持，他们的需求必然是覆盖了中国老年人中最广泛和最全面的也是最基础性的需求。

"在农村劳动力乡城流动的开始阶段，外出者大多为家计所迫，赚钱是唯一目的，……如今，外出务工已经成为农村青年的成年礼和通过仪式，打工已经成为农村社区的主流文化，城乡两栖的打工生活已经成为农村青壮年的主流生活方式，在很多村庄几乎找不到年轻人"②，因而未来，农民身份的青壮年进入和留在城市仍然是大趋势，即使返乡创业就业政策和乡村振兴战略给予再大的优势条件，也难以改变或逆转。而"人口老龄化与人口城市化并

---

① 叶敬忠：《静寞夕阳：中国农村留守老人》，社会科学文献出版社，2008。
② 叶敬忠：《静寞夕阳：中国农村留守老人》"再版前言"，社会科学文献出版社，2014。

行，年轻人口迁往大中城市，在延缓城市人口老龄化进程的同时，加快了农村人口老龄化进程"①，"农村实际居住人口老龄化程度可能进一步加深"②，"中国的乡村就是一个一个的留守社区"③，导致"部分老年人难以共享经济社会发展成果，加深了农村地区老年人原有问题的复杂性，还带来一些诸如老人农业经济、照料护理乏人等新的问题"④。可知，农村空巢老人数量与需求的加剧是不可避免的。

农村空巢老人的需求是多方面的，我们只择其最急迫和根本性的需求做了简要呈现和分析。这些需求若要得到真正有效的应对和解决，需要建立和完善必需的基础性制度和政策，同时需要政府与社会的理念更新和改变，并采取相应的干预和行动。在此也浅尝辄止地从以下几个方面做一点探讨。

第一，从根本上来说，无论种族、国家、城乡、性别，老年人的基本需求是一致的，即在这个生命阶段应该平等享有稳定充足的养老、医疗和长期照护与服务等社会保障的基本权益。因此，对农村老年人的权益保障有必要做出更好的制度性安排。

"2004年3月，我国《宪法修正案》将'国家建立健全同经济发展水平相适应的社会保障制度'写入《宪法》第14条第4款。这是我国建立包括农村社会养老保险制度在内的社会保障法律制度的宪法依据，同时也要求政府应当履行上述宪法条款设定的国家义务。《宪法》第45条进一步规定：'中华人民共和国公民在年老、疾病或者丧失劳动能力的情况下，有从国家和社会获得物质帮助的权利。国家发展为公民享受这些权利所需要的社会保险、社会救济和医疗卫生事业。'"⑤

1. 作为人的权利，老年人都应该享有应有的社会保障权益，与其是否对社会有过贡献无关。

"1948年制定的《世界人权宣言》肯定了社会保障权是一项基本人权。

---

① 党彦武：《中国老年人生活状况》，党俊武主编《中国城乡老年人生活状况调查报告（2018）》，社会科学文献出版社，2018。
② 《"十三五"国家老龄事业发展和养老规划》。
③ 叶敬忠：《静寞夕阳：中国农村留守老人》，社会科学文献出版社，2008。
④ 党彦武：《中国老年人生活状况》，党俊武主编《中国城乡老年人生活状况调查报告（2018）》，社会科学文献出版社，2018。
⑤ 周梁云：《试论中国农民获得物质帮助的宪法权利——以农村社会养老保险为例》，《西南政法大学学报》2008年第1期。

该《宣言》第 22 条规定'每个人作为社会的一员，有权享受社会保障'。第 25 条第 1 款规定了人人有权享有基本生活和医疗保障，在衰老等丧失谋生能力的特殊情况下，有权享受保障。"[1]

国际劳工组织 2018 年的一份报告[2]中指出，联合国大会 2015 年通过可持续发展目标，"各国集体承诺为减少和预防贫困而'实施适合本国国情的包括基础社保待遇在内的全民社保制度和措施'（可持续发展目标 1.3）"，"可持续发展目标推崇全民社保。应强调的一点是各国起码有责任保证向全民提供最基本的社会保障，即作为国家社会保护制度组成部分的社保底线。尽管许多国家已经实现了社保全覆盖，各国仍需努力扩大社保覆盖面，确保充足的社保待遇。"

联合国人口基金与国际助老会的报告[3]也指出，"必须给予老龄人口基本的社会保障，以保证所有老龄人口获得收入保障、必要的医疗保健以及社会服务，并为他们提供一个可靠的安全网。这些措施有助于推迟老年残障现象及预防老龄人口贫困问题"。

2. 农村老年人应享有与城镇退休老人同等的社会保障。

早在 2002 年，联合国大会《马德里老龄问题国际行动计划》中提出一个目标："保证所有老年人有足够的最低收入，特别关注社会上和经济上处境不利的群体。"

中国已实现养老保险的全面覆盖[4]，但是，中国城市和农村的老年人享有的社会保障权益却天差地别，农村老年人的基本权益保障与充足的水平相距甚远，养老金水平甚至不足以温饱。"农村老年人在共享社会经济发展成果上，与城镇老年人形成巨大反差，社会保障的公平性失衡是当前社会不公的重要方面。"[5]

在中国，特别是农村老年人，其对经济、社会的贡献是不言而喻的。现在 60 岁以上的农村老年人都曾经历了长达六十年的农业反哺工业、农村

---

[1] 周梁云：《试论中国农民获得物质帮助的宪法权利——以农村社会养老保险为例》，《西南政法大学学报》2008 年第 1 期。
[2] 国际劳工组织：《2017—2019 年度全球社会保护报告》（内容摘要）。
[3] 2012 年联合国人口基金与国际助老会报告《二十一世纪人口老龄化：成就与挑战》摘要。
[4] 2012 年联合国人口基金与国际助老会报告《二十一世纪人口老龄化：成就与挑战》摘要。
[5] 刘红尘：《我国快速老龄化面临四大挑战》，《老年时报》2007 年 9 月 30 日（转摘周梁云文）。

反哺城市的全部付出时代,直到 2006 年全面取消农业税①。而很多现年 60~70 岁的农村老年人从 20 世纪 80 年代开始进城打工,作为廉价劳动力为城市建设和产业经济、服务经济的极速发展付出全部,直到年龄大了干不动了或者不再被需要了,又退回到农村。"农村流动劳动力大部分是青壮年人口,他们年轻时候为城市的发展创造巨额财富,年老却必须回家乡养老,从而被排斥在享受这些财富资源的权利之外,其创造的剩余价值被剥夺,他们的养老资源没有获得任何形式的补贴"。②

我国实行多轨制社会养老保险制度安排。农村自 2009 年开始新型农村社会养老保险试点③,此前农民未被纳入社会保障的范围。由于企业、市场,包括某些政策等各种不公平待遇,或社保不能迁移等多方面客观原因的影响,绝大多数进城务工的农民及其所务工的企业未能按城镇职工一样缴纳社会保险。新农保试点后,国家规定了低水平的缴纳标准以适应农村农民的缴纳能力,但是在制定养老金政策上并未考虑农村、农业、农民几十年对国家建设和经济发展的巨大贡献与牺牲。"保障水平往往偏低,难以让老年人摆脱贫困。在许多国家,充足的养老金水平仍然是一个挑战。"④

追根溯源,需要进一步改善相关法律:"作为维护老年人权益的基本法律,《老年人权益保障法》第 10 条也规定'老年人养老主要依靠家庭,家庭成员应当关心和照料老年人',从该条款中看不到政府对农村社会养老的保障责任。该法第 21 条体现了法律对已经享有保障的城镇职工和居民的权利保护。第 22 条规定更是显得空洞和缺乏操作性,自然也无法达到该法第 2 条规定的'老有所养'的立法目的。总之,该法以及其他有关规定对城镇居民和农民养老保障采取了双重标准,这对现阶段解决农村社会养老保险

---

① 农业税是国家对一切从事农业生产、有农业收入的单位和个人征收的一种税,俗称"公粮",包括农业税、屠宰税、牧业税、农林特产税。2005 年 12 月 29 日,第十届全国人大常委会第 19 次会议经表决决定,《农业税条例》自 2006 年 1 月 1 日起废止。同日,国家主席胡锦涛签署第 46 号主席令,宣布全面取消农业税。
② 周莹、梁鸿:《中国农村传统家庭养老保障模式不可持续性研究》,《经济体制改革》2006 年第 5 期。
③ 《国务院关于新农村社会养老保险试点的指导意见》(国发〔2009〕32 号),2009 年 12 月 25 日。
④ 国际劳工组织:《2017—2019 年度全球社会保护报告》(内容摘要)。

问题是不公平的。"①

第二，全面建设和完善农村医疗和老年服务体系与设施，并保障持续性运营支持。

这是一个巨大的系统性的政策保障性民生工程，与数亿人口的现在和未来、农村与农业的兴衰，包括国家粮食安全等诸方面息息相关，具有政治、经济、社会全方位的意义。"个人的责任是保持健康的生活方式；政府的责任是创造支助性的环境，使人们能够以健康和幸福的状态进入老年。"②首先应明确，这是只有政府的政策改善并落实到位、足够的支持与资源投入才能够解决的大事。

"在中国这么一个拥有大量老龄人口并快速老龄化的国家，特别需要采取生命历程的方式，这包括终身加强健康、健康生活方式宣传、积极参与公共卫生活动、预防疾病、平等获得包括长期照料的医疗照料机会。"③"最终目标是一种持续的照顾，包括促进健康和预防疾病、平等地提供初级保健、急性护理治疗、康复、慢性健康问题的社区照顾、老年人（包括老年残疾人）的身心康复，乃至为身患苦疾或不治之症的老年人提供姑息治疗。"④ 这在中国的农村尤其有巨大的需求。

同时，作为在这套体系中的三个重要组成部分：一是农村基层医疗体系的建立、完善和能力适配，并具有能满足需要的能力和数量的医务人员；二是政府配备了养老服务所需的硬件设施之后，需要支持各类社会组织（包括乡村自组织）和社会力量（包括商业）及其所提供的持续、优质、多方面的社会服务；三是能够提供老年人日常生活照料和长期护理的人员（包括家庭成员）。三者同样有非常巨大的需求，都不可或缺。但是，其中的社会组织和社会力量及其服务不能仅靠社会捐赠的支持，那只是杯水车薪，政府的足够支持与投入是最关键、最主要和可持续的保障。

第三，政府和全社会看待老龄化社会的发展趋势和对待老年人的观念需要根本性的更新转变，从养老的观念向积极、健康老龄化和发展的理念

---

① 周梁云：《试论中国农民获得物质帮助的宪法权利——以农村社会养老保险为例》，《西南政法大学学报》2008 年第 1 期。
② 联合国：《2002 马德里老龄问题国际行动计划》。
③ 世界卫生组织编《积极老龄化政策框架》，2008，中文版序。
④ 世界卫生组织编《积极老龄化政策框架》，2008，中文版序。

转变,在享有生活、医疗、安全、尊严等基本权益的基础上,还包括享有健康、参与、发展等权益和福祉。

应该认识到老年人并非经济发展的"累赘",而是宝贵资源和支持发展的后盾。在中国大部分农村地区,特别是中西部,空巢老人与其他农村老人事实上已成为支撑农村和农业生产的主要力量。

2012年联合国人口基金与国际助老会报告《二十一世纪人口老龄化:成就与挑战》指出,"建立一个新的以权利为本的老龄化文化,改变对老龄化和老年人的认识及社会态度,即从将他们视为仅是福利接受者,转变为认识到他们其实可以是主动的、对社会有贡献的社会成员"。"一个重要的发现是60岁及60岁以上的群体,他们作为照顾者、选民、志愿者、企业家等等展示出了不可思议的生产力和贡献","一旦有适当的措施来确保老龄人口获得医疗保健、固定收入、社会网络和法律保护,那么在全世界范围内,当前和未来的若干代人都会从这一'长寿红利'中受益"[1]。"老年人对社会和经济的贡献超出他们的经济活动。他们往往在家庭和社区内发挥关键作用。许多有价值的贡献无法以经济尺度来衡量:照顾家人,进行维持生存的生产性劳动、家务劳动,以及在社区内从事志愿服务工作。此外,这些工作也帮助培养未来的劳动队伍。所有这些贡献,其中包括所有不同年龄者,尤其是妇女通过在所有部门的无薪酬工作所做出的贡献,都应该得到承认。"[2]

因此,要认同老年人的价值,"消除年龄歧视,并承认老年人是自主的主体"[3],应予以应有的尊重,出台更有利的政策,提供更好的服务,提供促进老年人的社会参与和发展性权益保障的条件和空间,改变仅仅着眼于通过延迟退休年龄来解决养老金不足问题的政策措施。

第四,改变或消除城乡壁垒,缓解农村加速老龄化的趋势及其产生的养老问题。

在中国现代化和城镇化大趋势下,如果城乡二元结构的社会制度体系继续存在,则已呈规模化的农村空巢老人群体将长期延续存在。现在40~50岁甚至60岁以上的农村进城务工人员,虽然还有大批人在城市从事环卫、

---

[1] 联合国人口基金与国际助老会报告《二十一世纪人口老龄化:成就与挑战》(2012)摘要。
[2] 《马德里老龄问题国际行动计划》,2002。
[3] 联合国人口基金与国际助老会报告《二十一世纪人口老龄化:成就与挑战》(2012)摘要。

家政、护理、园林绿化等城市人口已经很少涉足的工作，但其中的大多数很难在城市扎根，多年的打工生涯也难以积累一定的经济实力，又没有足够的社会养老保险使之能够留在城市生活和养老，最终只能返回农村老家，成为新一代空巢老人。而现在20~30岁及以下的年轻人则极少会选择回乡务农，在农村的青少年只要有机会也会离开家乡进入城市寻找机会。这种不同年龄层的逆向流动必然更加速农村老龄化，问题、形势会日益严峻，加重农村空巢老人的养老困境。

第五，解决好当今在城市务工的广大农民工群体的权益保障，关系到现在农村空巢老人，也关系到未来的农村空巢老人。

在城市务工的广大农民工群体的权益保障，不仅直接影响务工者本身及其家庭的现在，同样直接关系到他们在农村的父母赡养问题，以及他们自己未来的生活前景和希望。以前没有的是否能够想办法弥补？今后的如何做好保障？都关系到数亿农村人口能否至少做到"老有所养"，政府是否尽到了对农村老年人的基本养老责任。"通过促进当今的年轻人养成健康的生活习惯，保障他们接受教育和就业的机会，确保他们获得医疗服务，以及将社会保障覆盖所有就业人员，这些措施是提高他们将来成为老龄人士后生活质量的最好投资。"[1]

《2002年马德里老龄问题国际行动计划》指出，"人口老龄化是一种全球性力量，同全球化一样，足以改变未来"。对此，本部分选择《全球老年生活观察指数》中的一段话作为结尾："对政府和社会学家来说，人口老龄化不应再是一场危机。因为完全可以通过计划，将所谓的挑战转化为机遇。投入更多的公共资源来处理老龄化所带来的挑战，理由很简单：更健康和更有安全感的老龄群体是很有价值、生产力强大的经济资源，他们不应该被强制退休或受到歧视，因为这些陈旧的公共政策的束缚不利于经济发展。"

逐步保障好占全国老龄人口半数以上的农村老年人的养老需求和社会保障权益，直至彻底实现数千万农村空巢老人"老有所养，病有所医，生有质量，逝有尊严"，共享我国"全世界第二大经济体"的发展成果，是每一位中国老年人的权利，是文明社会的标志，是践行"不忘初心，牢记使命"的最重要体现。

---

[1] 世界卫生组织编《积极老龄化政策框架》，2002。

附录三 基于国际组织全球视角的老龄人口需求分析

本附录中选择了有代表性的多边国际组织提出/制定的基本原则、政策倡导和行动建议,包括1991年《联合国老年人原则》、2002年联合国《老龄问题国际行动计划》和世界卫生组织《积极老龄化政策框架》,以及2015年《联合国2030年可持续发展议程》,着重梳理和分析国际组织几十年持续更新、循序深化的理念、政策方向与行动建议,从中认识和理解全球视角下老龄人口的普遍需求及其内涵,以及其依据的理念和原则。

一 《联合国老年人原则》:奠定老年人权利和权益保障的政策制定指导原则

1991年12月16日,联合国大会通过《联合国老年人原则》(第46/91号决议),首先提出了关于老年人的政策制定指导的五项原则:应予老年人在独立、参与、照顾、自我充实和尊严等五个方面的权利和权益保障,概括性地反映出世界各国老龄人口的普遍性的基本需求,详见表1。

表1 《联合国老年人原则》及其针对的老年人需求[①]

五项原则	原则涵盖内容所针对的老年人需求
独立	具备独立生活的基础条件和能力: 有收入来源(包括自助),实现足够的日常生活保障 获得工作机会和创造收入机会,并具有参与决定是否、何时退出劳动的权利 参加教育培训 安全且适合自己的生活环境,尽可能长期居家

---

① 详细内容见《联合国老年人原则》(1991)。

续表

五项原则	原则涵盖内容所针对的老年人需求
参与	具有社会参与和社会融合的权利与机会： 参与制定和执行直接影响其福祉的政策 向后代传递知识和技能 组织和参与老年人社会组织和活动，为社会提供力所能及的志愿服务
照顾	获得身心健康照料服务和个人生活品质与权益的保障： 获得家庭、社区的照顾、保护 获得保健服务，保持最佳身心状态和疾病预防 获得社会和法律对其权益的保障 无论居住何处都享有人权和基本自由、保持尊严和对自己生活品质的抉择
自我充实	享用社会资源发展自我的权利： 可以发挥自己潜力 享用社会的精神文化和教育资源
尊严	享有待遇公平、生活尊严和社会尊重： 获得有尊严、有保障的生活，且不受剥削和身心虐待 不论处于何种状况，均应受到公平对待，不论其经济贡献大小均应受到尊重

二 《国际行动计划》：推动以老年人的发展、健康和福祉为优先方向的行动

进入 21 世纪，已经老龄化的欧洲国家保持继续增长趋势，而一些亚洲国家，包括人口大国中国也相继进入老龄化。全球人口变化所产生的深刻影响，将导致"人类的每一方面——社会、经济、政治、文化、心理和精神上——都将产生变化"，而"发展中国家同时面临发展问题和人口老

化问题"[1]。

2002年，联合国第二次老龄问题世界大会通过《2002年马德里老龄问题国际行动计划》（以下简称《计划》）。同时，世界卫生组织通过本次大会发布《积极老龄化政策框架》，提出："关于老龄化问题的政策应从更广的生命过程的发展观点以及整个社会的角度来仔细审查。"

《计划》在《联合国老年人原则》的基础上，针对全球日趋严峻的老龄化社会和老龄人口问题，按照三个优先方向——老年人与发展、促进老年人的健康和福祉、确保有利的和支助性环境，提出具体行动建议，因为"老年人生活保障的程度大部分取决于在这三个方向取得的进展"。该计划的目标是：确保全世界所有人都能够有保障、有尊严地步入老年，作为享有充分权利的公民参与社会，帮助老年人充分地为发展做出贡献并平等地从中获得利益。

最值一提的是，《计划》率先关注到老年人的发展和老年人与发展的关系，以实现所有老年人应有的人权和基本自由。明确提出"基于不应剥夺任何个人得益于发展的机会的人权理念，老年人必须充分参与发展进程，也必须享有发展进程的种种好处，确保老年人不断融入社会并赋予老年人权利，充分实现所有老年人的所有人权和基本自由"。该计划秉承的这一价值理念，对各国决策者和法律制定者如何看待和评价老龄人口的社会价值与影响，影响其制定相关政策法律，以及引导全社会探索如何充分实现所有老年人的人权和基本自由，给出了一个与传统养老观念逆向而行的全新、积极的出发点和立场。同时，该计划还纳入了性别平等意识，强调对老年妇女的特殊保护与权益保障。因此，在看待老龄人口的需求方面，也应随之予以改变。

经过对该计划三个优选方向共十八个方面的目标和相应行动建议的扼要梳理，简要归纳如下，详见表2。

---

[1] 本部分引言都摘自《2002年马德里老龄问题国际行动计划》，2002。

表 2 《国际行动计划》内容及应对/解决的需求简析[①]

行动计划	原则	应对的需求
优选方向一 老年人与发展	基于"不应剥夺任何个人得益于发展的机会"的人权理念，老年人必须充分参与发展进程，也必须享有发展进程的种种好处，确保老年人不断融入社会并赋予老年人权利，充分实现所有老年人的所有人权和基本自由	(1) 融入社会，参与发展并分享发展成果的权利，包括： 想工作及有能力工作时继续工作 参与经济、政治、社会生活 获得平等的就业、培训、市场、资源配置及资产等机会 避免依赖他人和被社会边缘化 (2) 社会融合，享有人权和基本自由，包括： 消除贫困、预防贫穷 足够的经济、社会保障/社会保护政策及落实，足够的最低收入 可持续的社会和经济支持、各种社会服务 终身学习 代际互惠支持
优先方向二 促进老年人的健康和福祉	出于人道主义和经济的原因，有必要为老年人提供与其他年龄组一样的预防性和治疗性的照顾和康复。同时，必须为老龄人口提供满足他们特殊需要的保健服务。老年人完全有权充分获得保健护理和服务，包括疾病预防，且保健护理和服务需包括对人员进行必要的培训和提供设施满足老年人口的特别需求。这是基于下述理念： (1) 世界卫生组织对健康的定义是，一种完全享有身心健康和社会福祉的状态，而非仅仅是没有病痛。"健康是一项至关重要的个人财富，同样，人口的总体健康水平对于经济增长和社会发展也至关重要" (2) "在一生中增进健康和预防疾病的活动必须着重保持独立、预防和推迟患病和残疾、提供治疗以及改善已有残疾老年人的生活质量" (3) "在为所有年龄层次制定和监测保健标准并提供保健方面，各国政府负有主要责任"，"保证老年人平等而普遍地享有保健服务"	(1) 保证老年人平等而普遍地享有保健服务，促进终生健康的政策与制度保障，包括： 充分且平等获得满足老年人特殊需求的治疗、预防、康复、保健、护理等公共服务与社会服务 负担得起的基本药物和其他治疗措施 促进健康的生活方式和有利环境 足够的、安全的食物、饮水和营养 预防和推迟患病和残疾，尽可能长时期地保持独立能力 护理与服务的人员质量和设施的保证 (2) 平等融入社会，包括： 不受歧视、自立、互助 能参与相关决策，融入社会生活 有能力者能够从事有酬或志愿工作

① 详细内容见《国际行动计划》，2002。

续表

行动计划	原则	应对的需求
优先方向三确保建立有利的支助性环境	秉承"老年人不论境况如何，都有权生活在一个增进他们能力的环境中"的原则，"尽管有些老年人在身体上需要大量的帮助和照顾，但大多数老年人愿意也能够保持活跃和有所作为，包括从事志愿工作。应制定政策，赋予老年人权利，帮助他们对社会作出贡献"，"既加强终生发展又加强独立性，并支助建立在互惠和相互依赖原则基础上的社会体制"，"调集国内和国际资源以促进社会发展"，"创造一个对所有人，不分男女老少，都具有包容性和凝聚力的社会"	支持和促进老年人及所有人健康福祉的外部影响因素与环境。 （1）制度保障，包括： 社会体制：既加强终生发展又加强独立性，建立在互惠和相互依赖原则基础上的社会体制 赋予权利：保障和帮助老年人赋能赋权、工作和发展，贡献社会 保障制度：社会服务和社会保护制度，促进社会发展的资金来源保障 社会文化：对所有人，不分男女老少，都具有包容性和凝聚力的社会 （2）有利的生活环境，包括： 自由选择适合自己居住并负担得起的住房和社区、便利的公共基础设施、融合的家庭与社区 （3）满足需求的照护服务，包括： 提供各类照护和服务，满足不同情况下的老年人需求 提供照料者能够得到可靠的支持 （4）提供权益保障，包括： 保障老年人，特别是老年妇女的权益不受虐待和暴力

在此，需要特别指出的是，《联合国老年人原则》和《国际行动计划》相隔十年出台，保持了一致贯穿的中心主题和所要实现的目标、目的[①]：

（1）充分实现所有老年人的所有人权和基本自由；

（2）使老年生活安全无虞，这涉及重申消除老年贫穷的目标；

（3）使老年人能够通过赚取收入的工作和志愿工作，充分和有效地参与社会的经济、政治和社会生活；

（4）通过诸如终生学习的机会和参与社区生活，为整个一生和晚年的个人发展、自我实现和幸福提供各种机会，但老年人是一个有差异的群体；

---

① 摘自《2002年马德里老龄问题国际行动计划》，2012。

(5) 确保老年人充分享有经济、社会和文化权利以及公民和政治权利，并消除对老年人的一切形式的暴力和歧视；

(6) 通过消除性别等方面的歧视来确保老年人的性别平等；

(7) 认识到家庭、代际相互依存、团结和互惠对于促进社会发展极为重要；

(8) 提供老年人所需的保健、支助和社会保护，包括预防和康复性保健；

(9) 促进各级政府、民间社会、私营部门和老年人本身各方间的合作，把《国际行动计划》变为实际行动；

(10) 特别是在发展中国家，利用科学研究和专门知识，发挥技术的潜力，集中注意老龄化所涉及的个人、社会和保健等问题。

三 《积极老龄化政策框架》："健康、保障、参与"作为政策支柱

面对全球老龄化的挑战，1999年的世界卫生日将主题定为"积极老龄化是重要的"，世界卫生组织总干事 Gro Harlem Brundtland 发起"积极老龄化全球行动"，声明："一生保持健康和生命质量，将对构建有成就的人生、代际和谐的社会和富有活力的经济意义重大。"

2002年，世界卫生组织在联合国发布《积极老龄化政策框架》（以下简称《框架》）。

《框架》以联合国老年人原则——独立、参与、照料、自我实现和尊严为基础，进一步提出"健康、保障、参与"作为三大支柱，为各国政策制定者提供行动性的政策框架，与同时通过的联合国国际老龄行动计划一起，为涉及多部门的积极老龄化提供路线图[①]，在全球推动建立积极老龄化观念和保障体系。

《框架》未停留于卫生健康领域，而是以经济、社会、文化和权利等全面关照的立场，强调了以下理念：

1. 老年人是宝贵资源：其价值及贡献得到承认和尊重，是老年人的重要需求之一，也是他们晚年理应得到充分社会保障和服务的理由。

---

① 世界卫生组织编《积极老龄化政策框架》，2012。

《框架》将老年人看作资源，而不是社会或家庭的负担。"老龄化不是一个健康'问题'，而是公共卫生和社会经济发展成功的结果。健康老年人是为社会经济发展做出重大贡献的资源"，"各国大多数老年人仍是家庭和社区必不可少的资源"[①]。

2. 生命全程的观点：从生命各阶段进行的全面干预是决定进入老年后所产生的需求的关键因素。

"政策制定者面临的调整是在考虑老年人需要的同时，从生命历程的视角理解老龄化。""有益于老年期健康和福利的整个生命历程中的重要机会必须得到各层次的政策和行动的支持"，"在生命各阶段进行干预"，"老年人的健康和活力很大程度上取决于整个一生的经历和行为"。

3. 以权利和平等为基础：看待、应对和解决老年人的需求，应以承认和满足老年人所享有的所有权利为出发点。

积极老龄化推动改变政策制定的基础：从"需求为基础（该观点认为老年人是消极对象）"转为"权利为基础"，"承认在增龄过程中老年人有机会均等和处理生活各方面的权利。支持老年人锻炼他们的参政"和"按照自己的需求、愿望和能力去参与社会"，"政策和计划应当是基于老年人的权利、需求、爱好和能力"，促使他们根据"本身的能力和兴趣继续工作"，"而且当他们需要帮助时能获得充分的保护、保障和照料"。同时，政策框架中每一部分都强调"缩小男女之间的不平等和老年人口中不同小群体之间的不平等的特定目标，对于贫困、生活艰难和农村的老年人应给予特别的关注"。

4. 以健康和预防为前提：保持健康、有活力、独立自主生活的能力，预防疾病及疾病致残所产生的需求，对老年人及其家庭、社会和国家来说，代价最小、成本最低、生活质量更好、经济与社会效益更高。

积极老龄化将"人年老时保持自主性和独立性"作为一个关键目标，主张"老年人不再同疾病和依赖连在一起"。政府决策时应考虑的是"如何帮助人们在老龄化过程中保持独立生活并且活跃"，"怎样去加强促进健康和预防政策"，"如何使老年人的生活质量得到改善"，"预防和延缓那些需要个人、家庭和卫生系统付出昂贵代价的慢性疾病和伤残的

---

① 世界卫生组织编《积极老龄化政策框架》，2013，中文版"序"。

人生"。

5. 多部门通力合作和代际团结：所有政策的制定和落实、家人与社会关系的支持，是解决老年人最重要的需求的最大保障。

家庭成员和其他社会关系的相互依存，代际间的团结，是积极老龄化的重要原则，"所有的政策应该支持代际间的团结和谐"。同时，实现积极老龄化需要"通过跨部门的行动支持改进健康状况才能达到目标"，包括卫生、社会服务、教育、就业与劳动、经济、社会保障、住房、交通、司法及城乡发展等部门的通力合作。

世界卫生组织秉持和推行的观点、立场和理念，从根本上改变了人类社会对老龄化的消极悲观认识和思维，为不同发展程度的国家构建理论和政策以解决老龄化问题提供了新的方向，也为我们提供了观察和辨析老年人需求的全新视角。

《框架》中的"重大政策建议"部分，围绕"健康、参与、保障"三大支柱及其内涵，有针对性地呈现了应保障的老年人的需求[①]，详见表3。

表3 《积极老龄化政策框架》

三个支柱	支柱目标（需要解决的需求）
健康： 当慢性病和机能下降的风险因素（包括环境和行为）降低而保障因素提高时，人们将享受时间更长、质量更高的生活。他们进入老年后仍能保持健康和生活自理，较少的老年人需要昂贵的医疗和照料服务 对于那些确实需要照料的人，应该让他们享受到全方位的健康和社会服务以解决老年人的需要和权利	1. 阻止和降低人们在年老过程中因过重的残疾、慢性疾病和早死造成的负担
	2. 降低与主要疾病相关的风险因素，增强终身健康的保护因素
	3. 建立一套承担得起又可行的、高质量并适合老年人的健康和社会服务的统一体制，以满足年老过程中的需要和权利。
	4. 为照料者提供教育和培训

---

① 世界卫生组织编《积极老龄化政策框架》，2002。

续表

三个支柱	支柱目标（需要解决的需求）
参与： 当劳务市场、就业、教育、卫生及社会政策和项目根据个人的基本人权、能力、需要和喜好支持老年人参与社会经济、文化和精神活动，人们在进入老年以后还可以通过收入性的和非收入性的活动为社会继续做出生产性的贡献	1. 提供终身教育与学习的机会
	2. 承认和帮助老年人根据个人的需要、喜好和能力积极参与各种经济发展活动，正式与非正式的工作以及志愿者活动
	3. 鼓励老年人充分参与家庭及社区生活
保障： 在政策和项目解决人们在年老过程中的社会、经济、人身安全上的保障需要和权利的同时，保障老年人在不能维持和保护自己的情况下受到保护、照料和有尊严，支持家庭和社区通过各种努力照料其老年成员	1. 通过解决老年人社会、经济和身体保障权利和需要，保证老年人的保护、安全和尊严
	2. 减少对老年女性权利和需求保障的不平等

《积极老龄化政策框架》还揭示了一个道理："对待老龄化和老年人的观点，将决定我们以及我们子孙后代今后的生活经历。"

四 可持续发展目标：结束全球贫困，为所有人构建有尊严的生活且不落下任何一个人

2015年9月，联合国通过《联合国2030年可持续发展议程：17个目标》（《变革我们的世界——2030年可持续发展议程》），"涵盖了17个可持续发展目标，以及169个子目标，其内容可以归结为五大类，即人、地球、繁荣、和平和合作伙伴"，"涉及经济发展、社会进步和环境保护三个方面，三位一体、缺一不可"，"是一张旨在结束全球贫困、为所有人构建有尊严的生活且不让一个人被落下的路线图，适用于世界上所有国家，既包括穷国也包括富国"。[①]

该议程是面向全世界每个国家、每个地区、每个人的可持续发展，并不专门针对老龄化问题和老龄人口。但老年人与其他所有人一样，与17个目标的内容相关联，特别是老年人属于弱势群体，是可持续议程目标中

---

① 《联合国2030年可持续发展议程：17个目标》，2015。

特别要关照的那一部分。在此，以生命全程的视角为参照，撷取其中直接关系或间接影响老年人的部分，了解在2015年到未来2030年的十五年中，可持续发展目标将如何运用于可持续应对和解决老龄人口问题，详见表4。

表4 联合国可持续发展目标中针对解决老年人的问题与需求[①]

2015~2030年达到的目标	其中对应老年人的需求内容
目标1. 在世界各地消除一切形式的贫穷	大规模覆盖穷人和弱势者的社会保护制度 享有所有人应享有的平等权利和基本服务
目标2. 消除饥饿，实现粮食安全，改善营养和促进可持续农业	获得安全、营养和充足的食物，没有饥饿和营养不良 通过可持续的农业生产，大幅增加收入
目标3. 确保健康的生活方式，促进各年龄段所有人的福祉	获得全民医保和优质的保健服务、预防和治疗 获得安全有效、优质和负担得起的基本药品和疫苗 消除传染病，降低非传染性疾病导致的过早死亡可能 不受或少受空气、水和土壤等污染的侵害
目标4. 确保包容性和公平的优质教育，促进全民享有终身学习机会	获得终身学习所需知识和技能的机会
目标5. 实现性别平等，增强所有妇女和女童的权能，在世界各地消除一切形式的对妇女和女童的歧视	政府提供公共服务、基础设施和社会保护，在可能的条件下分担家务和家庭责任 承认和尊重无偿护理和家务工作 妇女获得各种平等权利，能够参与公共事务及决策
目标6. 确保为所有人提供和可持续管理水和环境卫生	普遍和公平获得安全和负担得起的饮用水 享有适当、公平的环境卫生和个人卫生 防止水质污染
目标8. 促进持久、包容和可持续的经济增长，促进实现充分和生产性就业及人人有体面的工作	获得就业机会、体面工作、合理报酬 劳工权利和安全的工作环境均有保障

① 详细内容见《联合国2030年可持续发展议程：17个目标》，2015。

续表

2015~2030年达到的目标	其中对应老年人的需求内容
目标10. 减少国家内部和国家之间的不平等	低收入者增长收入 平等地融入社会、经济和政治生活 法律和政策能够确保机会、薪酬、社会保护等的平等，减少结果的不平等 保障有序、安全、正常和负责的人口迁徙与流动
目标11. 建设具有包容性、安全、有复原力和可持续的城市和人类住区	所有人都能获得适宜、安全和负担得起的住房和基本服务 所有人享有安全、无障碍、负担得起和可持续的公共交通等公共设施，以及安全、包容、无障碍和绿色的公共空间 在灾害中受到保护
目标16. 促进有利于可持续发展的和平和包容的社会，为所有人提供诉诸司法的机会，在各级建立有效、负责和包容的机构	不受暴力侵害 司法平等 获取信息的权利 保护公众与个人的基本自由 依法不受歧视

有关人士指出，"2015年的联合国大会采用了'可持续发展目标'的概念，重申了'社会保护底线建议'（第202号建议书）这一全球协议"[①]。"可持续发展目标提倡全面的社会保障，一个国家应当提供最基本的社会保障，并将社保底线作为其社会保障体系的一部分。一些已经实现了全面保障的国家，还需要在扩大覆盖率和确保足够的福利水平方面做得更多。"老年人应该是社会保险底线的最大和最重要的保护对象之一。

五 全球老年生活观察指标

2013年，国际助老会（HelpAge International）根据联合国在国际老年人日发起的一项全球调查，公布了相关报告——《全球老年生活观察指数2013》。同年，国际助老会与联合国人口基金联合推出了一套《全球老年生活观察指标》。

[①] 唐霁松、马洁：《社会保障可持续发展目标 | 国际劳工组织世界社会保障报告（2017—2019）摘要》，《中国社会保障》2018年第2期。

《全球老年生活观察指数 2013》在四个重要层面——收入保障、健康状况、教育和工作情况及社会环境中,"选择了 13 个不同的有国际可参照性资料作为衡量的指标"来调查老年人的生活状况。"全球老年观察指数的亮点是,可以帮助国家确定哪些措施是有效的,即便在贫穷国家中也能够使用。"以此为一种衡量老年人口相应需求是否得到满足,或其满足程度如何的标准,"为衡量当前状况和促进发展提供了一种手段"[①],见图 1。

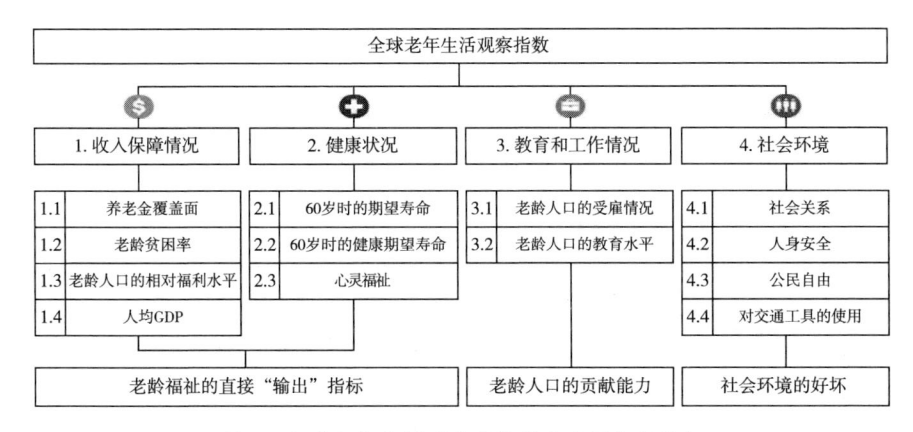

图 1　全球老年生活观察指数的内容及相关指标

资料来源:国际助老会:《全球老年生活观察指数(2013)》。

全球老年生活观察指数

1. 收入保障情况	2. 健康状况	3. 教育和工作情况	4. 社会环境
1.1 养老金覆盖面	2.1 60岁时的期望寿命	3.1 老龄人口的受雇情况	4.1 社会关系
1.2 老龄贫困率	2.2 60岁时的健康期望寿命	3.2 老龄人口的教育水平	4.2 人身安全
1.3 老龄人口的相对福利水平	2.3 心灵福祉		4.3 公民自由
1.4 人均GDP			4.4 对交通工具的使用
老龄福祉的直接"输出"指标		老龄人口的贡献能力	社会环境的好坏

四个层面的观察指标分别反映老龄人口的四个层面的需求,《全球老年生活观察指数 2013》对之释义如下。

收入保障情况:指为了满足老龄生活的基本需求,老年人有权获得足够的收入,并具有独立使用的能力。

健康状况:年龄大意味着生理上的虚弱,且与疾病和残障的发生风险紧密相关。健康也会影响老年人获得相关福利的能力。三个具体指标为生理及心理的福祉提供信息。

教育与工作情况:描述了老龄人口的贡献能力。两个具体指标反映了老年人权利赋予的一些方面。

社会环境:老年人希望能够自由选择独立、自力更生的生活,并生活在有安全感的环境中。

---

① 国际助老会:《全球老年生活观察指数(2013)》。

根据上述内容，运用《全球老年生活观察指标》，国际助老会期望在一定程度上能够衡量某一地区老年人与指标相关的需求状况及其需求被解决的程度，详见表5。

表5　《全球老年生活观察指标》对应衡量的老年人需求

四个层面	指标	对应需求/是否满足/满足的程度
收入保障情况	（1）养老金收入的覆盖面	经济收入或供养提供足够的生活保障，并覆盖应纳入保障的所有人
	（2）老龄贫困率	实施消除贫困的政策并取得效果，降低贫困发生的情况和风险
	（3）老龄人口的相对福利水平	平等享受社会福利、享用资源的权益保障
	（4）人均国民生产总值	对应国家人民的生活标准，保障老年人的生活标准
健康状况	（1）60岁时的期望寿命	获得基本生活保障和生活照料服务
	（2）60岁时的健康期望寿命	获得健康服务和预防、医疗保障，以保持身体健康，减少疾病和残障的发生风险
	（3）心灵福祉	获得精神慰藉和尊重，提升心灵福祉
教育与工作情况	（1）老龄人口的受雇情况	得到就业机会和获得养老金之外的工作收入
	（2）老龄人口受教育的程度	工作能力与获得工作的机会，对社会有所贡献并获得承认，实现自我价值
社会环境	（1）社会关系	获得家庭、朋友和社区邻居的帮助和支持
	（2）人身安全	安全适宜的家庭居住和周边生活环境，安全感
	（3）公民自由	自由安排生活和参与社会活动
	（4）公共交通使用的程度	便利的公共服务设施，便于家庭聚合和社会交往

国际助老会坦承，全球老年生活观察指数由于无法取得充足的信息和数据而具有缺陷：没有按照性别对指标进行分类；没有对收入状况（国家之间老年人不同的生活标准）、健康状况（评价非传染性疾病相关的健康状况和死亡率）、教育与工作情况（衡量关于教育及培训程度）、社会环境（老年人在政治方面的参与程度）等按区域或程度进行划分和衡量的指标，[①]

---

① 国际助老会：《全球老年生活观察指数（2013）》。

因而也就不能从指标设计上反映出老年人在这些方面的问题和需求,在实践中也无法获得更多方面的状态信息。

但重要的是,在 2013 年应用《全球老年生活观察指数》进行的一项全球性调查之后,国际助老会在这部文献中指出全球老龄化社会中最紧迫的问题及其症结所在:

"世界范围内,对老龄人口最为紧迫的事务是推翻收入和医疗两座大山。"这两座大山都是解决人口老龄化问题的关键。

确保收入保障的全覆盖:贫困和不公是两大主要问题,对老年生活造成很大的影响。《全球老年生活观察指标》的指数反映,老年人的生活福祉会受年龄歧视的影响。对全面的社会保障体系进行投资是保证所有年龄阶层收入的重要举措,尤其是对老龄阶层。

确保优质医疗的全享受:老年人有获得健康的权利,因此他们需要价廉物美的医疗服务。医疗服务也要适应不断增长的老龄人口。同时,对治疗和预防服务的长期调查表明,这些服务对老龄人口有着很大的好处。为确保对老龄人口进行恰当的医疗、支持和咨询服务,培养卫生专业人员和护理人员也很有必要。

附录四　从亚洲开发银行的建议看中国老龄人口的需求

亚洲开发银行多年来持续关注和研究中国人口老龄化趋势和问题，并在《亚行观察与建议》中发表意见建议。2016年亚行对中国面临的老龄化问题进行专题研究，给出了《亚行对中国老龄化问题的分析与建议》，在构建养老收入保障和服务保障两方面提出了具体化的政策建议。该文指出，"中国人口老龄化趋势加快"，"老龄化对养老保障体系带来巨大压力，而中国的养老保障体系还不健全，相关的服务和财政支出水平大大落后于发达国家"，同时"老龄化对产业发展模式带来严峻挑战"。据此，该建议"在借鉴相关国际经验的基础上，提出适当延长退休年龄、加快养老金体系改革、构建全民养老服务体系、优化劳动力市场结构等政策建议，以应对老龄化问题对我国经济社会可持续发展带来的挑战"[1]。

2018年，亚行发布最新简报《中国人口老龄化和对养老服务的启示》[2]，聚焦于服务保障方面，养老服务结构体系建设和养老服务从业者与提供商的培训及激励机制。简报提出，尽管机构养老设施在2010～2012年间增加了20%，但居家和社区养老服务仍处于匮乏状态。中国的老龄化人口不断增加，为应对这一趋势，中国需要改善面向养老服务商的财政激励措施，以促使他们提供更优质的服务，而非仅关注建设养老基础设施或增加床位数量，加强"三级"养老服务体系（居家养老、社区日间照料和机构养老）建设，同时，需要通过加强培训来解决养老服务工作者短缺的问题，确保国家的养老服务从业者经过适当的培训。简报强调，这将有利于

---

[1] 《中国财政》，2016。
[2] 《财经头条》2018年9月7日：亚洲开发银行：《中国人口老龄化和对养老服务的启示》，2018年9月6日《简报》。

为中国提供更多急需的居家和社区养老服务，进而满足大量人口的不同需求。亚行的建议及其针对的需求详见表1。

表 1 亚行的建议与反映的需求

针对的问题与需求	亚洲开发银行对中国老龄化问题的政策建议（2016年）	亚洲开发银行简报《中国人口老龄化和对养老服务的启示》（2018）
1. 养老收入保障——养老金体系改革：相关各方应采取的对策和措施，实现老年人的收入保障	1. 政府：完善基础养老金的社会统筹制度，通过税收、财政转移支付及社保基金等渠道提供资金支持	
	2. 个人：完善现有的养老保险个人缴纳制度，进一步做实个人账户，提高养老金替代率	
	3. 商业补充：鼓励发展各类商业性的养老基金	
	4. 特困救助：针对特困老人、伤残老人等社会脆弱群体的需求单独增加养老金补贴，以提高其参保能力	
	5. 修改退休政策：适当延长退休年龄	
2. 养老服务保障——健全养老服务体系：从资金、设施、护理人员、体系结构、产业发展等多方面的保障构建养老服务体系	1. 加大对养老护理体系的资金投入	
	2. 进一步扩大医疗保险覆盖面	
	3. 加大养老院、住家护理机构和老人日托中心等养老设施的建设力度	1. 加强"三级"养老服务体系（居家养老、社区日间照料和机构养老）建设
	4. 改善长期护理行业的工作条件	2. 促进养老相关工作专业化以及支持清晰的职业发展
	5. 培养长期护理专业人员	3. 确保国家的养老服务从业者经过适当的培训
	6. 为养老服务产业发展提供适当补贴	4. 采取政策行动为养老服务商提供适当的激励措施；并制定相关规定，以确保公共和私营服务商提供充足的优质服务
	7. 鼓励私营部门参与长期护理体系发展	

附录五 国际机构政策中针对农村养老和农村老人的需求梳理

1. 《2002年马德里老龄问题国际行动计划》

表1 国际行动计划的建议

优选方向一 老年人与发展——支持农村老年人
目标：改善农村地区的生活条件和基础设施，缓解农村地区老年人边缘化的现象，使老年移徙者融入新社区

提出的问题：	针对的需求：	行动建议（摘要）：
在许多发展中国家和转型期经济国家，由于青年人大量迁离，农村地区人口老龄化问题十分显著： (1) 留下的老年人可能没有传统家庭的抚养，甚至没有足够的生活费，经常缺乏基本的服务，得不到足够的经济和社区资源。老年妇女经济上尤其脆弱，特别是她们的作用仅限于无报酬的家务劳动并且要依赖他人供养的情况 (2) 粮食安全和农业生产的政策和方案必须考虑到农村人口老龄化的影响	(1) 适当的社会保护/社会保障措施，确保能平等获得日常照料等基本社会服务。老年妇女能平等获得和掌握经济资源的权利 (2) 维持和发展农业生产所需的条件和机会。包括平等获得资金、教育培训等各种支持和机会，改善生活条件，发展经济，提升能力，特别是老年妇女，避免被边缘化	(1) 鼓励对农村和偏远地区老年人采取适当的社会保护/社会保障措施，确保那里的老年人能平等获得基本社会服务，老年妇女平等获得和掌握经济资源的权利 重点支助农村地区无亲属的老年人，尤其是寿命较长但掌握经济资源往往较少的老年妇女 (2) 提供享有财政和基础设施服务的机会，培训农业技术，加强老年农民的能力，优先增强农村老年妇女能力 提供资金或支持创收项目和农村合作社，促进发展地方金融服务，发展多元化经济和小企业 农村和边远地区的成人教育培训和进修 加强传统的农村和社区支助机制，制定和执行使农村地区老年人包括残疾老年人保持独立的方案和服务项目，推动创新的农村和社区支助机制，包括促进老年人之间的知识和经验交流的机制 帮助农村和边远地区人口与基于知识的经济和社会联结在一起

续表

优选方向一　老年人与发展——支持农村老年人
目标：改善农村地区的生活条件和基础设施，缓解农村地区老年人边缘化的现象，使老年移徙者融入新社区

（3）从农村地区进入都市地区的老年迁徙者往往失去原有的社会关系网，在城里享受不到有利的基础设施。这种情况可能使他们受忽视和排斥，对患病或残疾的老年人来说更是如此 都市环境往往就是住房拥挤、贫穷、无经济自主权，几乎得不到家人照顾和社会关爱，因为家人必须外出工作	（3）老年迁徙者能够获得社会服务网络支持，持续获得经济和卫生保障，消除语言文化障碍，融入新社区和社会、文化、政治和经济生活；帮助家庭与有同住愿望的老年家人同居	（3）鼓励为老年迁徙者建立支助性社会服务网络，帮助他们持续获得经济和卫生保障，提供公共服务，消除语言文化障碍，融入新社区和社会、文化、政治经济生活 尊重文化与个人愿望，鼓励有利于几代人共同生活的住房设计，帮助家庭与有同住愿望的老年家人共居一所

优先方向二　促进老年人的健康和福祉——人人平等享有保健服务
目标：消除与年龄、性别和其他任何因素包括语言障碍相关的社会和经济不平等，保证老年人平等而普遍地享有保健服务

提出的问题：	针对的需求：	行动建议：
务必要认识到：家庭和社区提供服务，不能替代有效的公共卫生系统 在为所有年龄层次制定和监测保健标准并提供保健方面，各国政府负有主要责任 在政府、民间社会包括非政府组织和社区组织以及私营部门之间建立伙伴关系，能对针对老年人的护理服务作出重要贡献	（1）农村和边远地区的老人、贫困老人平等地获得保健和康复资源，平等而普遍地享有保健服务，不受年龄歧视或其他形式的歧视 （2）看得起病：负担得起的基本药物和其他治疗措施，或者可以获得其他帮助，如减免付费、保险、财务资助	（1）（政府）采取措施确保向老年人平等地分配保健和康复资源，尤其要增加老年穷人获得此类资源的机会并促进向诸如农村和边远地区等服务差的地区分配这些资源，包括提供负担得起的基本药物和其他治疗措施 （2）特别是通过减少或取消使用者付费、提供保险计划和其他财务支助措施，促进贫穷的老年人以及住在边远农村的老年人平等地获得保健

续表

优选方向三　确保建立有利的支助性环境——住房和生活环境		
目标：更好地为老年人提供便于使用和负担得起的交通服务		
提出的问题： 在发展中国家和一些经济转型国家，农村地区许多人在年老时孤独地生活，而不是生活在传统的大家庭中。这些老年人无人照顾，通常没有适当的交通和支助系统来帮助他们。在农村交通是个大问题，因为老年人随着年纪增长，更加依赖公共交通，而农村通常没有足够的公共交通	针对的需求： 提供便于使用和负担得起的交通服务，方便老人出行	行动建议： 在农村和城市更好地提供高效率的公共交通服务

2.《积极老龄化政策框架》

表2　《积极老龄化政策框架》针对的需求

在"发展中国家的迅速老龄化"部分提出的问题： 在农村，年轻人迁移到城市寻求工作，家庭小型化而且更多妇女开始正式进入劳动力大军，这些都意味着当老年人需要帮助和服侍时几乎无人能够照料他们	针对的需求： 适当的社会保护/社会保障措施，确保能平等获得日常照料等基本社会服务
在"与物质环境相关的决定因素"中提出的问题： 应给予生活在农村（占世界范围的60%）的老年人以特殊关注，由于环境条件和缺乏支持服务，在这些地区疾病类型分布有所不同。农村城镇化和年轻人口为寻找工作而迁移，都可能留下老年人孤独地生活在农村，而这些地方几乎没有支持手段，很少或者没有卫生条件和社会服务	针对的需求： 建立和提供一套终身保健的、贯穿于生命各阶段的体制——促进健康、预防疾病、合理治疗慢性疾病、平等的社区支持、有尊严的长期保健服务和临终关怀 保证所有人可享受承担得起的初级保健和长期照料服务的平等机会 支持提供照料的人，给专业照料者充分的工作条件和报酬，对非专业照料者，特别是照顾家人的老年妇女，提供培训和家庭照料护理服务、资金补贴等支持和特别关注

续表

在"经济方面的决定因素"中收入部分提出的问题： 积极老龄化政策需要同广泛的计划相关联，减少各年龄段人群的贫困。而各年龄段的贫困者面临的疾病和残疾危险性在增高，老年人特别容易受伤害。许多老年人特别是那些妇女孤单地生活着或住在农村没有可靠或足够的收入来源。这些都严重地影响了他们获取营养食品、足够的住房以及健康照顾	针对的需求： 对农村和偏远地区老年人采取适当的社会保护/社会保障措施，确保那里的老年人有稳定充足的收入来源，提供营养足够的食物，能平等获得基本社会服务，老年妇女能平等获得和掌握经济资源的权利 重点支助农村地区无亲属的老年人，尤其是寿命较长但掌握经济资源往往较少的老年妇女 为贫困、孤独老人提供社会安全网络 保证所有人可享受承担得起的初级保健和长期照料服务的平等机会
在"经济方面的决定因素"中工作部分提出的问题： 在欠发达的国家里，老年人很可能必然要在经济上保持活力，然而，工业化采用新技术和劳动力市场的流动性正在很大程度上威胁着老年人的工作，特别是在农村。发展的项目需要保证老年人有资格贷款并充分参与和获得能够带来收入的工作机会	针对的需求： 享有参与社会发展、创造收入、脱离贫困及获得与青年人同样支持的权利 根据个人的需要、喜好和能力，不受歧视地获得正式工作和就业的权利
在"老龄人口带来的挑战"部分提出的问题： 通过卫生和社会服务系统提供的正式照料机会应该是平等地提供给所有人。在许多国家，贫困老年人和农村老年人获取所需健康照料的机会是有限的或者根本无法获取。在许多地方对初级卫生保健服务公共支持的降低，导致老年人和他们的家庭感受到资金和代际关系压力增大。多数老年人更喜欢在家庭接受照料。但是，照料服务的提供者（常常是老年人），必须使他们能获得公共的支持，能保证他们自己身体健康，才能继续提供照料服务	针对的需求： 保证所有人可享受承担得起的初级保健和长期照料服务的平等机会 支持提供照料的人，给专业照料者充分工作条件和报酬，对非专业照料者，特别是照顾家人（伴侣、子孙后代及患病残疾人）的老年妇女，提供培训和家庭照料护理服务、资金补贴等支持和特别关注——老年照料者本身可能与社会隔离、经济上困难或本身患病

图书在版编目(CIP)数据

中国农村空巢老人公益导航 / 公益导航项目团队编著. -- 北京：社会科学文献出版社，2020.10
ISBN 978-7-5201-6329-3

Ⅰ.①中… Ⅱ.①公… Ⅲ.①农村-老年人-生活状况-研究-中国②农村-老年人-社会服务-研究-中国 Ⅳ.①D669.6

中国版本图书馆 CIP 数据核字（2020）第 035942 号

中国农村空巢老人公益导航

编　　著 / 公益导航项目团队

出 版 人 / 谢寿光
组稿编辑 / 王　绯
责任编辑 / 孙燕生

出　　版 / 社会科学文献出版社·政法传媒分社（010）59367156
　　　　　 地址：北京市北三环中路甲 29 号院华龙大厦　邮编：100029
　　　　　 网址：www.ssap.com.cn
发　　行 / 市场营销中心（010）59367081　59367083
印　　装 / 三河市龙林印务有限公司

规　　格 / 开　本：787mm × 1092mm　1/16
　　　　　 印　张：21.25　字　数：346 千字
版　　次 / 2020 年 10 月第 1 版　2020 年 10 月第 1 次印刷
书　　号 / ISBN 978-7-5201-6329-3
定　　价 / 118.00 元

本书如有印装质量问题，请与读者服务中心（010-59367028）联系

▲ 版权所有 翻印必究